21世纪交通版高等学校教学辅导用书

Qiaoliang Gongcheng Zonghe Xiti Jingjie

桥梁工程综合习题精解

汪　莲　何　敏　王晓明　魏　标　等　编著

任伟新　主审

人民交通出版社股份有限公司
China Communications Press Co.,Ltd.

内 容 提 要

《桥梁工程综合习题精解》是为了配合土木工程专业学生学习桥梁工程、复习考研或进行桥梁设计计算而编写的。本书共分8个部分,主要包括:填空题、名词解释题、是非判断题、单项选择题、问答题、计算题、综合试题精选以及一套完整的预应力混凝土简支T梁计算示例。

本书可供高等学校土木工程专业学生学习桥梁工程课程或复习考研使用,也可供从事该专业教学工作的高校教师以及从事桥梁设计、施工和管理的工程技术人员参考。

图书在版编目(CIP)数据

桥梁工程综合习题精解 / 汪莲等编著. — 北京 :
人民交通出版社股份有限公司,2015.7

ISBN 978-7-114-12370-2

Ⅰ. ①桥… Ⅱ. ①汪… Ⅲ. ①桥梁工程—研究生—入学考试—题解 Ⅳ. ①U44-44

中国版本图书馆CIP数据核字(2015)第146789号

21世纪交通版高等学校教学辅导用书

书　　名: 桥梁工程综合习题精解
著 作 者: 汪　莲　何　敏　王晓明　魏　标　等
责任编辑: 卢俊丽　闫吉维
出版发行: 人民交通出版社股份有限公司
地　　址: (100011)北京市朝阳区安定门外外馆斜街3号
网　　址: http://www.ccpress.com.cn
销售电话: (010)59757973
总 经 销: 人民交通出版社股份有限公司发行部
经　　销: 各地新华书店
印　　刷: 北京鑫正大印刷有限公司
开　　本: 787×1092　1/16
印　　张: 14.75
字　　数: 334千
版　　次: 2015年7月　第1版
印　　次: 2015年7月　第1次印刷
书　　号: ISBN 978-7-114-12370-2
定　　价: 30.00元

前　言

《桥梁工程综合习题精解》是专门为土木工程专业学生学习桥梁工程、复习考研或进行桥梁设计计算而编写的，同时也兼顾了从事该专业教学工作的高校教师以及从事该专业设计工作不久的工程技术人员的参考需求。

本书共分8部分。第1～5部分为填空题、名词解释题、是非判断题、单项选择题以及问答题，这5部分是针对桥梁工程教材中的基本概念和主要知识点，采用不同的方式提出问题，并附有解答；第6部分是计算题，这部分除桥梁工程教材中所涉及的基本计算示例外，还根据设计和施工技术人员提供的资料，编写了有关桥梁设计和施工中常见的一些结构复核验算题，并附有解答；第7部分是综合试题精选，这部分主要是根据多年的教学积累以及对全国历年桥梁工程考研复试题目进行整理而成，其答案可在前6部分中查到；第8部分是30m预应力混凝土简支T梁计算示例，这是一套完整的计算书，可配合桥梁课程设计和毕业设计使用或为工程技术人员设计计算提供参考。

本书参编单位及人员包括合肥工业大学任伟新、汪莲、何敏、邵亚会、李雪峰；长安大学王晓明；中南大学魏标；重庆交通大学郭增伟；华南理工大学甄晓霞；安徽理工大学李海涛；华中科技大学孙远；东南大学张文明；汕头大学周奇；宁波大学许凯明；河海大学刘荣；安徽省交通规划设计研究总院股份有限公司李邦映、陈大江、方圆；中铁四局集团公司张飞；交通部公路科学研究所王玉倩等。

全书由合肥工业大学汪莲主编，并由长江学者特聘教授任伟新主审。书稿在整理过程中还得到左胜、吴圣贤、王汝志、崔龙龙等研究生的帮助。

由于编者水平有限，内容安排和材料取舍可能略显失当，错误和不妥之处恳请读者批评指正。

编著者

2015年3月

前 言

目　　录

第1部分　填　空　题

一、总论

1.公路建设项目，应根据设计使用年限综合考虑________、________、________等成本效益和________、________、________等社会效益，选用综合效益最佳方案。

2.高速公路，一、二级公路和有特殊要求的公路建设项目应作________评价和________评价。

3.生态环境脆弱地区或因公路建设可能造成环境近期难以恢复的地带，应作________设计。

4.桥梁应根据公路的________、________、________及防灾减灾等要求，结合________、________、________和环境等条件进行综合设计。

5.桥涵应与________和________相协调。特殊大桥宜进行________。

6.特大桥、大桥桥位应选择________、________、________的河段，并应避开________、________、________、________等不良地质地带。在受条件限制而选取不利桥位时，必须采取防控措施并进行严格论证。

7.桥面铺装应有完善的桥面________、________系统。

8.桥涵跨径小于或等于50m时，宜采用________跨径、________结构、________和工厂化施工。

9.桥涵应设置________通道，特大桥和大桥应设置必要的________。

10.桥梁的永久作用包括________、________、________、________、________、________及混凝土收缩与徐变作用。

11.桥梁的偶然作用包括________、________、________。

12.汽车通过桥梁产生的可变作用有________、________、________、________及汽车引起的土侧压力。

13.按结构体系及其受力特点，桥梁可划分为________、________、________、________及________。

14.桥跨结构在________、________、________、________、________等影响下将会发生伸缩变形。

15.作用代表值包括________、________、________。

16.桥下净空应考虑________、________、________、________以及河床冲淤等情况。

17.桥梁纵断面设计包括________、________、________、________及桥头引道纵坡的布置。

18.一般桥上纵坡不宜大于________，桥头引道纵坡不宜大于________；位于城镇混合交通繁忙处的桥梁，桥上纵坡和桥头引道纵坡均不得大于________。

19.桥面构造包括________、________、________、________及附属设施等。

20.桥梁的主要组成部分包括________、________、________、________和________。

21.桥梁设计应按照________、________、________、________、________和美观的原则，并考虑因地制宜、就地取材、便于施工和养护等因素，进行________设计。

22.通常将桥梁设计作用分为________、________和________三大类。

23.公路桥梁设计汽车荷载分为________和________两个等级，它包括车道荷载和车辆荷载，其中________荷载用于桥梁结构的局部加载和桥台验算。

24. 公路—Ⅰ级和公路—Ⅱ级________荷载应按均布荷载加一个集中荷载计算，均布荷载和集中荷载的标准值应按桥梁的________和________确定。

25. 我国古代隋朝时期修建，位于河北赵县的著名古桥是________。

26. 一般说来，桥梁的组成可分为________和________两大部分。

27. 在通航河流上建桥，桥梁净空要考虑________洪水位和________水位。

28. 桥面板的有效工作宽度与________、________、________等有关。

29. 大型桥梁的设计阶段一般分为________设计、________设计与________设计三个阶段。

30. 桥面铺装的主要类型有________和________。

31. 桥面铺装要求有足够的________、________、________、________等。

32. 桥墩中线之间的距离或桥墩中线至桥台台背前缘之间的距离称为________。

33. 桥梁全长规定为：有桥台的桥梁是________；无桥台的桥梁________。

34. 伸缩缝的作用为________，并满足桥跨结构在外部作用影响下________自由地变形。

35. 现行公路桥涵设计规范中，汽车荷载包括________和________两种。

36. 承载能力极限状态作用效应组合分为________和________。

37. 正常使用极限状态作用效应组合分为________和________。

38. 按横截面形式，图 1-1 中的混凝土实腹式公路梁桥称为：a)________桥、b)________桥和 c)________桥。

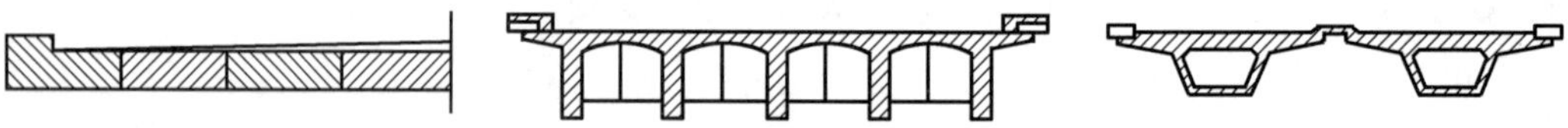

a) b) c)

图 1-1 混凝土实腹式公路梁桥横截面形式

二、梁桥

1. 钢筋混凝土梁桥，梁内钢筋分为两大类，分别为________和________。

2. 钢筋保护层的作用是________。

3. 设计钢筋混凝土简支 T 梁，需拟定的主要尺寸有________、________、________、________。

4. 装配式 T 形简支梁桥一般由多根主梁组成，为使所有主梁连接形成整体，通常设置________和________，以保证结构的完整性。

5. 横隔梁的高度一般为主梁高度的________倍左右，中横隔梁每隔________设置一道。

6. 荷载横向分布影响线的计算方法主要有________、________、________、________和________。

7. 装配式简支梁桥横截面主要有________、________、________等几种形式。

8. 梁式桥按承重结构截面不同分为________、________、________。

9. 梁式桥按静力体系不同分为________、________、________、________及________。

10. 箱梁在偏载作用下的变形可分为________、________、________和________四种基本状态。

11. 对于连续梁桥，为有利于梁的变形分散，宜将固定支座设在________处。

12. 长宽比大于或等于 2 的周边支承板为__________，而长宽比小于 2 的周边支承板为________。

13. 荷载横向分布计算中 R_{ki} 的第一个脚标表示________。

14. 荷载横向分布计算中 R_{ki} 的第二个脚标表示________。

15. 在实践中最常遇到的行车道板的受力图式有________、________和________三种。

16. 装配式 T 形梁，主梁间距与片数的确定要考虑________、________、________等因素。

17. 与偏压法不同的是，修正偏压法在计算荷载横向分布系数时，考虑了主梁的________刚度。

18. 主梁内力包络图是指________。

19. 预应力钢筋的主要类型有________、________和________。精轧螺纹钢筋仅用于中、小型构件或竖、横向布筋。

20. 引起超静定预应力混凝土桥梁结构次内力的外部因素有________、______、________和________等。

21. 在连续梁桥设计中，其中跨与相邻边跨的比值，对于三跨连续梁一般取________，对于五跨连续梁一般取________。

三、其他体系桥梁及桥梁支座

1. 连续梁桥的内力主要有 3 个：纵向________和________，横向________。

2. 桥梁支座按其变位的可能性分为________和________。

3. 支座按其容许变形的可能性分为________、________和________。

4. 作用在支座上的竖向力有________反力、________反力及其影响力。

5. 支座垫石的作用是________。

6. 特殊功能支座的类型有________、________、________。

7. 简支梁桥一般一端设________支座，另一端设________支座，一般不能将相邻两跨的________支座设在同一桥墩上。

8. 桥梁结构中跨越能力最大的桥型是________。

9. 斜拉桥由________、________、________几部分组成。

10. 斜拉桥按主梁、索塔、斜索的相互结合方式，可组成________体系斜拉桥、________体系斜拉桥和________体系斜拉桥三种结构体系。

11. 斜拉桥设计要点是________、________、________、________。

12. 部分斜拉桥亦称矮塔斜拉桥，根据部分斜拉桥结构自身的特点和梁、塔、索、墩的结合方式，可将部分斜拉桥结构体系划分为________体系、________体系和________体系三种形式。

13. 部分斜拉桥三种结构体系与斜拉桥相应的结构体系含义相同，所不同的是部分斜拉桥没有斜拉桥常用的________体系。

14. 飘浮体系斜拉桥是________的斜拉桥。

15. 半飘浮体系斜拉桥是________的斜拉桥。

16. 悬索桥主要由________、________、________、________、________等部分组成。

17. 悬索桥的设计要点包括________、________、________。

18. 橡胶支座是由________和________组成。

19. 早期支座的类型有________、________、________和________。

20. 目前支座的类型有________、________、________、________和________。

21. 桥梁的支座不仅要有________，并且要保证桥跨结构能产生一定的________。

22. 刚构桥是指________和________整体相连的桥梁。

四、拱桥

1. 按桥面所在的位置，可把拱桥分为________拱桥、________拱桥和________拱桥。

2. 确定拱桥的设计高程有4个，分别为________、________、________、________。

3. 拱桥常用的拱轴线形有________、________、________。

4. 拱桥分类方法很多，按其结构受力体系可分为________、________和________。

5. 拱桥上部结构包括__________和__________；下部结构包括__________、__________和________。

6. 中、下承式拱桥的桥跨结构一般由________、________、________三部分组成。

7. 拱桥的矢跨比是指________与________之比。

8. 矢跨比________时，拱的水平推力增大，反之则水平推力减小。

9. 拱桥的柱式腹孔墩由________、________、________几部分组成。

10. 拱桥的施工可分为________和________两大类。

11. 梁桥内力以受________为主；拱桥内力以受________为主。

12. 空腹式拱桥采用拱式腹孔时，一般在紧靠桥墩(台)的第一个腹拱圈和靠墩台的拱铰上方的侧墙设________缝，在台身与翼墙之间设________缝。

13. 拱上填料的作用是________。

14. 腹拱填料的做法分为________和________。

15. 拱桥的施工可分为________和________两大类。

16. 双曲拱桥的主拱圈由________、________、________、________等几部分组成。

17. 按桥梁承重结构的受力特征，梁桥的主梁以________为主，悬索桥的主缆以________为主，拱桥的主拱圈以________为主。

18. 可同时通行汽车和火车的桥，称为________桥；采用砖、石、素混凝土块砌筑成的拱桥，称为________桥。

19. 拱圈各截面合力点的连线称之为________。

20. 拱圈各截面形心点的连线称之为________。

21. 某石拱桥，主拱圈宽8m，设计两个车道，单位拱圈宽度分配到的活载内力是________。

22. 在竖向均布荷载作用下拱的合理拱轴线是________。

23. 在径向均布荷载作用下拱的合理拱轴线是________。

24. 在实腹式拱恒载作用下的合理拱轴线是________。

25. 一般采用“五点重合法”来确定悬链线拱的拱轴系数m值，其中“五点”是__________、________、________。

26. 与压力线重合的拱轴线称为________。

27. 拱轴系数小时拱轴线的形状________，拱轴系数大时拱轴线的形状________。

28. 拱脚与拱顶的恒载强度之比称之为________。

29. 当跨径、荷载和拱上建筑等情况相同时，$f/l=1/3$的拱桥和$f/l=1/8$的拱桥相比，前者的水平推力比后者________。

30. 拱轴系数 m 是指________与________的比值，m 越大，拱轴线在拱脚处越________。

31. 上承式拱桥与梁桥相比受力特点的最大区别是前者具有________力。

32. 简单体系拱桥可分为________、________和________。

33. 中承式拱桥、斜拉桥和悬索桥中，均存在以承受拉力为特征的柔性缆索构件，这类构件的名称在拱桥中称为________；在斜拉桥中称为________；在悬索桥中称为________。

五、桥梁墩台

1. 桥台的常见形式有________、________、________、________和________等。

2. 梁桥桥墩的常见形式有__________、__________、__________、__________、________和________等。

3. 拱桥桥墩的常见形式有________、________和________等。

4. 桥台一般由________、________和________等组成。

5. 桥墩一般由________、________和________等组成。

6. 重力式桥墩按截面形式划分，常见的有________、________、________和________等。

7. 常见的轻型桥台有________桥台、________桥台、________桥台、________桥台等。

8. 柱式桥墩的主要形式有________、________、________和________。

9. 桥墩计算中考虑的永久作用有__________、________、________、________、________、________和________。

10. 桥墩计算中考虑的可变作用有__________、________、________、________、________、__________，还有作用在上部结构或墩身上的__________，以及作用在墩身上的__________和________。

11. 桥墩计算中考虑的偶然作用有________、________、________。

12. 进行扩大基础验算时，常进行基底的________稳定性和________稳定性验算。

13. 一般重力式梁桥墩台的验算包括________验算、________验算和________的验算。

14. 桥墩墩顶弹性水平位移验算的目的是________。

15. 沉井施工的步骤主要包括________、________、________、________和________。

16. 桥梁墩台常用的基础类型有________、________、________，其中________为浅基础，________和________为深基础。

17. 按承台位置的不同桩基础可分为________和________。

六、桥梁施工

1. 桥梁上部结构施工方法有________、________、________、________、________、________、________、________等。

2. 混凝土现浇简支梁桥主要的施工设施不包括________。

3. 顶推法施工适用于________。

4. 预应力混凝土简支梁的施工方法可分为________和________两种。

5. 特大跨度斜拉桥的主梁采用扁平钢箱的主要原因是________、________。

6. 钢筋混凝土简支梁桥施工的________和________都是工程施工中的临时结构，但对施工的安全和质量都有十分重要的影响。

7. 支架法施工不适用于________高墩施工。

8.在斜拉桥进行主塔施工时,要求滑升模板有足够的________、________、________。

9.斜拉桥主梁施工时,应用最广泛的施工方法是________。

10.悬索桥桥塔施工方法有________、________、________。

11.猫道是________施工的特有设备。

第2部分　名 词 解 释

一、总论

1. 设计洪水位：
2. 低水位：
3. 高水位：
4. 通航水位：
5. 净跨径：
6. 总跨径：
7. 计算跨径：
8. 标准跨径：
9. 桥梁全长：
10. 建筑高度：
11. 桥下净空高度：
12. 桥梁高度：
13. 净矢高：
14. 计算矢高：
15. 矢跨比：
16. 梁式体系：
17. 拱式体系：
18. 刚构桥：
19. T 形刚构、连续刚构：
20. 梁、拱组合体系：
21. 斜拉桥：
22. 悬索桥：
23. 上承式拱桥：
24. 中承式拱桥：
25. 下承式拱桥：
26. 作用：
27. 永久作用：
28. 可变作用：
29. 偶然作用：
30. 作用代表值：
31. 作用标准值：
32. 作用频遇值：
33. 作用准永久值：
34. 持久状态：
35. 作用效应：
36. 作用效应设计值：
37. 分项系数：
38. 作用效应组合：

39. 作用效应组合系数：
40. 作用效应基本组合：
41. 作用效应偶然组合：
42. 作用短期效应组合：
43. 作用长期效应组合：
44. 最不利荷载组合：
45. 结构重要性系数：
46. 冲击作用：
47. 离心力：
48. 汽车制动力：
49. 荷载折减系数：
50. 设计基准期：
51. 伸缩缝：
52. 组合系数：
53. 地震震级：
54. 地震烈度：
55. 温度梯度：
56. 年温差：
57. 局部温差：

二、梁桥

1. 板桥：
2. 肋梁桥：
3. 箱形梁桥：
4. 简支梁桥：
5. 连续梁桥：
6. 悬臂梁桥：
7. 横向连接：
8. 纵向竖缝划分：
9. 纵向水平缝划分：
10. 纵、横向竖缝划分：
11. 保护层：
12. 焊接钢筋骨架：
13. 单向受力板：
14. 双向受力板：
15. 斜交板：
16. 装配式桥梁：
17. 车轮荷载在板上的分布：
18. 板的有效工作宽度：
19. 荷载横向分布：

20. 荷载横向分布影响线：
21. 杠杆原理法：
22. 偏心压力法：
23. 横向铰接板(梁)法：
24. 横向刚接梁法：
25. 比拟正交异性板法：
26. 挠度：
27. 预拱度：
28. 减余剪力图：
29. 预应力等效荷载：

三、其他体系桥梁及桥梁支座

1. 悬索桥：
2. 地锚式悬索桥：
3. 自锚式悬索桥：
4. 美国式悬索桥：
5. 英国式悬索桥：
6. 混合式悬索桥：
7. 主缆：
8. 吊索：
9. 索夹：
10. 索鞍：
11. 加劲梁：
12. 索塔：
13. 锚碇：
14. 斜拉桥：
15. 悬浮体系斜拉桥：
16. 支承体系斜拉桥：
17. 塔梁固结体系斜拉桥：
18. 刚构体系斜拉桥：
19. 拉索：
20. 拉力支座：
21. 减震支座：
22. 剪力铰：
23. 结合梁：
24. 剪力滞效应：
25. 连续梁次内力：

四、拱桥

1. 板拱桥：

2. 肋拱桥：
3. 箱形截面拱桥：
4. 钢管混凝土拱桥：
5. 劲性骨架混凝土拱桥：
6. 拱上建筑：
7. 桁架拱桥：
8. 刚架拱桥：
9. 拱轴系数：
10. 纯压拱：
11. 压力线：
12. 连拱作用：
13. 合理拱轴线：
14. 拱上建筑联合作用：
15. 五点重合法：
16. 系杆拱：
17. 提篮拱：
18. 拱的纵向稳定性：
19. 弹性中心：

五、桥梁墩台

1. 重力式墩台：
2. 轻型墩台：
3. 墩台帽：
4. 墩台身：
5. 基础：
6. 单向推力墩：
7. 柔性排架桩墩：
8. 框架墩：
9. 埋置式桥台：
10. 锚碇板式桥台：
11. 基底应力验算：
12. 基底偏心验算：

六、桥梁施工

1. 浅置基础：
2. 深置基础(深水基础)：
3. 施工荷载：
4. 主动土压力：
5. 静止土压力：
6. 被动土压力：

7. 先张法：
8. 后张法：
9. 模板：
10. 摩擦桩：
11. 柱桩：
12. 高桩承台：
13. 低桩承台：
14. 围堰：
15. 顶推法：
16. 拱桥的劲性骨架施工法：
17. 拱桥的转体施工法：
18. 悬臂浇筑法：
19. 预制梁逐孔施工法：
20. 悬臂拼装法：
21. 劲性骨架施工法：
22. 假载法：

第 3 部分　是非判断题

一、总论

1. 跨河桥梁的总跨径一般根据水文计算来确定。 (　　)

2. 桥跨下部结构包括承台和支座。 (　　)

3. 桥梁结构的局部加载、涵洞、桥台等的计算采用车辆荷载。 (　　)

4. 在桥梁的设计作用中,温度作用属于永久作用。 (　　)

5. 作用的代表值,一般可以分为标准值、准永久值和频遇值。 (　　)

6. 船舶撞击力属于偶然作用。 (　　)

7. 公路桥梁与铁路桥梁荷载分类方法与组合方法是相同的。 (　　)

8. 当公路桥的设计车道数多于一个车道时,就需要对车道荷载进行横向折减。 (　　)

9. 桥梁的建筑高度不得大于其容许建筑高度,才能保证桥下的通航要求。 (　　)

10. 斜腿刚构桥是梁式桥的一种形式。 (　　)

11. 设置三角垫层是设置桥面横坡的唯一方式。 (　　)

12. 桥梁设计初步阶段包括完成施工详图、施工组织设计和施工预算等。 (　　)

13. 预应力混凝土梁桥设计中,将混凝土徐变作为永久作用考虑。 (　　)

14. 桥面的栏杆应该在主梁伸缩缝处断开或设置栏杆的伸缩装置。 (　　)

15. 当桥梁的纵坡较大时,可以不设置桥面泄水管装置。 (　　)

16. 钢桥的桥面一般采用水泥混凝土铺装层。 (　　)

17. 桥面纵坡是通过调节主梁梁高来实现。 (　　)

18. 桥梁的总跨径,是多孔桥梁中各孔计算跨径的总和,它反映了桥下泄洪的能力。(　　)

19. 风荷载属于偶然作用的一种。 (　　)

20. 因为河流的水位和流速会经常发生变化,因此水的浮力和流水压力对桥梁结构都是属于可变作用。 (　　)

21. 汽车荷载由车辆荷载和车道荷载组成,且车辆荷载与车道荷载作用可以叠加。(　　)

22. 温度作用属于永久作用的一种。 (　　)

23. 基础变位作用属于可变作用。 (　　)

24. 人行道的宽度为 0.75m 或 1m,大于 1m 时按 0.5m 的倍数增加。 (　　)

25. 人行道顶面一般铺设 30mm 厚的水泥砂浆作为面层,并向桥内侧形成 3%的坡度。 (　　)

26. 混凝土的收缩和徐变都是与时间有关的变形现象,因此在作用分类中收缩和徐变属于可变作用。 (　　)

二、梁桥

1. 桥面连续构造就是使其在该处能承受活载弯矩。 (　　)

2. 计算主梁的弯矩和剪力时,可在全跨内取用相同的荷载横向分布系数。 (　　)

3. 年温差影响对简支梁只引起结构变形,并不导致结构内温度次内力。 (　　)

4. 设置三角垫层是设置桥面横坡的唯一方式。 (　　)

5. 简支梁桥的净跨径、标准跨径和计算跨径的关系:净跨径<计算跨径<标准跨径。(　　)

6. 在超静定梁中,预应力引起的次力矩是由支座次反力产生的。 (　　)

7. 连续体系属于超静定结构,对温度变化和支座变位不敏感。 (　　)

8. 伸缩缝应该能够保证上部结构的自由伸缩。 (　　)

9. 单向桥面板是指长宽比小于等于 2 的周边支撑桥面板。 (　　)

10. 梁桥伸缩缝应设置在梁端与桥台背墙之间以及两相邻梁端之间。 (　　)

11. 在静定梁式结构中,呈非线性变化的温度梯度会引起结构的次内力。 (　　)

12. 计算主梁的弯矩和剪力时,可在全跨内取用相同的荷载横向分布系数。 (　　)

13. 同一座桥中,计算主梁荷载横向分布系数的值与采用的汽车荷载等级有关。 (　　)

14. 同一座桥中,计算主梁荷载横向分布系数的值与采用的汽车荷载等级无关。 (　　)

15. 混凝土的徐变对于静定结构不会引起次内力,也不会产生徐变变形。 (　　)

16. 箱形截面梁抗弯、抗扭能力强,因此普通钢筋混凝土简支梁采用箱形截面是合适的。 (　　)

17. 箱形截面梁抗弯、抗扭能力强,因此预应力混凝土简支梁采用箱形截面是合适的。 (　　)

18. 在铰接板法中,采用半波正弦荷载来分析支点荷载横向分布的规律。 (　　)

19. 在计算荷载位于靠近主梁支点时的荷载横向分布系数 m 时,可采用杠杆原理法。 (　　)

20. 修正刚性横梁法主要考虑了主梁的抗扭刚度,与结构几何尺寸和材料特性无关。 (　　)

21. 多跨带剪力铰 T 形刚构桥,在发生基础沉降时,相邻 T 形刚构会互相发生影响。 (　　)

22. 连续梁自重内力的计算与施工方法无关,只与主梁结构最终体系有关。 (　　)

23. 连续梁桥中的主梁自重内力与采用的施工方法、顺序、体系转换的具体情况有关。 (　　)

24. 横隔梁在装配式 T 形梁桥中起着保证各片主梁相互连成整体的作用。 (　　)

25. 公路桥梁中用铰接法来计算荷载横向分布系数时,是以铰接板的支点反力作依据的。 (　　)

26. 桥梁设计时,主梁配筋多少及布置位置,最主要依据是截面的内力包络图。 (　　)

27. 采用不同的汽车荷载等级计算出的汽车荷载横向分布系数不同。 (　　)

28. 计算主梁的弯矩和剪力时,不能在全跨内取用相同的荷载横向分布系数。 (　　)

29. 修正刚性横梁法中的修正系数与桥梁横截面几何尺寸、材料特性有关。 (　　)

30. 在箱梁分析中,只有顶板才会发生剪力滞后现象,底板则不会出现,可不必考虑底板剪力滞效应。 (　　)

31. 连续板桥在支点处产生负弯矩,对跨中弯矩起到卸载作用,故可以比简支梁桥的跨径做得大一些或其厚度比同跨径的简支梁做得薄一些。 (　　)

32. 简支梁桥是静定结构,结构内力不受基础变位的影响,因而能适用于地基较差的桥位上建桥。 (　　)

33. 在超静定梁中,混凝土徐变引起的结构次内力在梁内的分布是非线性的。因为在混凝土结硬初期,徐变增长较快;随着龄期的增长,徐变逐渐减慢。 (　　)

34. 刚构桥在混凝土收缩、墩台不均匀沉降等因素的作用下,结构内力不会发生变化。 (　　)

35. 横隔梁在装配式 T 梁桥中起着保证各片主梁相互连成整体的作用。 (　　)

36. 用偏心压力法计算简支T梁的中横隔梁内力时，横隔梁的力学模式为一简支梁。（　　）

37. 任何纵横正交梁格系结构比拟成的异性板，都可以完全仿照真正的材料异性板来求解，只是微分方程中的刚度常数不同，但所求的解是近似的。（　　）

38. 斜交桥的支反力与直线桥相比，斜交桥有钝角处反力较大，锐角处反力较小的现象。（　　）

39. 简支梁桥是静定结构，内力不受基础变位的影响，因而能在地基较差的情况下建桥。（　　）

40. 某桥为一个4×30m连续梁桥，该桥伸缩缝设置数量可以大于2道。（　　）

41. 任何纵横梁格系结构比拟成的异性板，可以完全仿造真正的材料异性板来求解，只是挠曲微分方程中的刚度常数不同罢了。（　　）

42. 对于多片主梁的简支梁桥，中梁将比边梁分配到的荷载大。（　　）

43. 修正刚性横梁法中的修正系数β是一个与桥梁横截面几何尺寸、材料特性有关的参数。（　　）

44. 用偏压法计算横隔梁内力的力学模型是将中横隔梁近似地视作竖向支承在多根弹性主梁上的多跨弹性支承简支梁。（　　）

45. 修正刚性横梁法是在计算中考虑了主梁的抗扭刚度，而刚性横梁法则不予考虑。（　　）

46. 在具有主梁和横隔梁的简单梁格体系中，行车道板实际上是双边支承的板。（　　）

47. 通常荷载横向分布系数的值小于1，且没有负值。（　　）

48. 在同一座桥中，计算主梁荷载横向分布系数的值与采用的汽车荷载等级有关。（　　）

49. 修正刚性横梁法主要考虑了主梁的抗扭刚度，与结构的几何尺寸和材料特性无关。（　　）

50. 横隔梁在装配式T形梁桥中，起着保证各片主梁相互连成整体的作用。（　　）

51. 刚构桥的立柱与主梁相连接的地方是刚性连接，能承受较大的负弯矩，达到使桥跨跨中的正弯矩卸载的作用。（　　）

52. 预制安装的T梁桥均可采用刚性横梁法计算其荷载横向分布系数。（　　）

53. 连续梁桥在中支点处产生负弯矩，对跨中弯矩起到卸载作用，故可以比简支梁桥的跨径做得大一些，或其厚度比同跨径的简支梁桥做得薄一些。（　　）

三、其他体系桥梁及桥梁支座

1. 混凝土斜拉桥属于组合体系桥梁。（　　）
2. 悬索桥是跨越能力最大的一种桥型。（　　）
3. 当桥梁位于坡道上时，其固定支座应放在较高一端。（　　）
4. 对于多跨连续梁桥，可在纵向布置多个固定支座。（　　）
5. 桥梁活载内力的计算，与施工方法无关。（　　）
6. 桥梁活载内力和恒载内力的计算，均与施工方法无关。（　　）
7. 桥梁恒载内力的计算，与施工方法有关。（　　）
8. 悬臂梁桥一般为静定结构，可在地基较差的条件下使用。（　　）
9. 悬臂梁桥受力主筋的布置要求满足负弯矩的要求即可。（　　）

10. 预应力混凝土T形刚构桥，在结构性能和施工工艺上都存在不少弱点，因此跨度受到限制，在实践中很少采用。 （ ）

11. 对于坡桥，宜将滑动支座设置在高程较低的墩台上以利主梁伸缩变形。 （ ）

12. 当车辆制动力较大时，桥梁就应该设置拉力支座。 （ ）

13. 梁式桥的支座一般分成固定支座和活动支座两种形式。 （ ）

14. 对于钢筋混凝土盖梁的支座布置，允许支座边缘布置至墩台身的最外侧边。 （ ）

15. 板式橡胶支座的水平位移是通过支座与梁底或墩台面间的相对滑动实现的。 （ ）

四、拱桥

1. 拱轴线和压力线在任何时候都是重合的。 （ ）

2. 拱桥的伸缩缝宽度一般为20～30mm。 （ ）

3. 均布荷载下，上承式拱桥的合理拱轴线是二次抛物线。 （ ）

4. 当预加应力产生的长期反拱值大于荷载短期效应组合计算的长期挠度时，需设预拱度。 （ ）

5. 简单体系拱以主拱圈承重，拱上建筑仅起传力作用。因此，计算拱上建筑内力时，一般不必考虑其联合作用。 （ ）

6. 拱桥按静力图示可分为三铰拱、两铰拱和无铰拱。 （ ）

7. 实腹式拱桥的伸缩缝通常设在两拱脚上方。 （ ）

8. 空腹式拱桥的端腹拱常做成三铰拱。 （ ）

9. 拱圈内力计算，主要分为恒载作用下内力计算和裸拱内力计算。 （ ）

10. 拱桥的高程主要有桥面高程、拱顶底边高程、起拱线高程、基础底面高程。 （ ）

11. 中承式拱桥的拱轴系数取值一般都大于等于1。 （ ）

12. 拱式腹孔的空腹式拱桥，为适应主拱圈的变形，靠近墩台的第一跨腹拱应做成三铰拱。 （ ）

13. 拱桥应该选择在较高的温度下合龙。 （ ）

14. 对无铰拱桥，桥面无需设置伸缩缝装置。 （ ）

15. 刚架拱桥属于有推力的高次超静定结构，大部分构件偏心受拉。 （ ）

16. 拱桥的矢跨比越大，则拱的推力以及由弹性压缩、混凝土收缩和温度变化所引起的附加内力也越大。 （ ）

17. 钢管混凝土拱桥可充分利用钢的材料受压性能。 （ ）

18. 梁桥主要是以主梁受弯来实现承载，拱桥在竖向荷载作用下，主拱圈主要承受压应力。 （ ）

五、桥梁墩台

1. 桥墩是桥梁两端桥头的支承结构，桥台是多跨桥的中间支承结构。 （ ）

2. 桥台从构造上可以分为重力式桥台、轻型桥台、组合式桥台。 （ ）

3. 在桥墩计算时，为了找到设计的最不利组合，通常需要对各种可能组合分别进行计算。 （ ）

4. 桥台的计算需要考虑台后填土的侧压力，并需考虑车辆荷载引起的土侧压力。 （ ）

5. 实体式桥墩是依靠自身重量来平衡外力而保持稳定，因此适用于荷载较大的大、中型

桥梁。（　　）

6. 在桥墩设计时，尽量选择节约材料的空心墩。（　　）

7. 对于双柱式墩台，当盖梁与立柱的线刚度之比小于5时，盖梁可按简支梁计算和配筋。（　　）

8. 在选择桥梁基础时，当地基上面土层较软且较厚时，宜采用刚性扩大基础。（　　）

9. 重力式桥台计算包括基底应力验算、整体抗倾覆稳定性验算和整体抗滑动验算。（　　）

六、桥梁施工

1. 混凝土的收缩和徐变都是与时间有关的变形现象，因此在作用分类中收缩和徐变属于可变作用。（　　）

2. 预应力混凝土梁桥设计中，将混凝土徐变作为永久作用考虑。（　　）

3. 浇筑混凝土要分层对称进行，一般每层厚度不超过30cm。（　　）

4. 混凝土斜拉桥最常见的施工方法为转体施工方法。（　　）

5. 斜拉桥的主梁是桥的生命线，它承担着整个桥身的重量。（　　）

6. 悬索桥的某根吊索发生断裂，将导致全桥彻底破坏。（　　）

7. 计算斜拉桥内力时，应计入其拉索的垂度效应。（　　）

8. 连续刚构桥的受力特点与连续梁桥接近，故其桥墩的构造可与连续梁桥类似，即对桥墩的刚度和高度没有什么特殊要求。（　　）

9. 中跨和边跨最大正弯矩接近相等，是大跨径预应力混凝土连续梁桥采用不等跨的原因。（　　）

10. 拱桥、斜拉桥和悬索桥都是能适应特大跨度桥梁修建的桥型，其跨越能力均可超过1 000m。（　　）

11. 为了消除恒载挠度而设置的预拱度，其值通常取等于全部恒载和一半静活载所产生的竖向挠度值。（　　）

12. 悬臂浇筑施工时，合龙工作宜在高温时进行。（　　）

13. 采用悬臂法施工的预应力混凝土连续梁，因中间桥墩上要放支座，故施工时存在体系转换的问题。（　　）

14. 采用悬臂法施工的预应力混凝土连续刚构施工时，不存在体系转换问题。（　　）

15. 模板与构件接触的一侧，应涂刷肥皂水、废机油等隔离剂。（　　）

16. 悬臂梁桥，一般为静定结构，可在地基较差的条件下使用。（　　）

17. 装配式梁桥设置横向联结构造的主要目的是增强桥梁的整体性，使各主梁能够共同受力。（　　）

18. 连续梁桥由于支点负弯矩的卸载作用，故跨越能力比相同截面的简支梁桥更大，同时对地基条件的要求也更低。（　　）

19. 后张法预应力混凝土梁，进行孔道压浆的目的是为了减小预应力损失。（　　）

20. 根据拱桥的受力特点，拱圈合龙应在温度较低时进行。（　　）

21. 根据拱桥的受力特点，拱圈合龙应在温度较高时进行。（　　）

第 4 部分　单项选择题

一、总论

1. 单孔跨径 20m≤l_b<40m 的桥梁属于________。

A. 小桥　B. 中桥　C. 大桥　D. 特大桥

2. 桥梁结构中跨越能力最大的桥型是________。

A. 梁桥　B. 拱桥　C. 悬索桥　D. 斜拉桥

3. 桥梁全长是指________。

A. 桥梁两桥台台背前缘间的距离　B. 桥梁结构两支点间的距离

C. 桥梁两个桥台侧墙尾端的距离　D. 各孔净跨径的总和

4. 桥梁两个桥台侧墙或八字墙后端点之间的距离称为________。

A. 桥梁跨度　B. 桥梁总长　C. 桥梁全长　D. 桥梁标准跨径

5. 桥梁的“五大部件”中不包括的是________。

A. 支座系统　B. 桥墩　C. 桥面铺装　D. 基础

6. 桥梁的________反映了其泄洪能力。

A. 计算跨径　B. 总跨径　C. 桥梁高度　D. 净跨径

7. 桥梁的建筑高度是指________。

A. 桥面与桥跨结构最低边缘的高差　B. 桥面与墩底之间的高差

C. 桥面与地面线之间的高差　D. 桥面与基础地面之间的高差

8. 跨河桥的桥梁高度 H 是指________。

A. 行车道顶面至河床顶面的距离　B. 行车道顶面至低水位间的距离

C. 行车道顶面至计算水位间的距离　D. 行车道顶面至设计水位间的距离

9. 我国桥梁设计程序可分为前期工作及设计阶段，设计阶段按“三阶段设计”进行，即________。

A. 上部结构设计、下部结构设计与基础设计

B. 初步设计、立面设计与截面设计

C. 桥型设计、截面设计与施工设计

D. 初步设计、技术设计与施工图设计

10. 下列哪一个选项不属于桥梁总体规划设计的基本内容________。

A. 桥位选定　B. 桥梁总跨径的确定

C. 桥型选定　D. 桥梁荷载统计

11. 桥梁设计中除了需要的相关力学、数学等基础知识外，设计必须依据的资料是________。

A. 设计技术手册　B. 设计技术规范　C. 施工技术规范　D. 建设单位要求

12. 桥梁结构的整体计算采用________。

A. 车辆荷载　B. 车道荷载　C. 均布荷载　D. 集中荷载

13. 桥面应设置横坡，以利排水。横坡一般可以设置在________。

A. 墩台上　B. 铺装层采用混凝土三角垫层

C. 桥面板上　D. 以上都正确

14. 按设计洪水位频率计算所得的高水位称之为________。

A. 标准水位　B. 最高水位　C. 枯水位　D. 设计洪水位

15. 桥梁设计中地震作用属于________。

A. 永久作用　　B. 可变作用　　C. 其他荷载　　D. 偶然作用

16. 作用按照结构的反应分类可以分为________。

A. 固定作用和自由作用　　B. 静态作用和动态作用

C. 永久作用和可变作用　　D. 可变作用和偶然作用

17. 按承载能力极限状态设计时采用的基本作用效应组合是指________相组合。

A. 永久作用设计值效应与可变作用设计值效应作用

B. 永久作用标准值效应与可变作用标准值效应组合

C. 永久作用标准值效应与可变作用永久值效应组合

D. 永久作用永久值效应与可变作用标准值效应组合

18. 按承载能力极限状态设计时采用的两种作用效应组合分别为________。

A. 基本组合和作用短期效应组合　　B. 基本组合和偶然组合

C. 偶然组合和作用短期效应组合　　D. 作用短期组合和作用长期组合

19. 作用于公路桥梁上的车辆荷载等级取决于________。

A. 交通量　　B. 标准跨径　　C. 公路等级　　D. 桥梁类型

20. 专用人行桥梁的人群荷载标准值为________kN/m^2。

A. 2.5　　B. 3.0　　C. 3.5　　D. 4.0

21. 对于跨河桥而言，流水压力属于________。

A. 永久作用　　B. 临时荷载　　C. 可变作用　　D. 偶然作用

22. 船舶撞击作用属于________。

A. 永久作用　　B. 临时荷载　　C. 可变作用　　D. 偶然作用

23. 水浮力和基础变位作用属于________。

A. 永久作用　　B. 可变作用　　C. 偶然作用　　D. 可变作用和永久作用

24. 人群荷载属于________。

A. 永久作用　　B. 可变作用　　C. 临时荷载　　D. 偶然作用

25. 下面________不是由荷载产生的。

A. 收缩　　B. 剪力　　C. 轴力　　D. 弯矩

26. 位于曲线上桥梁，当曲线半径等于或小于________时应计算车辆荷载的离心力。

A. 100m　　B. 200m　　C. 250m　　D. 500m

27. 桥梁的基本组成包括上部结构、下部结构以及________。

A. 地基　　B. 桥跨结构　　C. 锥坡　　D. 基础

28. 桥梁按体系划分可分为________。

A. 梁桥、拱桥、刚构桥、悬索桥以及组合体系桥

B. 简支梁桥、悬臂梁桥、连续梁桥和连续刚构桥

C. 木桥、钢桥、圬工桥、钢筋混凝土桥和预应力混凝土桥

D. 公路桥、铁路桥、人行桥和农用桥

29. 桥梁的伸缩装置设置在________。

A. 梁底，与墩顶接触处

B. 梁顶，与路缘石接触处

C. 桥面，在纵向相邻两梁端之间或梁端与桥台之间

D. 桥面，在横向相邻两梁之间

30. 可以适应较大变形量而广泛应用于大跨度桥梁的伸缩装置是________。

A. 梳形钢板伸缩缝 B. 填塞式对接伸缩缝

C. 嵌固对接式橡胶伸缩缝 D. 模数支承式伸缩缝

31. 水泥混凝土桥面铺装面层(不含找平层或垫层)的厚度不宜小于________。

A. 70mm B. 80mm C. 90mm D. 100mm

二、梁桥

1. 单向板是指长宽比________的周边支承桥面板。

A. 大于 2 B. 等于或大于 2 C. 等于或小于 2 D. 小于 2

2. 斜交板桥的最大反力发生在________。

A. 钝角附近 B. 锐角附近 C. 桥轴线处 D. 桥跨跨中处

3. 在斜交板桥中,________应布置垂直于角平分线的加强钢筋。

A. 锐角部位上层 B. 钝角部位上层 C. 锐角部位下层 D. 钝角部位下层

4. 多跨连续单向板的行车道和主梁梁肋的实际支撑条件是________

A. 固结 B. 弹性固结 C. 铰支 D. 简支

5. 对于用企口缝连接的简支空心板梁桥,跨中部分一般采用________计算荷载横向分布系数。

A. 杠杆法 B. 偏心压力法 C. 铰接板梁法 D. 刚接梁法

6. 城市桥梁设计中,当设计车道数目大于________时,应计入车道的横向折减系数。

A. 4 B. 3 C. 2 D. 1

7. 在影响斜板桥受力的主要因素中,下列________不是主要因素。

A. 斜交角 B. 宽跨比 C. 支承形式 D. 板的厚度

8. 影响斜板桥受力的因素有________。

A. 斜交角、板的横截面形式及支承形式 B. 斜交角、宽跨比及支承形式

C. 斜交角、板的横截面形式及宽跨比 D. 宽跨比、板的横截面形式及支承形式

9. 整体式钢筋混凝土板桥承重板的计算单元是________。

A. 整体承重板 B. 1m 宽板带

C. 荷载有效分布宽度的板 D. 行车道宽度的板

10. 双向桥面板是指长宽比________的周边支承桥面板。

A. 大于 1 B. 等于或大于 2 C. 等于或小于 2 D. 小于 2

11. 梁式桥的两个相邻桥墩中线之间的水平距离,或桥墩中线到桥台台背前缘之间的水平距离,称为________。

A. 净跨径 B. 总跨径 C. 标准跨径 D. 计算跨径

12. 对于简支梁桥,其净跨径、标准跨径和计算跨径之间的关系是________。

A. 净跨径<标准跨径<计算跨径 B. 净跨径<计算跨径<标准跨径

C. 计算跨径<标准跨径<净跨径 D. 标准跨径<净跨径<计算跨径

13. 简支板桥的主钢筋直径不应小于________。

A. 8mm B. 10mm C. 12mm D. 14mm

14. 在进行桥涵结构计算时,________的计算应采用车道荷载。

A. 主梁或主拱 B. 桥面板 C. 涵洞 D. 桥台土压力

15. 装配式 T 梁的横隔梁连接方式为________。

A. 扣环式接头　　B. 企口铰连接　　C. 干接缝连接　　D. 铰接缝连接

16. 在装配式 T 形梁桥中，为保证各片主梁能相互连接成整体，共同参与受力，需设置________。

A. 钢板　　B. 横隔板　　C. 内纵梁　　D. 腹板

17. 下述关于装配式混凝土简支梁桥特点论述不正确的是________。

A. 构造简单　　B. 受力明确

C. 易于标准化设计和施工　　D. 跨度适用范围大

18. 非线性温差分布的情况下________。

A. 静定梁和超静定梁截面内都产生温度自应力

B. 只在静定梁截面上产生温度自应力

C. 只在超静定梁截面上产生温度自应力

D. 静定梁和超静定梁截面内都不产生温度自应力

19. 装配式梁桥的优点之一是________。

A. 整体性好　　B. 可节省钢筋和混凝土用量

C. 上部结构与下部结构能同时施工　　D. 相邻构件间铰接，便于转动

20. 桥梁设计时主梁配筋多少及布置位置最主要依据是________。

A. 跨中截面的最不利内力组合　　B. 各截面的基本组合内力

C. 主梁的内力包络图　　D. 截面的束界

21. 主梁中配置预应力束筋、纵向主筋、斜筋以及作各种验算时，需要做出主梁的________。

A. 弯矩图　　B. 剪力图　　C. 影响连线图　　D. 内力包络图

22. 在计算荷载位于靠近主梁支点时的荷载横向分布系数时，可偏安全的采用________。

A. 杠杆原理法　　B. 偏心压力法　　C. 铰接板梁法　　D. 修正偏心压力法

23. 把横隔梁视作无限刚性的梁，当计及主梁抗扭刚度影响时，称为________。

A. 杠杆原理法　　B. 偏心压力法　　C. 铰接板梁法　　D. 修正偏心压力法

24. 一座由多片 T 形截面梁组成的桥跨结构，并设有一定的横隔板将主梁连成整体，则________。

A. m 值只能大于 1

B. m 值可以大于 1 或小于 1

C. m 值只能小于 1

D. 每片梁的荷载横向分布系数 m 值一定是不同的

25. 公路桥梁中用铰接法来计算荷载横向分布系数时，是以________为依据。

A. 铰接板的跨中弯矩　　B. 铰接板的支点反力

C. 铰接板的铰间剪力　　D. 铰接板的跨中挠度

26. 计算汽车活载内力时，常在内力影响线上布载，并按公式 $S_q=(1+\mu)\xi m_{cq}(q_k\Omega+P_k y_i)$ 计算，式中 m_{cq} 和 P_k 是指________。

A. 荷载横向分布系数和汽车轴重

B. 荷载横向分布系数和$\frac{1}{2}$汽车轴重

C. 荷载横向分布系数和车道荷载的集中荷载标准值

D. 荷载横向分布系数和车道荷载的均布荷载标准值

27. 横向铰接板(梁)计算理论的基本假定是________。

A. 竖向荷载作用下接合缝内只传递纵向剪力

B. 竖向荷载作用下接合缝内只传递横向剪力

C. 竖向荷载作用下接合缝内只传递竖向剪力

D. 竖向荷载作用下接合缝内只传递法向力

28. 刚性横梁法的基本假定为________。

A. 横梁的刚度与主梁相同　　B. 横梁的刚度为无穷小

C. 横梁的刚度为无穷大　　D. 横梁的刚度小于主梁刚度

29. 用刚性横梁法计算出的某梁荷载横向分布影响线的形状是________。

A. 一根直线　　B. 一根折线　　C. 一根曲线　　D. 一根抛物线

30. 徐变引起的徐变变形________。

A. 只在超静定结构中产生　　B. 在超静定结构和静定结构中都不产生

C. 只在静定结构中产生　　D. 在超静定结构和静定结构中都产生

31. 一座钢筋混凝土简支梁桥运营后梁体出现开裂,裂缝的位置和大致分布情况如图 4-1 所示。请分析引起该开裂情况的最可能的内力原因是________。

A. 剪力过大　　B. 轴力过大　　C. 弯矩过大　　D. 扭矩过大

图 4-1　简支梁桥裂缝图

32. 变形验算是指钢筋混凝土桥梁以________计算的上部结构最大挠度,不应超过规定的允许值。

A. 汽车荷载(不计冲击力)　　B. 汽车荷载(计冲击力)

C. 人群荷载　　D. 恒载

33. 混凝土徐变系数 φ 是________。

A. 混凝土徐变应变与弹性应变之和　　B. 混凝土徐变应变与弹性应变之差

C. 混凝土徐变应变与弹性应变的乘积　　D. 混凝土徐变应变与弹性应变的比值

34. 混凝土梁施工时设置预拱度的目的主要是________。

A. 抵消恒载挠度　　B. 抵消活载挠度

C. 抵消预应力引起的反拱度　　D. 以上答案均正确

35. 在桥梁施工中,预拱度的大小通常取________。

A. 全部恒载所产生的竖向挠度

B. 全部恒载和全部活载的所产生的竖向挠度

C. 全部恒载和一半活载所产生的竖向挠度

D. 全部活载所产生的竖向挠度

三、其他体系桥梁及桥梁支座

1. 对于既承受正弯矩，又承受负弯矩的大跨径悬臂梁和连续梁桥，其承重结构往往采用________。

A. 实心板　　B. 空心板　　C. 肋梁　　D. 箱梁

2. 连续梁桥的梁高变化规律不常见的是________。

A. 斜线　　B. 圆弧线　　C. 二次抛物线　　D. 三次抛物线

3. 非线性温度场在连续梁桥中将________。

A. 产生结构自应力和次应力　　B. 只产生结构自应力

C. 只产生结构次应力　　D. 既不产生结构自应力也不产生次应力

4. 在预应力混凝土结构中，预加力产生的混凝土压力线________。

A. 与束筋在中间支点上的偏心距有关

B. 与束筋的梁端偏心距和束筋在跨内的形状无关

C. 与束筋的梁端偏心距和束筋在跨内的形状有关

D. 不仅与束筋的梁端偏心距和束筋在跨内的形状有关，而且与束筋在中间支点上的偏心距有关

5. 根据连续梁受力特点，一般采用变截面梁设计，________变截面线形与连续梁弯矩变化规律相近。

A. 斜直线　　B. 悬链线　　C. 二次抛物线　　D. 圆弧线

6. 桥梁设计和施工中，要进行强度、刚度和稳定性验算，这刚度是指________。

A. 应力　　B. 应变　　C. 挠度(变形)　　D. 预拱度

7. 截面的效率指标是________。

A. 预应力束筋偏心距与梁高的比值

B. 截面上核心距与下核心距的比值

C. 截面上、下核心距与梁高的比值

D. 截面上、下核心距与预应力束筋偏心距的比值

8. 连续梁桥的预应力钢筋配置按走向分类不包括________。

A. 纵向力筋　　B. 横向力筋　　C. 竖向力筋　　D. 空间筋

9. 预应力混凝土梁中的预应力属于________。

A. 永久作用　　B. 可变作用　　C. 其他荷载　　D. 偶然作用

10. 在公路多片主梁之间设置横隔板，其作用在于________。

A. 提高桥梁的抗弯能力　　B. 提高桥梁的抗剪能力

C. 提高桥梁的抗扭能力　　D. 提高桥梁的整体工作性能

11. 在中小跨度桥梁中，钢梁桥相对于混凝土梁桥，其主要缺点为________。

A. 自重大　　B. 架设困难　　C. 造价高　　D. 施工周期长

12. 以下关于先张梁和后张梁的表述中，正确的是________。

A. 预应力筋张拉时混凝土的龄期不同　　B. 各束预应力筋张拉次序不同

C. 一个是有黏结，一个是无黏结　　D. 一个有锚具，一个没有锚具

13. 预应力能够增加混凝土梁跨度的主要原因是________。

A. 钢筋数量增加　　B. 混凝土强度提高

C. 预应力使混凝土全截面参与工作　　D. 桥梁截面构造合理

14. 箱梁施加竖向预应力钢筋的主要作用是________。

A. 提高箱梁抗弯能力　　B. 提高箱梁抗剪能力

C. 减少全桥预应力钢筋数量　　D. 提高混凝土强度

15. 悬臂梁桥为了适应向支点逐渐增大的负弯矩和剪力的需要，可以采取的几种措施中不包括________。

A. 增大梁高　　B. 加厚梁肋

C. 增设逐渐拓宽的下翼缘板　　D. 增加桥墩宽度

16. 箱梁的自由扭转产生________。

A. 纵向正应力和剪应力　　B. 剪应力

C. 横向正应力和剪应力　　D. 纵向正应力、横向正应力和剪应力

17. 箱梁的畸变产生________。

A. 纵向正应力、横向正应力和剪应力　　B. 剪应力

C. 横向正应力和剪应力　　D. 纵向正应力和剪应力

18. T 形梁桥主梁的构造不包括________。

A. 梁肋　　B. 翼缘板　　C. 横隔梁　　D. 桥面铺装

19. 预应力 T 形梁中下马蹄的作用是________。

A. 调节截面形心轴位置　　B. 增加施工的稳定性

C. 便于布置钢束　　D. 增加截面抗剪面积

20. 带剪力铰的 T 形刚构桥和带挂孔的预应力混凝土 T 形刚构桥的结构形式分别为________。

A. 静定结构，静定结构　　B. 超静定结构，超静定结构

C. 静定结构，超静定结构　　D. 超静定结构，静定结构

21. 带挂梁的 T 形刚构桥的悬臂部分________，因此将预应力筋布置在梁肋顶部和桥面板内，以获得最大的作用力臂。

A. 只承受正弯矩　　B. 只承受负弯矩

C. 不承受弯矩　　D. 既承受正弯矩也承受负弯矩

22. 密索体系斜拉桥的受力特点是________。

A. 受弯为主的弹性支承连续梁　　B. 受压为主的弹性支承连续梁

C. 受拉为主的弹性支承连续梁　　D. 受剪为主的弹性支承连续梁

23. 混凝土斜拉桥的特点不包括________。

A. 刚度大　　B. 挠度大　　C. 抗潮湿性能好　　D. 跨越能力受限制

24. 特大跨度斜拉桥的主梁采用扁平钢箱的主要原因是________。

A. 构造简单，便于工厂制造　　B. 自重轻，便于运输和吊装

C. 受力合理，抗风稳定性好　　D. 外形美观，线条简洁

25. 在特大跨度斜拉桥的修建中主梁采用的材料和材料布置形式是________。

A. 预应力混凝土梁　　B. 钢(箱)主梁　　C. 结合梁　　D. 混合梁形式

26. 悬索桥的主要承重构件是________。

A. 锚碇　　B. 桥塔　　C. 加劲梁　　D. 缆索

27. 悬索桥的跨越能力远大于其他桥型，这是因为________。

A. 悬索桥发展历史最为悠久　　B. 悬索桥超静定次数少，计算分析最为简单
C. 悬索桥施工方法最为先进　　D. 悬索桥主缆受力合理、构造上不受限制

28. 板式橡胶支座进行支座受压偏转验算的目的是________。
A. 保证橡胶板的抗压强度　　B. 保证支座接触面混凝土的局部承压强度
C. 避免梁底与支座脱空　　D. 避免支座滑动

29. 对于坡桥，宜将固定支座布置在高程________的墩台上。
A. 相对较高　　B. 相对较低　　C. 相对平均　　D. 随便

30. 对于连续梁桥，为使全梁的纵向变形分散在梁的两端，宜将固定支座设置在靠近________的支点处。
A. 左边　　B. 中间　　C. 靠边　　D. 高程较低的一端

31. 公路桥面较宽的桥梁中，不宜采用的桥面横坡实现方式为________。
A. 通过支座垫石高度差异形成横坡　　B. 通过桥面三角垫层铺设形成横坡
C. 通过各梁高度差异形成横坡　　D. 通过墩台顶部帽梁倾斜直接形成横坡

四、拱桥

1. 拱桥的三铰拱是________。
A. 三次超静定结构　　B. 二次超静定结构
C. 一次超静定结构　　D. 静定结构

2. 拱桥的无铰拱属于________。
A. 静定结构　　B. 一次超静定结构
C. 二次超静定结构　　D. 三次超静定结构

3. 拱桥上部结构中的主要承重构件是________。
A. 拱上建筑　　B. 桥面系　　C. 腹孔　　D. 主拱圈

4. 梁式桥与拱式桥在受力特征上最大的区别在于________。
A. 在竖向荷载作用下，梁式桥有水平反力产生，拱式桥有水平反力产生
B. 在竖向荷载作用下，梁式桥有水平反力产生，拱式桥无水平反力产生
C. 在竖向荷载作用下，梁式桥无水平反力产生，拱式桥有水平反力产生
D. 在竖向荷载作用下，梁式桥无水平反力产生，拱式桥无水平反力产生

5. 按照不同的静力图式，主拱圈可分成________。
A. 圆弧、抛物线、悬链线　　B. 圬工、钢筋混凝土、钢
C. 三铰拱、无铰拱、二铰拱　　D. 板、肋、箱形

6. 按照不同的拱轴线，主拱圈可分成________。
A. 圆弧、抛物线、悬链线　　B. 圬工、钢筋混凝土、钢
C. 三铰拱、无铰拱、二铰拱　　D. 板、肋、箱形

7. 整个桥跨结构位于行车道下面的拱桥称为________。
A. 上承式拱桥　　B. 中承式拱桥　　C. 下承式拱桥　　D. 其他类拱桥

8. 对于拱桥，________为其计算跨径。
A. 每跨拱桥的起点到其终点
B. 拱桥的标准跨径
C. 两个拱脚截面最低点之间的水平距离

D. 拱轴线两端点之间的水平距离

9. 箱形截面拱的主要特点不包括________。

A. 刚度大　　B. 应力均匀　　C. 整体性好　　D. 重量大

10. 拱桥的矢跨比是指________之比，当矢跨比增大时拱的推力________。

A. 计算跨度与计算矢高、增大　　B. 计算跨度与计算矢高、减小

C. 计算矢高与计算跨度、增大　　D. 计算矢高与计算跨度、减小

11. 当拱圈宽跨比 $B/L<$________时，应验算拱圈的横向稳定性。

A. 1/10　　B. 1/20　　C. 1/30　　D. 1/40

12. 不等跨分孔连续拱桥，平衡不等跨桥墩上所受到不平衡推力的方法中不包括________。

A. 利用不同的矢跨比　　B. 减小跨度

C. 采用不同的拱脚高程　　D. 调整拱上建筑恒载的重量

13. 按照拱上建筑的形式，可将拱桥分为________。

A. 圆弧拱桥和抛物线拱桥　　B. 实腹式拱桥和空腹式拱桥

C. 石拱桥和钢筋混凝土拱桥　　D. 板拱桥和肋拱桥

14. 均布荷载下，上承式拱桥的合理拱轴线是________。

A. 圆弧　　B. 二次抛物线　　C. 对数曲线　　D. 悬链线

15. 关于合理拱轴线的说法错误的是________。

A. 与拱上荷载的压力线重合　　B. 主拱截面承受弯矩和剪力

C. 主拱截面受轴向压力　　D. 截面应力分布均匀

16. 关于简单体系拱桥说法错误的是________。

A. 桥面系结构不参与主拱受力　　B. 简单体系拱是无推力拱

C. 主拱以裸拱的形式作为主要承重构件　　D. 拱的水平推力由墩台和基础承受

17. 拱不同于梁和柱的地方，就是它在竖向荷载作用下具有________。

A. 弯矩　　B. 剪力　　C. 轴向压力　　D. 水平推力

18. 当不计弹性压缩时，实腹式拱桥的恒载压力线是________。

A. 圆弧线　　B. 二次抛物线　　C. 高次抛物线　　D. 悬链线

19. 双曲拱桥中，拱波顶部易出现纵桥向裂缝，你认为主要是由________引起的。

A. 拱肋横向刚度太差　　B. 拱波强度不够

C. 横向联系太弱　　D. 拱脚位移

20. 当不受使用条件限制时，从设计和方便施工两个方面考虑，多孔拱桥宜采用________。

A. 等跨不同型方案　　B. 不等跨不同型方案

C. 等跨同型方案　　D. 不同型大跨径方案

五、桥梁墩台

1. 重力式桥台的主要特点是依靠________来平衡外力而保持其稳定。

A. 台后土压力　　B. 自身重力　　C. 台内填土　　D. 锥坡填土

2. 重力式桥墩的墩身截面强度验算不包括________。

A. 墩身截面应力计算　　B. 抗压强度验算

C. 墩身截面偏心验算　　D. 抗剪强度的验算

3. 墩台发生不均匀沉降时，桥跨结构内会产生附加内力的是________。

A. 简支梁桥　　B. 单悬臂梁桥　　C. 双悬臂梁桥　　D. 连续梁桥

4. 四氟板在盆式橡胶支座中的作用是________。

A. 增大承压面积　　B. 减小摩阻力

C. 保护橡胶块不受损伤　　D. 增大摩阻力

5. 跨径大而墩的高度小的连续刚构桥常采用________。

A. 实体重力式墩　　B. 水平抗推刚度较小的桥墩

C. 水平抗推刚度较大的桥墩　　D. 对主梁嵌固作用大的桥墩

6. 位于透水性地基上墩台,在验算稳定时,应采用________。

A. 低水位时的浮力　　B. 不考虑水的浮力

C. 设计高水位时的浮力　　D. 常水位时的浮力

7. 下列哪一种桥台形式不属于重力式桥台________。

A. 双柱式桥台　　B. 重力式桥台　　C. 八字式桥台　　D. U 型桥台

8. 我国北方寒冷地区河流中,河中设置桥梁桥墩时,应选择的截面形式为________。

A. 矩形　　B. 圆端形　　C. 圆形　　D. 尖端形

9. 在持力层较深的通航河流上修建桥墩基础,不宜采用的基础形式为________。

A. 扩大基础　　B. 桩基础　　C. 沉井基础　　D. 复式基础

10. 沉井基础是借助________克服井壁摩擦力下沉至设计高程的。

A. 机械力　　B. 自身重力

C. 上部结构的重力　　D. 土压力

11. 桥墩按受力特点可分为________。

A. 实心墩和空心墩　　B. 重力式墩和柔性墩

C. 柱式墩和框架墩　　D. 圆形墩和方形墩

12. 桥台计算时,车辆布载可按________布置。

A. 车辆荷载仅布置在台后填土的破坏棱体上

B. 车辆荷载仅布置在桥跨结构上

C. 车辆荷载同时布置在桥跨结构和破坏棱体上

D. A、B、C 都正确

13. 在桥墩计算中,对装配式预应力空心桥墩所施加的预应力为________作用。

A. 永久　　B. 可变　　C. 其他　　D. 偶然

14. 在结构功能方面,桥台不同于桥墩的地方是________。

A. 传递荷载　　B. 抵御路堤的土压力

C. 调节水流　　D. 支承上部结构

15. 埋置式桥台中,属于重力式桥台的是________。

A. 后倾式桥台　　B. 柱式桥台　　C. 框架式桥台　　D. 肋形桥台

六、桥梁施工

1. 顶推法施工适用________。

A. 等截面预应力混凝土连续梁桥　　B. 等截面钢筋混凝土连续梁桥

C. 变截面预应力混凝土连续刚构桥　　D. 变截面预应力混凝土连续梁桥

2. 处于特大水流的桥梁基础施工,施工时水流冲刷较深,地质条件极为复杂,施工工期长,一般采用________。

A. 扩大基础　　B. 沉井基础　　C. 组合基础　　D. 桩基础

3. 缆索吊装施工适用的场合是________。

A. 混凝土拱桥　　B. 连续梁桥　　C. 简支梁桥　　D. 悬臂梁桥

4. 在较宽、较深的河流上修建大跨度拱桥时，主梁施工不宜采用的方法是________。

A. 悬臂施工法　　B. 缆索吊装法　　C. 满堂支架法　　D. 转体法

5. 沉井基础属于________。

A. 扩大基础　　B. 明挖基础　　C. 深基础　　D. 组合基础

6. 哪一项不属于悬臂施工法的主要特点________。

A. 采用悬臂施工的机具设备种类很多　　B. 桥梁在施工过程中产生正弯矩

C. 悬臂浇筑施工简便，结构整体性好　　D. 可不用或者少用支架

7. 混凝土的拌制顺序为________。

A. 先石子，次砂子，后水泥　　B. 先石子，次水泥，后砂子

C. 先水泥，次砂子，后石子　　D. 任意顺序

8. 以下适合于悬臂浇筑施工的桥是________。

A. 空心板桥　　B. 刚架桥　　C. 连续刚构桥　　D. 拱桥

9. 拱桥的三大类施工法中不包括________。

A. 就地浇筑法　　B. 预制安装法　　C. 悬臂施工法　　D. 转体施工法

第5部分　问　答　题

一、总论

1. 简述桥梁在交通事业中的地位和作用。

2. 我国古代桥梁的杰出代表有哪些?

3. 简述世界桥梁建设的发展趋势。

4. 各体系桥梁的常用跨径范围及最大的跨径是多少? 并列举相应代表性的桥梁名称。

5. 何为“五大件”和“五小件”? 在桥梁结构中各自的作用是什么?

6. 桥梁设计涉及的水位有哪些?

7. 桥梁高度、桥下净空高度和建筑高度有什么不同?

8. 桥梁设计涉及的跨径有哪些?

9. 怎样确定计算跨径?

10. 桥梁按哪两种指标划分桥梁的大小? 具体有哪些规定?

11. 桥梁按受力体系分类有哪些基本类型? 各类型桥梁的受力特点是什么?

12. 桥梁规划设计的基本原则是什么?

13. 桥梁设计必须考虑的基本要求有哪些?

14. 桥梁设计资料需勘测、调查哪些内容?

15. 公路建设必须执行国家环境保护和资源节约的法律法规,并应符合哪些规定?

16. 大型桥梁的设计程序包括哪些内容?

17. 简述桥梁设计前期工作阶段和设计工作阶段的主要任务。

18. 桥梁纵、横断面设计的主要内容包括哪些?

19. 桥梁的分孔考虑哪些因素?

20. 桥梁的经济分孔原则是什么?

21. 桥型方案比选有哪六个步骤?

22. 设置桥梁纵坡的目的是什么?

23. 为什么大、中跨桥梁的两端要设置桥头引道?

24. 什么是桥梁美学?

25. 桥梁建筑美的基本原则是什么?

26. 简述桥梁结构设计中的永久作用、可变作用和偶然作用的主要内容。

27.《公路桥涵设计通用规范》(JTG D60—2004)对安全等级有何规定?

28.《公路桥涵设计通用规范》(JTG D60—2004)对桥梁耐久性设计有何规定? 设计基准期和使用寿命有何不同?

29. 作用(荷载)效应的组合有什么原则? 作用效应组合有哪几类?

30. 承载能力极限状态作用效应组合分哪两种?

31. 正常使用极限状态作用效应组合分哪两种?

32. 公路车道荷载为什么需要进行纵、横向折减?

33. 车辆荷载的主要技术指标有哪些?

34. 制动力是怎样产生的? 其大小、方向和作用点如何?

35. 离心力是怎样产生的? 其大小、方向和作用点如何?

36.《公路桥涵设计通用规范》(JTG D60—2004)对公路—Ⅰ级、公路—Ⅱ级车道荷载和车辆荷载的加载方法有哪些规定?

37. 试举属于永久作用、可变作用的具体桥梁设计荷载各 3 例。

38. 汽车冲击力产生的原因是什么？在计算中主要考虑哪些因素的影响？

39. 风荷载基本风压如何确定？风荷载标准值计算时还应考虑哪些因素？

40. 城市桥梁汽车荷载分为哪两个等级？如何选用？

二、梁桥

1. 在桥梁平面设计中，对于直线桥与曲线桥的选择应注意哪些要求？

2. 在桥梁平面设计中，对于正交桥与斜交桥的选择应注意哪些要求？

3. 桥面铺装的作用、类型及构造要求是什么？

4. 横坡设置有哪几种方法？各自在什么情况下适应？

5. 理想的桥梁伸缩装置应满足哪些要求？常用的伸缩装置有哪些类型？

6. 为什么梁与梁之间要设置伸缩缝？引起梁长变化的因素有哪些？

7. 伸缩缝的伸缩量如何计算？

8. 桥面的防排水系统有何作用？常用的构造措施和施工方法有哪些？

9. 桥梁上有哪些基本的附属设施？

10. 桥面排水系统如何设计？

11. 何谓桥面连续？

12. 行车道板的定义是什么？其作用是什么？

13. 预应力混凝土简支梁与钢筋混凝土简支梁相比有何优点？

14. 按承重结构截面形式划分，梁桥有哪些类型？它们的特点和适用范围各是什么？

15. 在装配式 T 形梁桥中，横隔梁(板)的作用是什么？

16. 箱形截面梁内的横隔板起什么作用？

17. 什么是桥面简易连续梁式桥和结构连续梁式桥？

18. 钢垫板下的间接钢筋有哪几种形式？它们的作用是什么？

19. 后张法预应力简支梁中，预应力筋大部分在梁端附近弯起，这是为什么？

20. 比较整体式板桥与装配式板桥的特点。装配式板桥横向如何联结？

21. 按静力体系划分，梁式桥主要包括哪几种及各自的特点是什么？

22. 装配式简支梁桥设计中块件划分遵循哪些原则？块件划分方式有哪几种？

23. 装配式 T 形梁的截面尺寸如何确定？

24. 装配式 T 梁桥中，梁与梁之间的连接方式有哪几种？

25. 装配式预应力 T 形梁的预应力筋布置有什么特点？

26. 预应力混凝土梁除了预应力钢筋外还需要设置哪些非预应力钢筋？

27. 对比分析实心矩形板混凝土板梁和混凝土 T 形梁的优缺点及各自适用情况。

28. 简支梁桥的设计计算应包括哪些内容？

29. 简述全预应力混凝土梁和部分预应力混凝土梁。

30. 先张法预应力混凝土梁中一些预应力钢筋为何在梁端附近要与混凝土绝缘？如何实现其绝缘？

31. 在后张法预应力混凝土梁中，要进行管道压浆和封锚作业，其目的是什么？

32. 怎样区分桥面板是单向板还是悬臂板？工程实践中最常见的桥面板的受力图式有哪些？

33. 腹板厚度为何靠近梁端附近增厚？下翼缘为何加宽？

34. 横隔板的作用是什么？为何端部横隔板厚度较大？横隔板为何留有方孔？

35. 什么是桥面板的有效工作宽度？影响其大小的因素有哪些？

36. 目前我国预应力混凝土梁主要采用的力筋类型和张拉锚固体系有哪些？

37. 预应力混凝土梁中，有哪些与钢筋混凝土梁内钢筋不同类型的钢筋？作用是什么？

38. 先张梁中常采用哪些类型的预应力筋？直线配筋时为何梁端附近部分力筋须与混凝土绝缘？

39. 为什么钢筋混凝土低高度梁比普通高度梁的钢筋用量多？

40. 为什么将后张法预应力钢筋混凝土梁中的预应力筋进行曲线布置？

41. 钢筋保护层的作用是什么？

42. 当无腹筋梁斜裂缝出现后，截面中钢筋和混凝土的应力状态与斜裂缝出现前相比有什么变化？

43. 自由端悬臂板的定义是什么？其结构受力计算要求是什么？

44. 铰接端悬臂板的定义是什么？其结构受力计算要求是什么？

45. 行车道板上的车轮荷载作用面是按哪三条假定进行分布的？

46.《公路钢筋混凝土及预应力混凝土桥涵设计规范》(JTG D62—2004)对桥面板有效工作宽度的规定是什么？

47. 试写出多跨连续单向板弯矩计算的步骤。

48. 如何计算铰接悬臂板行车道板的恒载和活载内力？

49. 什么是梁的荷载横向分布影响线以及荷载横向分布系数？

50. 荷载横向分数系数的大小与哪些因素有关？

51. 简支梁桥的主梁荷载横向分布系数为什么在跨中与支点取用不同数值？在计算主梁弯矩与剪力时通常如何考虑？

52. “杠杆原理法”将桥跨结构做了怎样的简化处理？该方法适用于什么情况？

53. “偏心压力法”的基本假定是什么？主梁的抗弯刚度与抗扭刚度的含义是什么？

54. “修正偏压法”与“偏压法”有什么区别？偏心压力法如何计算？

55. “铰接板法”的基本假定是什么？铰接板法中 γ 称为什么参数？

56. 如何利用铰接板法的计算用表绘制荷载横向分布影响线图？

57. 荷载横向分布系数沿桥跨方向的变化在实际中如何处理？

58. 什么是主梁内力包络图？请描述简支梁桥的内力包络图特征。

59. 如何计算简支梁桥的恒载内力？

60. 计算简支梁桥活载内力的一般公式如何表述？具体应如何进行计算？

61. 如何计算横隔梁的内力？

62. 什么是挠度和刚度？《公路钢筋混凝土及预应力混凝土桥涵设计规范》(JTG D62—2004)对梁式桥的最大竖向挠度如何规定，预拱度如何设置？

63. 什么是扇形弯梁桥？什么是斜弯梁桥？

64. 混凝土的弹性模量 E_h 如何测定？它和变形模量 E_h'' 有何区别？两者有何关系？

65. 混凝土结构的耐久性主要与哪些因素有关？

66. 斜交板桥的受力特点是什么？影响斜交板桥受力的主要因素有哪些？

67. 斜交板桥的构造特点是什么？

68. 为什么斜桥的斜交角不宜过大?

69. 悬臂梁桥和连续梁桥为什么比简支梁桥具有更大的跨越能力? 其主要配筋特点是什么?

三、其他体系桥梁及桥梁支座

1. 等截面和变截面钢筋混凝土悬臂梁桥和连续梁桥的主要特点有哪些?
2. 什么是三向预应力结构?
3. 什么是箱梁的剪力滞效应?
4. 预应力筋可分为哪三种? 各自的作用是什么?
5. 预应力混凝土 T 形刚构桥的主要构造特点是什么?
6. 悬臂梁桥常用的布置形式有哪几种?
7. 为改善牛腿受力,可采取哪些措施?
8. 预应力混凝土连续梁桥和连续刚构梁桥的受力特点是什么?
9. 预应力混凝土连续梁桥的主梁截面和预应力筋布置特点是什么?
10. 预应力混凝土连续刚构梁桥的主梁截面和预应力筋布置特点是什么?
11. 预应力混凝土连续梁箱梁桥恒载内力计算的特点是什么?
12. 预应力混凝土连续梁桥活载内力计算的方法是什么?
13. 预应力混凝土连续梁桥内力包络图包含哪几种类型? 在桥梁设计计算中作用如何?
14. 引起预应力混凝土连续梁桥次内力的原因有哪些?
15. 箱形截面在连续梁、连续刚构中广泛应用的原因是什么?
16. 为什么大跨度连续梁桥沿纵向一般设计成变高度的形式?
17. 箱形横截面布置应考虑哪些因素?
18. 变高度连续体系梁桥箱梁的梁高应如何拟定?
19. 变高度连续体系梁桥箱梁的腹板厚度应如何确定?
20. 变高度连续体系梁桥箱梁的顶板、底板厚度应如何确定?
21. 箱形截面梁应如何简化内力计算?
22. 混凝土连续梁受压区普通钢筋的抗压强度是如何确定的?
23. 预应力混凝土连续梁桥如何进行预应力束的配筋估算?
24. 三跨混凝土连续梁桥由于太阳照射桥面系温度升高,问各支座的反力是增大还是减小? 四个支座的合力是增大还是减小?
25. 预应力混凝土连续梁桥的主要设计计算程序和计算的内容是什么?
26. 预应力混凝土连续梁桥的主要施工方法、施工设备有哪些?
27. 三跨连续刚构桥整体升温和桥面升温对中墩两侧截面主梁弯矩有什么影响(假设该桥两端均为桥台)?
28. 引起弯梁桥在水平面内产生变形的因素有哪两种? 各自的特点是什么?
29. 斜拉桥的基本组成、构造类型、结构体系和受力特点是什么?
30. 按照拉索平面数量和布置形式不同,斜拉索可以分为哪几种?
31. 从立面上看,索塔有哪些形式?
32. 从横桥向看,索塔有哪些形式?
33. 索塔高度和拉索倾角的确定应考虑哪些因素?

34. 斜拉桥中设置辅助墩起什么作用？

35. 斜拉桥的拉索在梁上的锚固方式有哪些？

36. 斜拉桥的拉索在塔上的锚固方式有哪些？

37. 斜拉桥在梁体上常采用哪些抗风措施？

38. 斜拉桥在拉索上常采用哪些抗风减振措施？

39. 什么是矮塔部分斜拉桥，它有什么特点？

40. 悬索桥的基本组成、结构体系和受力特点是什么？

41. 悬索桥的垂跨比是指什么？

42. 悬索桥在形成过程中产生几大流派？各有何特点？

43. 悬索桥最主要的承重构件是什么？散索鞍的作用是什么？

44. 吊桥的索夹有哪几种形式？设计中应注意些什么？

45. 吊杆由什么材料组成，它与索夹及加劲梁如何连接？

46. 如何设计悬索桥主缆的防腐涂装？

47. 悬索桥的锚碇有哪几种形式？各由哪几部分组成？

48. 如何认识斜拉桥中斜拉索的作用？在设计中如何确定拉索的面积？试以一种方法说明。

49. 在斜拉桥计算时，如何考虑斜拉索的重度效应？

50. 什么是斜拉桥的理想成桥状态？如何确定斜拉桥的成桥索力和施工的初始索力？

51. 论述斜拉桥成桥状态内力初步确定的方法、施工时张拉索力与成桥状态内力初步确定的索力的关系。

52. 定性描述常年温差及混凝土收缩次内力对连续刚构桥的影响，以及减小这些影响的措施。

53. 梁式桥支座的受力种类有哪两种？各种支座可允许梁的支承产生哪些方向的变位？

54. 支座的作用是什么？

55. 支座布置原则是什么？固定支座的布置有何要求？

56. 简述板式橡胶支座的工作原理。

57. 普通钢支座有哪几种类型？

58. 盆式橡胶支座有哪些优点？说明其工作原理。

59. 连续梁桥的固定支座布置有何要求？

四、拱桥

1. 拱桥与梁桥相比在受力性能上有哪些差异？

2. 无推力组合体系拱桥有哪几种？

3. 钢管混凝土拱桥有哪些特点？

4. 拱桥按拱上建筑的形式不同可分为哪两种类型？

5. 拱桥按结构受力图式不同可分为哪两类？各自受力特点是什么？

6. 何谓板拱？

7. 何谓肋拱桥？其上部结构由哪几部分组成？

8. 箱形拱有哪些特点？

9. 箱形截面常用的组成方式有哪几种？

10. 实腹式拱上建筑的特点是什么？
11. 拱上侧墙、护拱的作用各是什么？
12. 空腹式拱上建筑的特点是什么？
13. 拱上腹孔的布置原则是什么？
14. 空腹式拱上建筑梁式腹孔和腹孔墩各有哪几种形式？
15. 排除拱桥腹内积水的主要目的是什么？
16. 拱桥中铰按设计要求可分为哪两种类型？
17. 拱桥中设置铰的情况有哪几种？常用铰的形式有哪些？
18. 为什么工程设计中很少采用三铰拱？
19. 什么是净矢高、计算矢高和矢跨比？
20. 拱桥的主要设计高程有哪 4 个？
21. 为什么说拱桥主拱的矢跨比是拱轴设计中的主要参数之一？
22. 不等跨拱桥的主要受力特点是什么？
23. 在处理不等跨分孔时应注意控制的实质性问题是什么？如何解决此问题？
24. 什么是拱轴线？什么是合理拱轴线？
25. 拱轴线的种类有哪些？各对应哪种荷载模式？
26. 拱轴线的形式与拱上建筑的布置一般有哪 4 点关系？
27. 什么是拱上建筑与主拱的联合作用？其大小与拱上建筑结构的类型存在什么样的关系？
28. 何谓五点重合法？
29. 假载法是如何调整拱圈内力的？
30. 何谓拱的弹性压缩？弹性压缩对无铰拱有何影响？
31. 拱桥在荷载作用下其拱圈的内力计算可分为哪两大步后再叠加？
32. 试绘出恒载作用下主拱内力计算的分解、叠加图式。
33. 何谓合龙温度？
34. 当桥位平均温度大于或小于施工合龙温度时，拱桥轴线各有什么变化？主拱各承受何种附加内力？
35. 拱桥有哪三类变位？
36. 主拱圈高度拟定和哪些因素有关？
37. 拱轴线的选择原则是什么？
38. 实腹式悬链线拱的拱轴线和拱轴系数如何确定(含拱轴系数公式推导)？
39. 悬链线拱的拱轴系数对拱桥设计有何作用？
40. 为什么可以用悬链线作为空腹式拱的拱轴线形？其拱轴线与三铰拱的恒载压力线有何偏离情况？
41. 拱桥的伸缩缝和变形缝如何设置？
42. 什么是弹性中心？试推导弹性中心的计算公式。
43. 什么是拱的弹性压缩？
44. 考虑拱的弹性压缩活载，作用下拱的内力如何计算？
45. 拱中主要截面的内力影响线形式是什么(图形及计算中如何应用)？
46. 如何用等内力影响线计算拱桥的活载内力？

47. 什么情况下需进行裸拱的内力计算？

48. 简述温度变化、混凝土收缩和拱脚变位产生的附加内力的计算公式和计算方法。

49. 主拱圈强度及稳定性验算的内容是什么？

50. 什么是连拱作用？多跨拱桥连拱的受力特点是什么？如何考虑连拱作用的影响？

51. 连拱计算和固定拱计算对主拱圈和桥墩分别有何影响？

52. 连拱简化计算的方法有哪些？

53. 拱桥有支架施工和无支架施工的方法主要有哪些？

54. 拱桥有支架施工的设备和拱架有哪些？预拱度的设置需考虑哪些因素？应该如何卸落拱架？

55. 缆索吊装施工有何特点？主要设备和吊装设备有哪些？

56. 拱桥转体施工法有何特点，主要设备有哪些？

57. 什么是拱上建筑？实腹式和空腹式拱上建筑的组成有哪些？

58. 双曲拱桥、桁架拱桥、刚架拱桥的构造特点是什么？

59. 采用偏心距增大系数 η 的作用是什么？什么情况下可不计 η？

60. 偏心受压长柱和短柱的破坏过程和承载力有什么区别？计算时如何考虑它们的区别？

五、桥梁墩台

1. 天然地基上浅基础有哪几种主要类型？

2. 梁桥墩台有哪几种类型？各自的适用条件是什么？

3. 拱桥墩台有哪几种类型？各自的适用条件是什么？

4. 梁桥重力式桥墩的作用效应组合有哪些？

5. 拱桥重力式桥墩的作用效应组合有哪些？

6. 拱桥桥墩计算与梁桥桥墩计算有何不同？

7. 何谓重力式桥墩？适用于何种环境？

8. 何谓轻型桥墩？它主要有哪些类型？

9. 桥墩墩帽的主要结构尺寸如何确定？

10. 比较普通箍筋柱与螺旋箍筋柱中箍筋的作用，并从轴向力应变曲线说明螺旋箍筋柱的受压承载力和延性均比普通箍筋柱高的原因。

11. 桥梁墩台冲刷是一种什么现象？

12. 桥墩形式和截面形状的选择主要取决于哪几方面的条件？

13. 为何要进行基底合力偏心检算？如何进行检算？

14. 空心墩的优缺点是什么？

15. 当桥墩所支承的两相邻桥跨结构不等跨时，为适应其建筑高度的不同，应做如何处理？

16. 桥墩计算时应考虑哪些荷载作用？

17. 怎样验算基底强度、倾覆和滑动稳定性？

18. 桥台一般由哪几部分组成？

19. 重力式桥台的宽度如何确定？

20. 桥台计算中应考虑哪些荷载作用？

21. 梁桥和拱桥重力式桥台主要形式是什么？重力式桥台受力和构造特点有哪些？

22. 梁桥和拱桥轻型桥墩有哪些类型？梁桥柔性墩的受力特点是什么？梁桥柱式墩的构

造特点是什么？

23.轻型桥台有哪些类型及构造特点？

24.组合式桥台的构造和受力特点有哪些？

25.简述桥台验算的内容和目的。

26.简述桥墩验算的内容和目的。

27.在验算墩台的稳定性或地基承载力时，应怎样考虑水的浮力？

28.梁桥桩柱式桥墩的计算有什么特点？

29.梁桥桥墩计算中，可能出现的作用效应组合有哪几种情况？

30.柔性排架桩墩的组合抗推刚度的定义是什么？

31.简述设置支撑梁的轻型桥台的特点。

32.梁桥桥台验算时有哪三种布载方式？

33.设有支撑梁的梁桥轻型桥台可按什么结构体系计算，其计算内容有哪些？

34.桩柱式桥墩盖梁的计算图式有哪三点规定？

35.什么是墩顶抗推刚度？

36.拱桥何时设单向推力墩？常用的推力墩有哪几种？

六、桥梁施工

1.梁式桥的主要施工方法有哪些？

2.梁桥施工有哪两大类？各自的特点是什么？

3.简述混凝土简支梁的制作工艺流程。

4.模板和支架的卸落程序与要求是什么？

5.先张法和后张法的定义、适用范围和施工要求是什么？

6.简述桥梁施工过程中的“结构体系转换”。

7.对采用悬臂法施工的悬臂梁桥和连续梁桥，为保证施工阶段时的稳定，在结构体系转换的施工中应注意哪些要点？

8.简述施工中“0”号段的临时固结措施和支承措施。

9.“初应力”与“超张拉”的要求及目的分别是什么？

10.什么是预应力单控和预应力双控？

11.简述桥梁悬臂施工法的施工工艺。

12.什么是悬臂浇筑施工和悬臂拼装施工？比较这两种方法有什么不同？

13.顶推施工的方式有哪几种？顶推施工的工艺有哪两种？

14.简述采用拉杆顶推大型预应力梁的顶推法工作原理。

15.简述移动式模架逐孔施工的主要机具及其施工程序。

16.拱架有哪些形式？各有何特点？拱架应在什么时间卸架？如何卸架？

17.混凝土浇筑时，因故间歇，间歇时间超过允许值应按工作缝处理，其方法是怎样的？

18.冬季浇筑混凝土，确保混凝土质量的主要措施有哪些？

19.简述箱梁悬浇施工的工艺流程。

20.拱桥有哪三大类施工方法？

21.有支架就地浇筑施工法的基本工序是哪几步？

22.拱架的作用是什么？拱架的卸架程序有哪三点要求？

23. 主拱圈就地浇砌筑施工的程序与总要求是什么?

24. 主拱圈就地浇砌筑施工有哪三种方法?

25. 缆索吊装施工的适用条件是哪些?

26. 主拱圈施工加载程序设计的目的是哪两点?

27. 主拱圈施工加载程序设计的一般原则有哪三条?

28. 斜拉桥主梁的施工方法和特点有哪些?

29. 简述斜拉桥的施工控制方法。

30. 简述地锚式悬索桥缆索的施工工序。

31. 试叙述连续刚构悬臂施工工序及关键施工问题的技术处理。

第6部分　计　算　题

一、总论

1. 某二级公路桥梁由10跨简支梁组成，总体布置如图6-1所示，每孔标准跨径25m，计算跨径24m，桥梁总宽10m，行车道宽8m，每孔上部结构采用后张法预应力混凝土箱梁，桥梁设计荷载等级为公路—Ⅰ级。

问：(1)该桥按规模分为哪一类？

(2)该桥的设计使用年限是多少？

(3)在计算汽车设计车道荷载时，设计车道数取多少？

(4)桥梁的横向车道布载系数为多少？

(5)在计算主梁的剪力和弯矩时，车道荷载标准值如何取用？

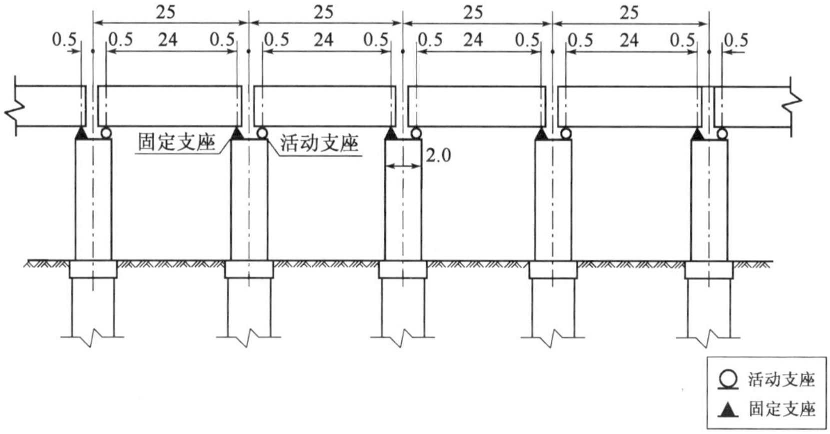

图6-1　桥梁总体布置图(尺寸单位:m)

2. 某预应力钢筋混凝土箱形截面简支梁桥，计算跨径40m，设计荷载等级为公路—Ⅰ级，桥梁采用上、下行双幅分离式横断面形式，单幅行车道宽16m，两侧防撞栏杆各0.6m，单幅桥全宽17.2m。

问：(1)计算汽车设计车道荷载时，设计车道数取多少？

(2)桥梁的横向车道布载系数为多少？

(3)在计算主梁的剪力和弯矩时，车道荷载标准值各为多少？

3. 某预应力钢筋混凝土箱形截面简支梁桥，计算跨径40m。若该主梁采用C50混凝土，混凝土的弹性模量$E_c=3.45\times10^4$MPa，材料重度$\gamma=26.0$kN/m^3，跨中横断面面积$A=9.6$m^2，惯性矩$I_c=7.75$m^4。试计算汽车荷载冲击系数μ为多少？

4. 某单跨等截面简支箱梁桥，计算跨径为$l=35$m。跨中截面面积为$A=9.5$m^2，跨中截面惯性矩为$I_c=7.5$m^4；C50混凝土材料(弹性模量为$E_c=3.45\times10^4$MPa)，材料重度$\gamma=26$kN/m^3。试计算该桥的汽车荷载冲击系数。

5. 某双向六车道高速公路单孔简支梁桥，标准跨径为20m，计算跨径19.5m，桥梁设计荷载等级为公路—Ⅰ级。试求汽车荷载总制动力。

6. 某预应力钢筋混凝土箱形截面简支梁桥，计算跨径40m。按承载能力极限状态设计时，假定跨中断面永久作用弯矩设计值为65 000kN·m，汽车车道荷载产生的弯矩设计值为25 000kN·m(已计入冲击系数)，其他两种可变荷载产生的弯矩设计值为9 600kN·m。该箱形简支梁桥跨中断面基本组合的弯矩组合设计值是多少？

7. 某预应力钢筋混凝土箱形截面简支梁桥，计算跨径 40m。假定该桥主梁支点截面由全部永久作用(荷载)产生的剪力标准值 V_{Gik}=2 000kN，汽车车道荷载产生的剪力设计值为 V_{Qid}=1 120kN(含冲击作用)，人群产生的剪力标准值 V_{Qik}=150kN。在持久状况下按承载能力极限状态计算，该桥箱形梁支点截面在永久作用、汽车车道荷载及人群荷载共同作用产生的剪力组合设计值是多少？

8. 某预应力钢筋混凝土箱形截面简支梁桥，计算跨径 40m。假定该桥跨中截面全部永久作用产生的弯矩标准值 M_{Gik}=11 000kN·m，汽车车道荷载产生的弯矩标准值 M_{Qik}=5 000kN·m(已含冲击系数 0.25)，人群荷载产生的弯矩标准值为 M_{Qik}=500kN·m。问在持久状况下，按正常使用极限状态计算，该桥箱形梁支点截面在永久作用、汽车车道荷载及人群荷载共同作用下的长期效应组合设计值 M_{ld} 是多少？

9. 某桥为双向两车道两孔(单孔标准跨径 20m，计算跨径 19.5m)简支梁桥，桥面连续，桩柱式桥墩，U 形重力式桥台，设计荷载为公路—Ⅰ级。假设桥墩、桥台(考虑橡胶支座)抗推刚度分别为 15 000kN/m 和 7 000kN/m，试根据现行桥梁设计有关规范求桥墩、桥台所分配的汽车制动力。

10. 某跨径组合 48m+80m+48m 预应力混凝土连续箱梁桥(梁端均接桥台，支座采用球形橡胶支座，全桥仅一处中支点设置固定支座)，采用 C50 混凝土(弹性模量 $E_c=3.45\times10^4$MPa)，桥梁所在地区的最高、最低有效温度值分别为 34℃、−10℃，年平均相对湿度 RH=55%，结构理论厚度 $h\geqslant600$mm，伸缩装置安装完成时箱梁混凝土龄期为 90d[混凝土收缩应变终极值 $\varepsilon_{cs}(t_u,t_0)=0.21\times10^{-3}$，徐变系数终极值 $\phi(t_u,t_0)=1.46$]。假设预应力(扣除相应阶段预应力损失)引起的箱梁截面重心处的法向压应力平均值 σ_{pc}=8MPa，伸缩缝安装温度为 15～20℃，混凝土线胀系数 $\alpha_c=1.0\times10^{-5}$。试求该桥所采用的较大伸缩装置型号(伸缩装置伸缩量增大系数 β=1.3)。

二、梁桥

1. 某 5×20m 钢筋混凝土简支 T 梁桥，计算跨径 l=19.5m，主梁间距为 1.6m，主梁截面见图 6-2 所示。试确定翼缘板的有效宽度。

2. 某 5×20m 钢筋混凝土连续 T 梁桥，计算跨径 l=19.5m，主梁间距为 1.6m，主梁截面如图 6-2 所示。试确定中间跨正弯矩区段 T 梁翼缘板的有效宽度。

3. 图 6-3 所示为一座桥面板铰接的 T 形截面简支梁桥，桥面铺装厚度为 0.12m，桥面板净跨径为 1.42m，车辆两后轮轴距为 1.4m，车辆后轮着地宽度和长度分别为 b_2=0.6m 和 a_2=0.2m；车辆荷载的轴重 P=140kN，冲击系数 $1+\mu$=1.3，计算桥面板根部在车辆荷载作用下的活载弯矩和剪力。

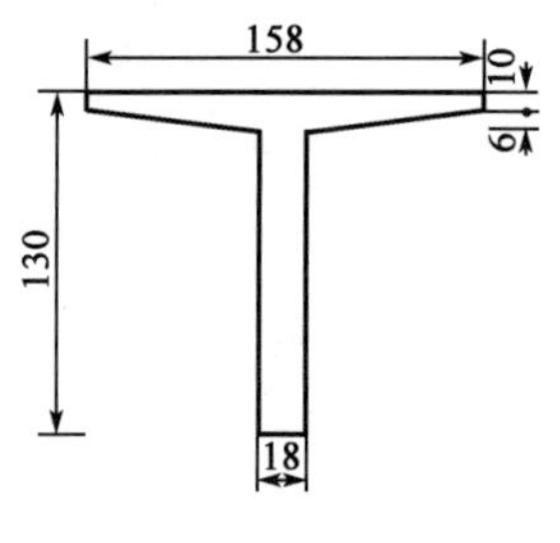

图 6-2　T 梁截面(尺寸单位：cm)

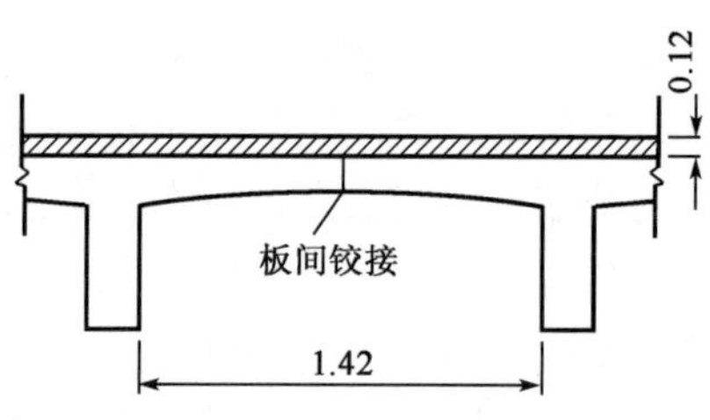

图 6-3　桥面板铰接(尺寸单位：m)

4. 如图 6-4a)所示悬臂板，桥面铺装厚度为 0.15m，悬臂长 0.90m，计算在公路—Ⅰ级荷载作用下，行车道板的悬臂根部产生的每米板宽的弯矩和剪力是多少？若主梁翼缘为铰接时，如图 6-4b)所示，行车道板的悬臂根部产生的每米板宽的弯矩和剪力是多少？

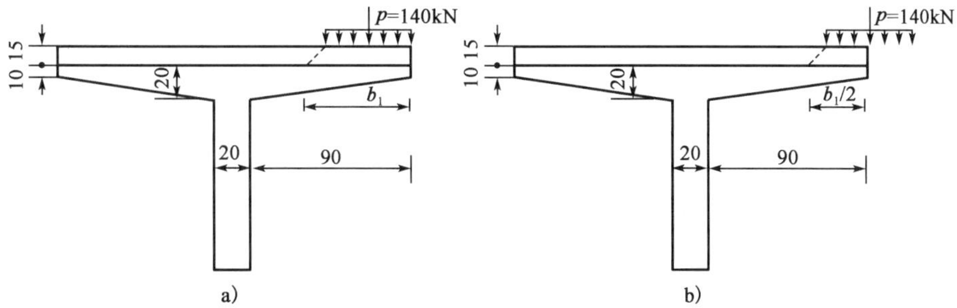

图 6-4　悬臂板或铰接板(尺寸单位：cm)

5. 图 6-5 为一双主梁公路桥横截面布置，行车道宽 9m，求任一主梁在车道荷载作用下的荷载横向分布系数 m_c。

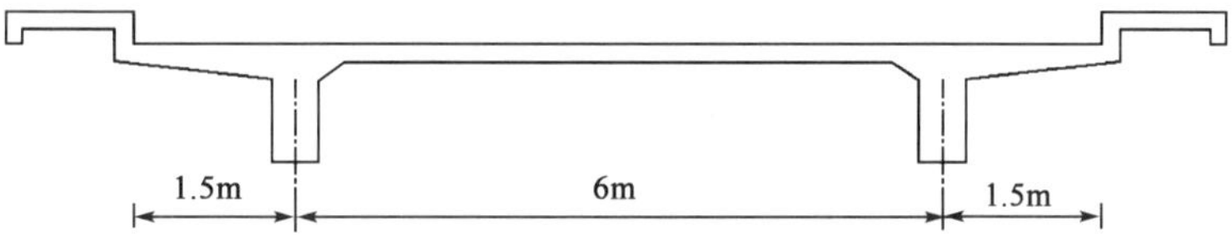

图 6-5　双主梁公路桥横截面布置图(尺寸单位：m)

6. 如图 6-6 所示的钢筋混凝土简支 T 梁桥，共有 5 根主梁。用杠杆原理法绘出 2 号梁和 3 号梁荷载横向分布影响线并计算 2 号梁和 3 号梁的荷载横向分布系数。

7. 如图 6-6 所示的钢筋混凝土简支 T 梁桥，共有 5 根主梁。用偏心压力法绘出 2 号梁和 3 号梁荷载横向分布影响线并计算 2 号和 3 号梁的荷载横向分布系数。

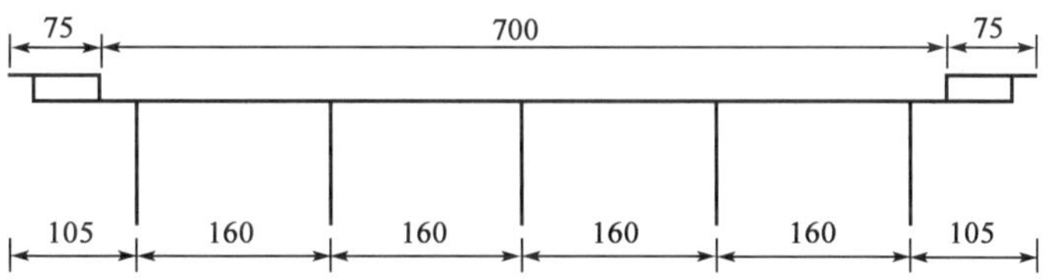

图 6-6　简支 T 梁桥横截面(尺寸单位：cm)

8. 如图 6-7 所示的钢筋混凝土简支 T 梁桥，共设 5 根主梁。试求荷载位于支点处时，1 号主梁的车道荷载横向分布系数和人群荷载横向分布系数。

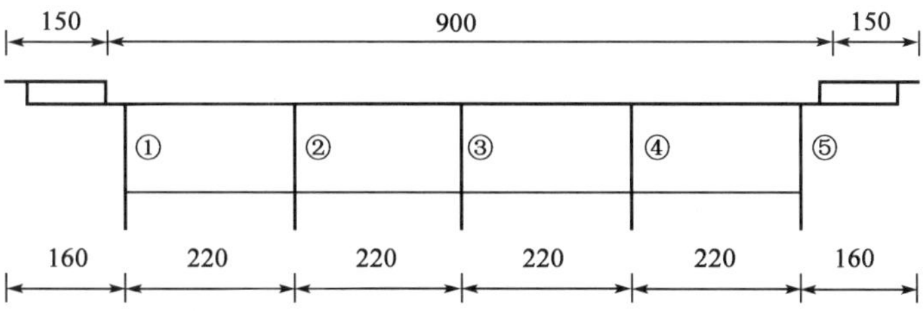

图 6-7　T 形简支梁桥横截面(尺寸单位：cm)

9. 某 5 梁式钢筋混凝土简支梁，计算跨径 19.5m，按 G-M 法计算出边梁的跨中荷载横向分布系数 $m_{cq}=0.538$，冲击系数 $1+\mu=1.303$，多车道折减系数 $\xi=1$。计算边梁在公路—Ⅱ级荷载作用下的跨中弯矩和剪力是多少？

10. 某 5 梁式钢筋混凝土简支梁，计算跨径 19.5m，按 G-M 法计算出边梁的跨中荷载横向分布系数 $m_{cq}=0.538$，按杠杆原理法计算出边梁的支点荷载横向分布系数 $m_{oq}=0.409$，冲击系数 $1+\mu=1.303$，多车道折减系数 $\xi=1$，支点距第一根横梁的距离 $a=4.9$m。求边梁在公路—Ⅱ级荷载下的支点剪力是多少？

11. 某箱形截面尺寸如图 6-8 所示，求该截面的抗扭惯性矩。

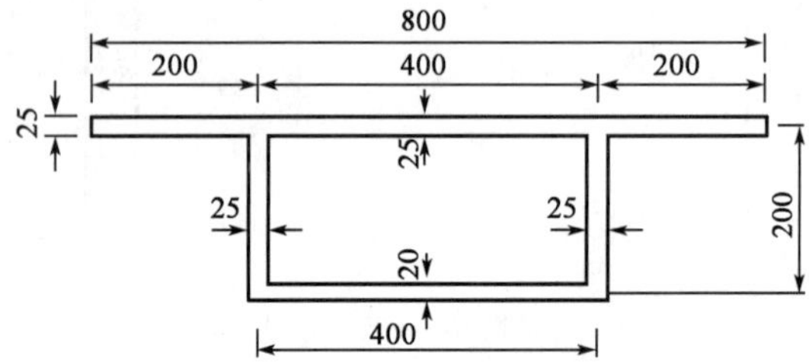

图 6-8 箱形截面(尺寸单位：cm)

12. 图 6-9 为装配式钢筋混凝土简支梁桥，用偏心压力法计算跨中横隔梁在公路—Ⅰ级荷载作用下的 1、2 号梁之间的弯矩 $M_{1\text{-}2}$ 的值。已知横梁间距为 485cm，冲击系数 $\mu=0.3$。

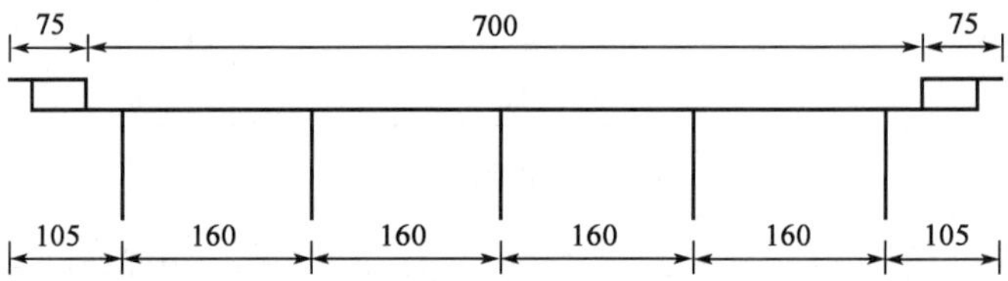

图 6-9 简支梁桥横断面(尺寸单位：cm)

13. 某箱形截面尺寸如图 6-10 所示，计算条件及参数：

车轮着地长度 $a_1=0.2$m，宽度 $b_1=0.6$m；

一辆重车纵向长度 $d_0=3+1.4+7+1.4=12.8$(m)；

铺装层厚度 $h=0.18$m；

顶板厚 $t=0.25$m；

取板的计算跨径：$l_1=4.266$m，$l_2=4.100$m；

护栏及路缘带宽度均为 0.5cm。

试求：(1)荷载分布宽度；

(2)荷载集度横向分布图。

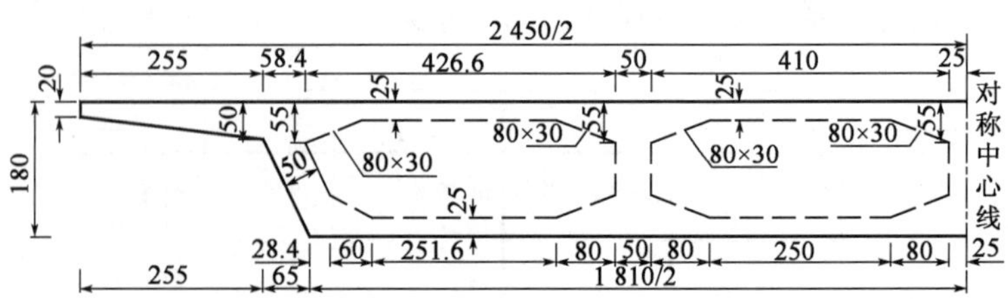

图 6-10 箱形截面(尺寸单位：cm)

三、其他体系桥梁及桥梁支座

1. 某预应力钢筋混凝土箱形截面简支梁桥，计算跨径 40m，公路—Ⅰ级荷载，采用上、下行双幅分离式横断面形式，单幅行车道宽 16m。若该箱形梁桥作用汽车车道荷载时，应按横桥向偏载考虑。假定车道荷载冲击系数 $\mu=0.215$，横向车道布载折减系数 $\xi=0.67$，扭转影响对箱形梁内力的不均匀系数 $k=1.2$，该箱形梁桥跨中截面假设按 4 车道计算，由汽车车道荷载产生的弯矩作用标准值是多少？

2. 某厚度为 28cm 的板与 50cm 宽的梁肋整体连接，且设置有 30cm×30cm 的承托，如图 6-11所示。试求梁肋中心线处板的计算高度。

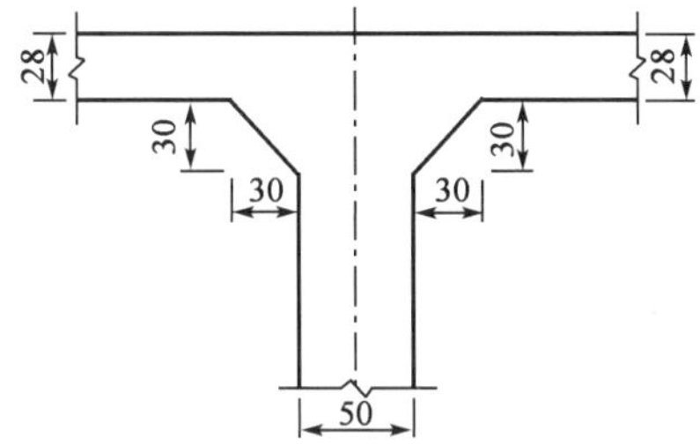

图 6-11　带承托的板(尺寸单位:cm)

3. 某预应力钢筋混凝土箱形截面简支梁桥，计算跨径 40m，计算该后张法预应力混凝土简支箱形梁的跨中断面时，所采用相关数据为：$A_n=9.6m^2$，$h=2.25m$，$I_n=7.75m^4$，中性轴至上翼缘距离为 0.95m，至下翼缘边缘的距离为 1.3m。混凝土强度等级为 C50，$E_c=3.45\times10^4$MPa，混凝土的抗拉强度标准值 $f_{tk}=2.65$MPa，预应力钢束合力点距下翼缘距离为 0.3m。假定在正常使用极限状态短期效应组合作用下，跨中断面弯矩永久作用标准值与可变作用频遇值的组合设计值 $S_{sd}=85\ 000$kN · m，该箱形梁桥按全预应力混凝土构件设计时，跨中断面所需永久有效最小预应力值是多少？

4. 某预应力钢筋混凝土箱形截面简支梁桥，计算跨径 40m，计算该后张法预应力混凝土简支箱形梁的跨中断面时，所采用相关数据为：$A_n=9.6m^2$，$h=2.25m$，$I_n=7.75m^4$，中性轴至上翼缘距离为 0.95m，至下翼缘边缘的距离为 1.3m。混凝土强度等级为 C50，$E_c=3.45\times10^4$MPa，混凝土的抗拉强度标准值 $f_{tk}=2.65$MPa，预应力钢束合力点距下翼缘距离为 0.3m。假定在正常使用极限状态短期效应组合作用下，跨中断面弯矩永久作用标准值与可变作用频遇值的组合设计值 $S_{sd}=85\ 000$kN · m，在正常使用极限状态长期效应组合作用下，跨中断面弯矩永久作用标准值与可变作用准永久值效应组合设计值 $S_{ld}=79\ 000$kN · m。该箱形梁桥按 A 类预应力混凝土构件设计时，跨中断面所需永久有效最小预应力值为多少？

5. 某预应力钢筋混凝土箱形截面简支梁桥，计算跨径 40m，假定该桥采用整体预制吊装施工，跨中断面净截面 $A_n=4.9m^2$，$I_n=1.45m^4$，截面重心至下缘的距离 $y_{xn}=1.12m$；换算截面 $A_0=5.3m^2$，$I_0=1.5m^4$，截面重心至下缘的距离 $y_{x0}=1.15m$。结构自重产生的弯矩标准值 $M_{Gik1}=9\ 000$kN · m，二期永久荷载产生的弯矩标准值 $M_{Gik2}=2\ 000$kN · m，汽车车道荷载产生的弯矩标准值 $M_{Qik1}=5\ 000$kN · m，人群荷载产生的弯矩标准值 $M_{Qik2}=500$kN · m。永久有效预加力产生的轴向力标准值 $N_p=15\ 000$kN，主梁净截面重心至预应力钢筋合力点的距离 $e_{pn}=1.0m$。按持久状况计算该桥主梁跨中截面在使用阶段的正截面混凝土下缘的法向应力 σ 是多少？

6. 三跨等截面预应力混凝土连续梁桥如图 6-12 所示，预应力钢筋永存预应力为 N_g，呈二次抛物线布置，试求达到吻合索条件的 e_b 值(提示：二次抛物线所围面积为：$A=\frac{2}{3}l\cdot f$，l 为底线长，f 为矢高)。

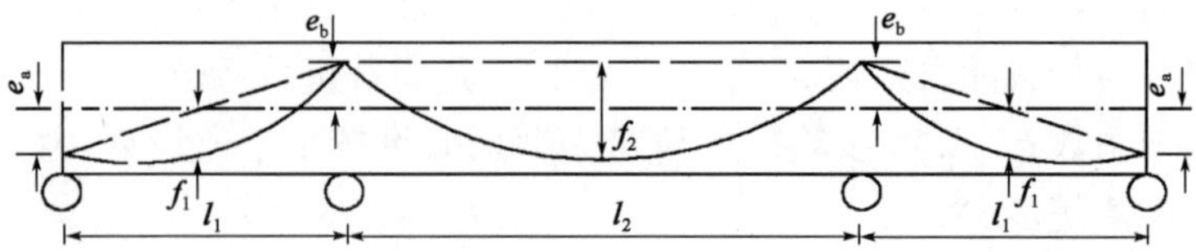

图 6-12　三跨等截面预应力混凝土连续梁桥

7. 试绘出图 6-13 所示预应力构件的等效荷载和预应力弯矩图。

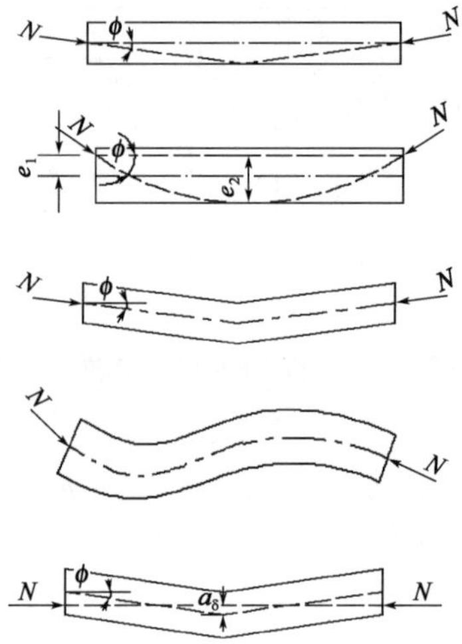

图 6-13　预应力构件

8. 图 6-14 所示为一预应力钢筋混凝土箱形截面简支梁桥，计算跨径 40m，公路—Ⅰ级荷载，假设该箱形梁的抗扭刚度无限大，汽车荷载的冲击系数 $\mu=0.23$，考虑汽车车道荷载的偏心作用，在汽车车道荷载作用下支座所承受的最大垂直反力是多少？

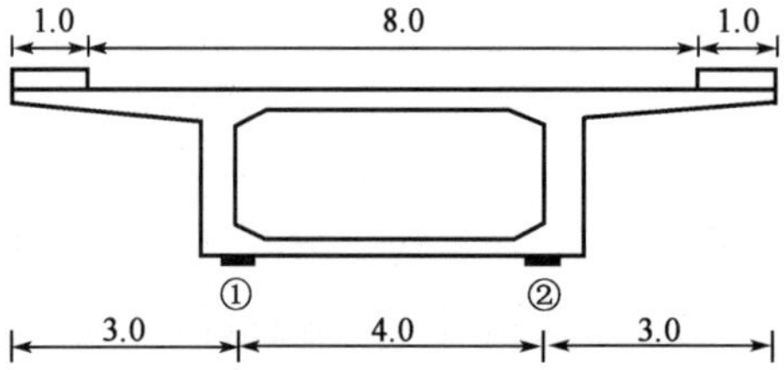

图 6-14　题 8 箱形截面(尺寸单位：m)

9. 某单跨钢筋混凝土简支梁桥，截面为箱形截面，如图 6-15 所示。桥梁标准跨径为 20m，计算跨径 19.5m。桥面布置为 7m＋2×0.75m＋2×0.25m，汽车荷载为公路—Ⅰ级，人群荷载为 3.0kN/m²，汽车荷载的冲击系数为 $\mu=0.285$。求左侧支座在汽车荷载及人群荷载作用下的最大支反力。

10. 如图 6-16 所示的 5 梁式钢筋混凝土 T 形简支梁桥，标准跨径 20m，主梁全长 19.96m，计算跨径 19.5m，桥面净宽－7m＋2×0.75m。主梁肋宽 18cm，荷载等级为公路—Ⅱ级，上部结构的竖向恒载反力标准值 $N_D=157$kN，活载(汽车＋人群)的最大反力标准值(汽车已计入冲击系数)$N_{q+r}=132.6$kN，汽车荷载作用时梁的跨中挠度为 $f=1.72$cm，主梁的线膨胀系数为 $\alpha=10^{-5}$℃$^{-1}$，计算温差为 $\Delta T=36$℃，荷载横向分布系数 $m_c=0.456$，冲击系数 $1+\mu=1.191$，设计该桥的板式橡胶支座。

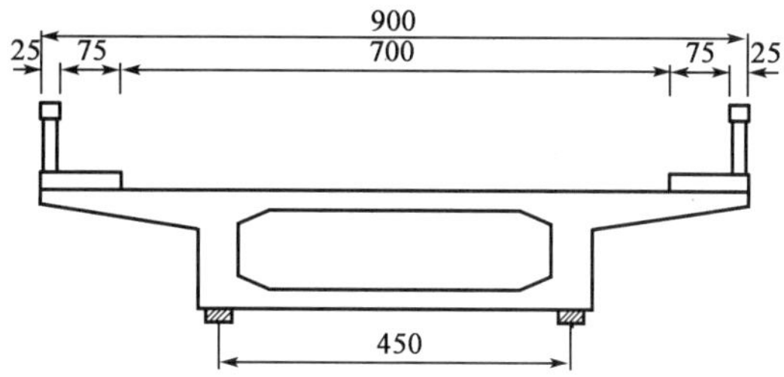

图 6-15　题 9 箱形截面(尺寸单位:cm)

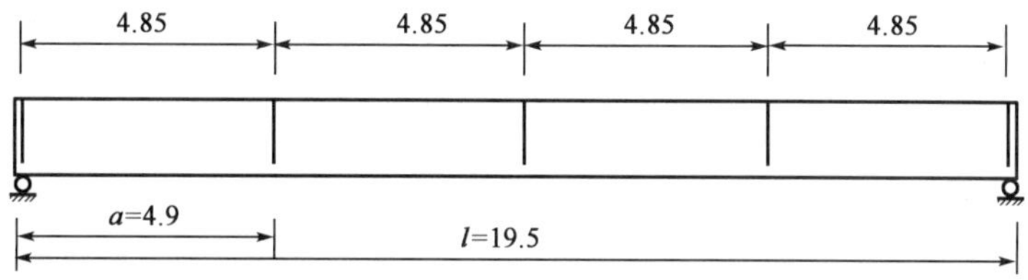

图 6-16　简支梁桥纵断面(尺寸单位:m)

11. 已知某钢筋混凝土简支梁桥,计算跨径 21.6m,设计安全等级为二级,支座承受剪力标准值如下:永久作用的结构重力 157kN,汽车荷载 139kN,人群荷载 16kN,试按照规范进行内力的基本组合、短期效应组合和长期效应组合计算。

12. 假设桥梁每个支座在永久作用(荷载)和汽车车道荷载作用下最大垂直反力标准值(已计入冲击系数)为 2 000kN,当选用板式橡胶支座的板厚为 42mm,顺桥向的尺寸规定为 400mm 时,假定支座使用阶段平均压应力限值 $\sigma_c=10\text{MPa}$,支座形状系数 $5\leqslant s\leqslant 12$,按《公路钢筋混凝土及预应力混凝土桥涵设计规范》(JTG D62—2004)计算板式橡胶支座的平面尺寸。

13. 在计算连续梁中间支承处的负弯矩时,根据《公路钢筋混凝土及预应力混凝土桥涵设计规范》(JTG D62—2004),可考虑支座宽度对弯矩的折减影响,但折减后的弯矩不得小于未经折减弯矩的多少倍? 如梁的支点反力设计值(含冲击系数)$R=2\ 000\text{kN}$,支座顺桥向的尺寸为 400mm,横桥向的尺寸为 500mm,支座底面距梁重心轴距离为 800mm,求连续梁中间支承处的折减弯矩是多少? 并验算支座本身的强度。

14. 某预应力混凝土简支 T 梁,计算跨径为 20m。采用 C40 混凝土。梁高 1.25m,梁的有效截面高度为 $h_0=1.15\text{m}$。支点截面剪力设计值为 800kN。求支承点截面满足抗剪界面的腹板最小宽度。

四、拱桥

1. 图 6-17 所示的无铰拱,跨度 $l=50\text{m}$,$f/l=1/5$,主拱圈为等截面 $b\times h=8.0\text{m}\times1.0\text{m}$,承受均布荷载 $q=200\text{kN/m}$,不计弹性压缩,求合理拱轴线方程及恒载水平推力?

2. 已知某无铰拱的合理拱轴线方程为 $y_1=\dfrac{2x^2}{125}$,跨度 $l=50\text{m}$,$f/l=1/5$,主拱圈为等截面 $b\times h=8.0\text{m}\times1.0\text{m}$,承受均布荷载 $q=200\text{kN/m}$,按照合理拱轴线,不计弹性压缩,求恒载作用下,拱顶和拱脚截面的轴力、弯矩和剪力?

3. 如图 6-18 所示无铰拱,在恒载作用下弹性压缩引起弹性中心处的水平力为 ΔH_g,求拱顶、拱脚截面由于弹性压缩产生的拱顶、拱脚截面的弯矩、剪力和轴力表达式。

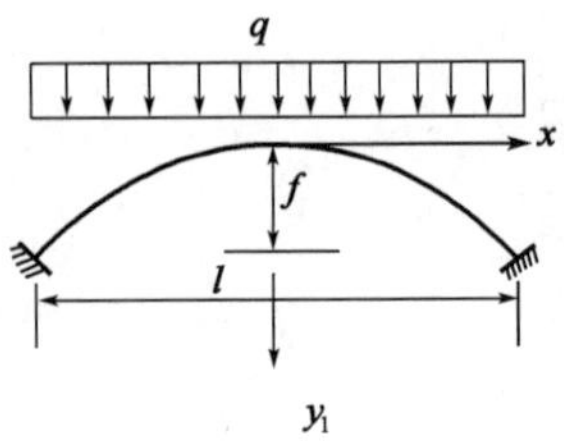

图 6-17　无铰拱

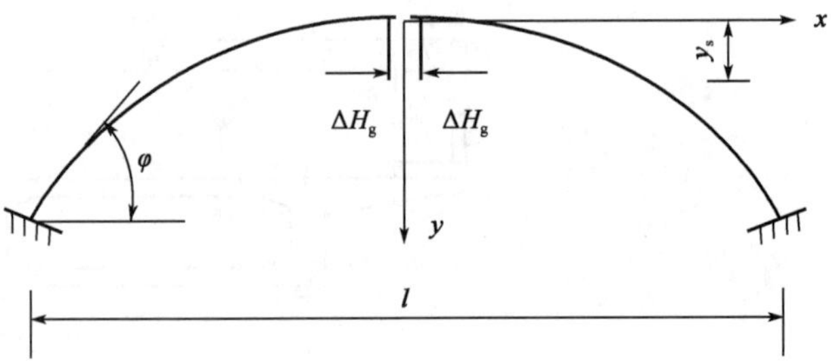

图 6-18　无铰拱弹性中心

五、桥梁墩台与桥梁施工

1. 图 6-19 所示为一预应力钢筋混凝土箱形截面简支梁桥桥墩盖梁与墩柱布置图，若汽车车道荷载在两跨内横向均为最不利偏心布置时，活荷载作用下的最大支座反力设计值为 900kN。不考虑墩柱与盖梁的连接扩散影响，不按深梁性质分析，问中间桥墩盖梁与墩柱垂直交界面上的活载弯矩设计值为多少？

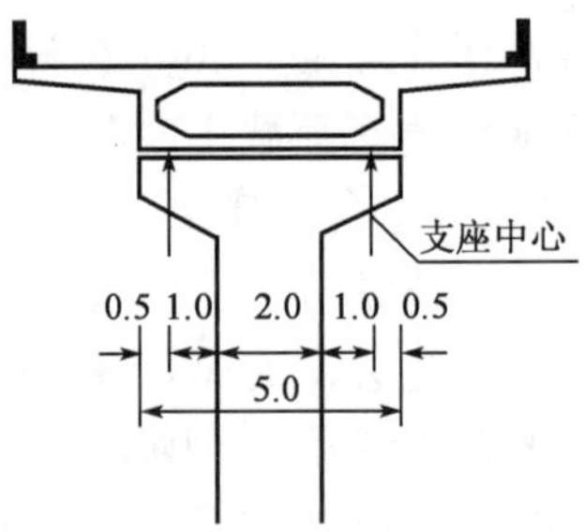

图 6-19　桥墩盖梁与墩柱布置图（尺寸单位：m）

2. 某重力式桥墩，基底截面如图 6-20 所示，截面尺寸为纵向 $d=230$cm，横向 $b=350$cm，竖向力 $N=12\ 700$kN，水平力 $P=3\ 140$kN，纵向弯矩 $M=3\ 815$kN·m。基础与土壤间的摩擦系数 $f=0.35$。验算：基底的滑动稳定性（滑动稳定性系数 $K_c\geqslant 1.3$）和倾覆稳定性（倾覆稳定性系数 $K_0\geqslant 1.5$）。

3. 某桥墩基础为扩大基础，基底截面如图 6-21 所示，其中纵向 $d=300$cm，横向 $b=600$cm，竖向力 $N=2\ 500$kN，纵向水平力 $P=650$kN，纵向弯矩 $M=1\ 950$kN·m。基础与土壤间的摩擦系数 $f=0.33$。验算基底的滑动稳定性（滑动稳定性系数 $K_c\geqslant 1.3$）和倾覆稳定性（倾覆稳定性系数 $K_0\geqslant 1.5$）。

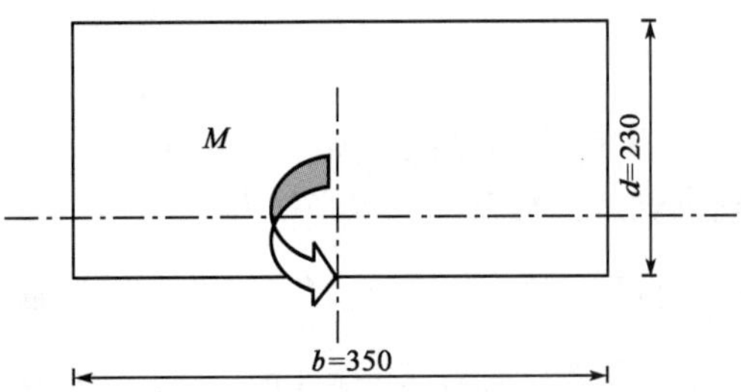

图 6-20　直力式桥墩基础平面图（尺寸单位：cm）

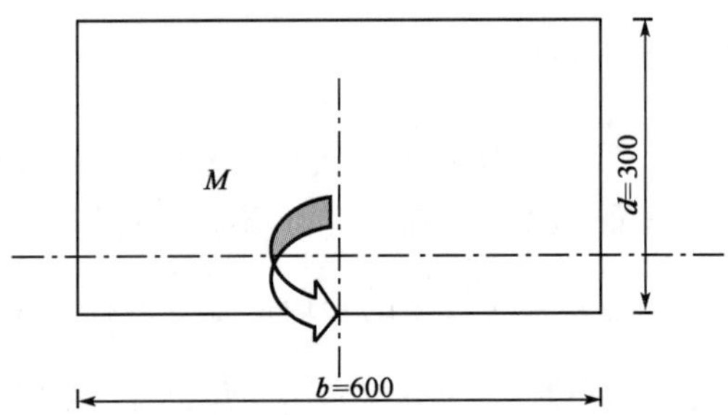

图 6-21　扩大基础平面图（尺寸单位：cm）

4. 计算如图 6-22 所示矩形截面重力式桥墩，求该墩在单向偏心压力作用下的最大压应力，如出现拉应力，需进行应力重分布计算，不考虑偏心增大系数的影响。

5. 某山沟采用 30m 标准跨径装配式预制箱梁桥跨越，下部结构采用桩柱式桥墩，如图 6-23 所示。墩柱直径采用 1.4m，桩基直径采用 1.6m，桩(柱)横桥向间距为 6.8m，试求作用在桩基上的土压力计算宽度。

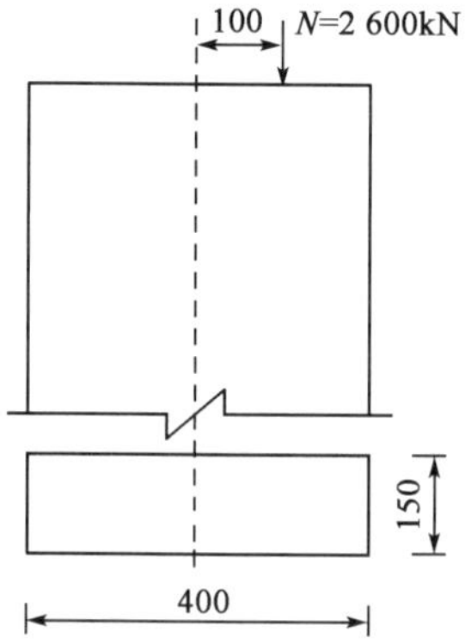

图 6-22 矩形截面重力式桥墩(尺寸单位：cm)

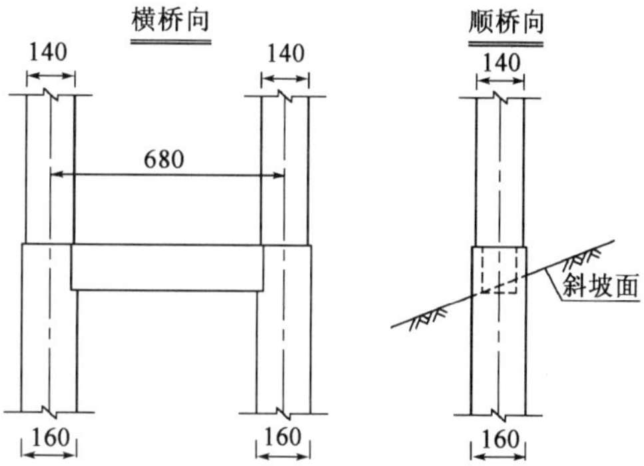

图 6-23 桩柱式桥墩(尺寸单位：cm)

6. 某高速公路 2×16m 上跨桥，桥台采用重力式 U 形桥台，桥面宽度 5m，台背与竖直面的夹角 $\alpha=18.4°$，台后填土表面与水平面的夹角 $\beta=0°$，土的内摩擦角 $\varphi=30°$，台后填土计算高度 $H=7$m，台后填土的重度 $\gamma=18$kN/m^3。

试求：(1)台后填土的破坏棱体长度；

(2)台后汽车荷载的等代均布土层厚度。

7. 某特大桥基础为钻孔灌注桩群桩基础，承台尺寸为 23.7m(顺桥向)×18.7m(横桥向)×4.5m(厚度)，共有 20 根直径 2.0m 的钻孔灌注桩，桩基顺(横)桥向排列为 5 排(4 排)，桩基中心间距顺、横桥向均为 5.0m；承台采用 C35 混凝土，桩基采用 C30 水下混凝土，如图 6-24 所示。承台截面普通钢筋配置为：顶缘和底缘均采用直径 32mm 的 HRB335 级钢筋，其中底缘布置三层，竖向间距为 150mm，承台横桥向截面钢筋面积 $A_s=296\ 749.8$mm^2，承台顺桥向截面钢筋面积 $A_s=378\ 778.2$mm^2，底层主筋中心距承台底面 200mm；顶缘主筋布置一层，承台横桥向截面钢筋面积 $A_s'=98\ 916.6$mm^2，承台顺桥向截面钢筋面积 $A_s'=126\ 259.4$mm^2，主筋中心距承台顶面 90mm。正常使用阶段，承载能力极限组合下桩顶所受竖向力见表 6-1。试验算正常使用阶段承台顺(横)桥向正截面抗弯承载能力。

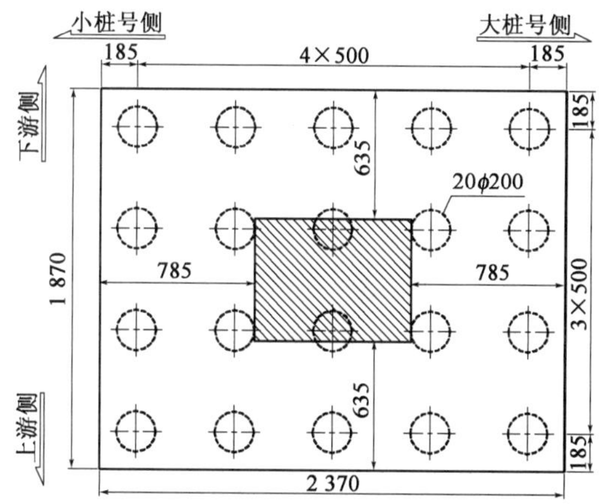

图 6-24 钻孔灌注桩群桩基础平面布置(尺寸单位：cm)

承载能力极限组合下桩顶所受竖向力 表 6-1

顺桥向位置	桩顶竖向力(kN)	顺桥向位置	桩顶竖向力(kN)
第 1 排	8 067.3	第 4 排	12 992.0
第 2 排	9 708.9	第 5 排	14 633.6
第 3 排	11 350.4		

8. 某桥为双向两车道两孔(单孔标准跨径 20m,计算跨径 19.5m)简支梁桥,桥面连续,桩柱式桥墩,U 形重力式桥台,设计荷载为公路—Ⅰ级。假设桥墩、桥台(考虑橡胶支座)抗推刚度分别为 15 000kN/m 和 7 000kN/m,试根据现行桥梁设计有关规范求桥墩、桥台所分配的汽车制动力。

9. 某简支梁桥,下部结构采用双柱式桥墩,如图 6-25 所示,柱的直径为 1.0m,计算高度为 8.0m,柱间距为 8.0m,盖梁尺寸为 1.6m(高)×1.2m(宽),盖梁及墩柱均采用 C30 混凝土,试求柱间盖梁与柱的线刚度之比。

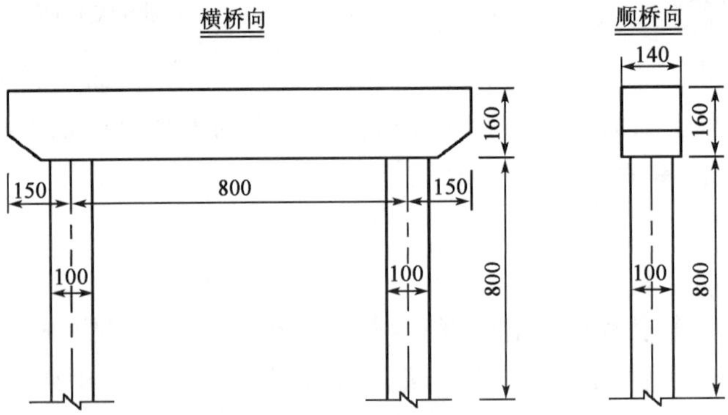

图 6-25 双柱式桥墩(尺寸单位:cm)

10. 桩柱式桥墩盖梁的尺寸如图 6-26 所示,桥面净宽为:7m+2×0.75m+2×0.25m,单车道作用于盖梁顶的最大支反力为 439.6kN,求盖梁在汽车荷载作用下截面 1-1 的支反力及截面 2-2 的跨中弯矩。

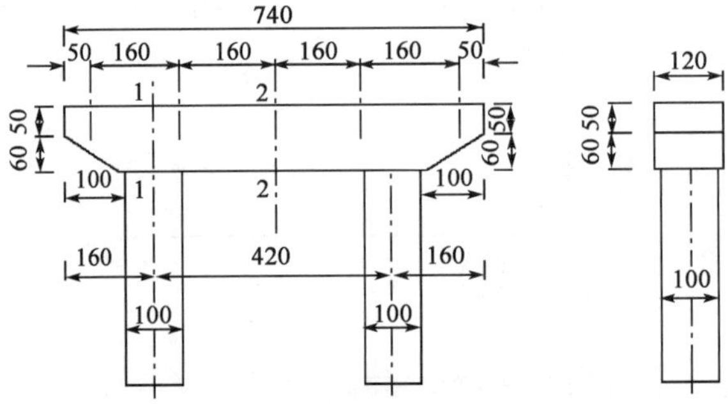

图 6-26 桩柱式桥墩盖梁(尺寸单位:cm)

11. 如图 6-27 所示桩柱式桥墩的多跨简支梁桥,墩顶为刚性铰支撑。试推导在温度效应影响下各墩顶水平力 H_{it} 的计算公式。(注:任意第 i 墩的墩身长度为 h_i,抗弯刚度为 EI_i,第 i 墩至 $i+1$ 墩的距离为 l_i。)

12. 如图 6-28 所示三跨连续梁桥,采用悬臂拼装法施工,施工主要步骤如下:

(1)2 号墩、3 号墩临时固结,悬拼施工完毕,拆除吊机;

(2)搭架施工边跨合龙段，混凝土达到强度后，拆除2号墩、3号墩的临时固结，拆除支架；
(3)在中跨合龙口立支架和模板，浇筑合龙口混凝土；
(4)中跨合龙口混凝土达强度后，拆除支架和模板；
(5)上二期恒载。
试分别绘出以上5个步骤的弯矩图和最终弯矩图。

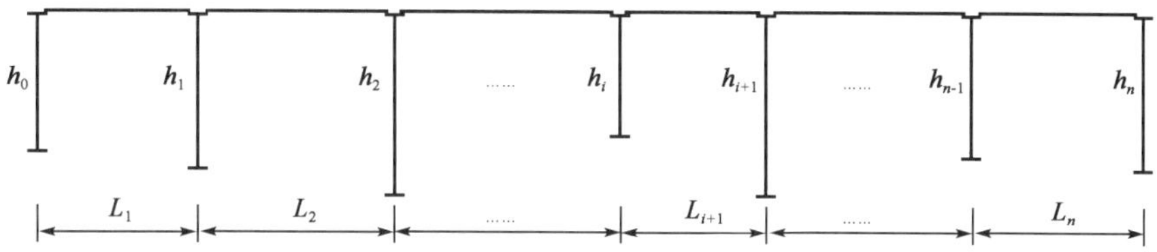

图6-27　桩柱式桥墩

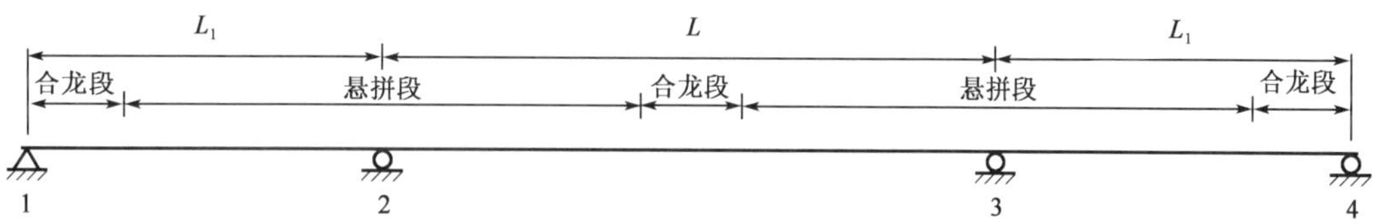

图6-28　三跨连续梁桥

第 7 部分　综合试题精选

【试卷一】

一、名词解释

1. 桥跨结构
2. 桥面板的有效工作宽度
3. 剪力滞效应
4. 合理拱轴线
5. 拱的纵向稳定性

二、问答题

1. 公路桥梁设计采用的作用有哪几类？作用效应组合有哪几种？

2. 箱形截面梁桥有哪些主要特点？为什么说它不宜用于钢筋混凝土简支梁？

3. 简支梁桥为何通常要设置预拱度？如何设置？

4. 简支梁桥的主梁荷载横向分布系数为什么在跨中与支点取用不同数值？在计算主梁弯矩与剪力时通常如何考虑？

5. 梁桥和拱桥在受力性能方面最主要的区别是什么？拱桥的适用条件是什么？

6. 按照索、塔与主梁相互结合的方式，斜拉桥可分为哪几种基本的结构体系？试简要说明其特点。

三、计算题

已知某简支梁由 6 片 T 形主梁构成，每片 T 梁宽为 a，简支梁桥全宽为 $6a$，计算跨径为 l，每片 T 梁的抗弯惯性矩为 I，材料的弹性模量为 E，在跨中截面作用有偏心荷载 P，偏心距为 e，试根据“刚性横梁法”推求各 T 梁所承受荷载的计算式。

【试卷二】

一、填空题

1. 桥梁设计中涉及的水位主要有________水位、________水位、________水位和________水位。

2. 计算跨径，对于梁桥是指________；对于拱桥是指________。

3. 桥梁设计应按照________、________、________、________、________和美观的原则，并考虑因地制宜、就地取材、便于施工和养护等因素，进行全寿命设计。

4. 桥梁由________、________、________、________和________五个基本部分组成。

5. 在桥梁设计中，我国现行《公路桥涵设计通用规范》(JTG D60—2004)采用的作用(荷载)分类有________作用、________作用和________作用。

6. 桥面铺装的作用是________、________和________。

7. 汽车荷载由________荷载和________荷载组成；车道荷载由________荷载和________

荷载组成。

8. 拱桥按照拱上建筑采用的构造方式的不同，可以分为________和________两种。

9. 重力式桥台一般由________、________和________三部分组成。

10. 板的有效工作宽度取值受________、________和________等影响。

二、问答题

1. 简述荷载横向分布系数的含义、求解方法及其适用条件。

2. 简述板式橡胶支座的工作原理。

3. 根据在施工和使用过程中面临的不同情况，桥涵结构设计分为哪几种状况？分别是如何考虑的？

4. 解释冲击力、制动力和合理拱轴线。

三、计算题

计算跨径 $l=29\text{m}$ 的简支梁桥横截面如图 7-1 所示，该桥在跨内设有强大的横向联结。求：

(1)荷载位于支点时 2 号梁的车道荷载横向分布系数 m_{oq} 和人群荷载横向分布系数 m_{or}；

(2)荷载位于跨中时 2 号梁的车道荷载横向分布系数 m_{cq} 和人群荷载横向分布系数 m_{cr}；

(3)画出 2 号梁车道荷载和人群荷载的荷载横向分布系数沿梁纵向的分布图($a=4.9\text{m}$)。

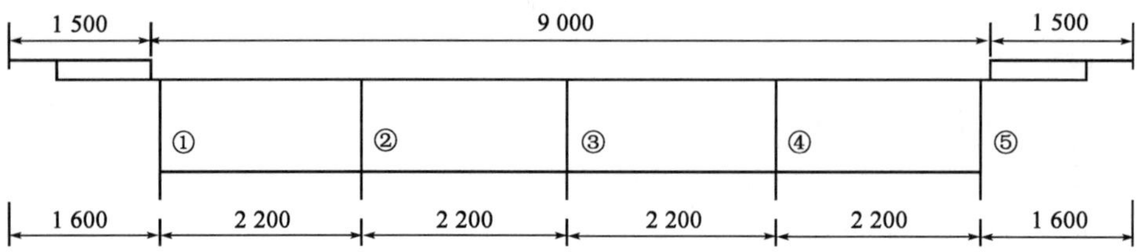

图 7-1　桥梁横截面(尺寸单位：mm)

【试卷三】

一、简答题

1. 无腹筋梁中出现斜裂缝后，截面中钢筋和混凝土的应力状态与斜裂缝出现前相比，有什么变化？

2. 比较普通箍筋柱与螺旋箍筋柱中箍筋的作用，并从轴向力应变曲线说明螺旋箍筋柱的受压承载力和延性均比普通箍筋柱高的原因。

3. 车轮荷载在行车道板上的分布是如何处理的？

4. 布置多跨梁桥的固定支座和活动支座时，一般要考虑哪些原则？

5. 混凝土的弹性模量 E_h 如何测定？它和变形模量 E_h'' 有何区别？两者有何关系？

6. 写出计算正常使用极限状态时，常见的几种作用效应组合。

7. 采用偏心距增大系数 η 的作用是什么？什么情况下可不计 η？
8. 截面效率指标的定义及其意义是什么？

二、计算题

一座变截面无铰拱桥，跨径 $l=40\text{m}$，矢跨比 $\frac{f}{l}=1/8$，拱轴线为二次抛物线 $y=\frac{4f}{l^2}x^2$，主拱圈为钢筋混凝土板拱，整体浇筑，混凝土强度等级为 C40（弹性模量 $E=3.25\times10^4\text{MPa}$），拱顶截面高 1.0m，宽 8.0m，截面惯性矩按 $I_i=2I_d/\cos\theta$ 规律变化。求因混凝土收缩（相当于降温 15℃，取线膨胀系数 $\alpha=0.000\,010$）引起拱顶和拱脚截面的附加弯矩、轴力和剪力。

【试卷四】

一、简答题

1. 无腹筋梁在斜裂缝出现前后，梁内应力状态有何变化？
2. 试述预应力混凝土结构的基本原理。
3. 与梁桥相比，拱桥有哪些特点？拱脚水平推力的大小主要取决于哪些因素？
4. 如何处理拱桥中的不等跨分孔问题？

二、计算题

1. 已知某单筋矩形截面梁 $b=25\text{cm}$，$h=50\text{cm}$，受弯构件承受的计算弯矩为 $M_j=100\text{kN}\cdot\text{m}$，采用 C25 混凝土和 HRB335 级钢筋（$f_{cd}=11.5\text{MPa}$，$f_{sd}=f'_{sd}=280\text{MPa}$），相应混凝土受压区高度界限系数 $\xi_b=0.56$。如果设 $a_g=4\text{cm}$，计算所需受拉钢筋面积。

2. 钢筋混凝土偏心受压构件，$b=40\text{cm}$，$h=60\text{cm}$，计算长度 $l_0=6\text{m}$。采用 C20 混凝土和 HRB335 级钢筋（$f_{cd}=9.2\text{MPa}$、$f_{sd}=f'_{sd}=280\text{MPa}$），$A_g=12.56\text{cm}^2$，$A'_g=15.2\text{cm}^2$，$a_g=a'_g=4\text{cm}$，混凝土受压区高度界限系数 $\xi_b=0.56$。承受轴向压力 $N_j=1\,000\text{kN}$，计算弯矩 $M_j=303.4\text{kN}\cdot\text{m}$，偏心距增大系数 $\eta=1.105$，验算在弯矩作用平面内是否满足纵向承载力的要求。

【试卷五】

一、名词解释

1. 计算跨径
2. 冲击力
3. 索界图
4. 合理拱轴线
5. 单向推力墩

二、问答题

1. 桥梁纵断面、横断面设计的主要内容有哪些？

2. 何为板的有效工作宽度？其取值受哪些因素影响？

3. 简述荷载横向分布系数求解方法及其适用条件。

4. 按受力对桥梁进行分类，并简述其特点及其适用条件。

5. 简述板式橡胶支座的工作原理。

三、计算题

某四梁式简支T形梁桥(图7-2)，计算跨径l=19.5m，双向两车道，主梁宽度b=2m，桥面行车道宽B=7m，假定桥梁在跨内设有强大的刚性横向联结，分别求出荷载位于支点和跨中时各主梁的荷载横向分布系数表达式，并图示各主梁的荷载横向分布情况。

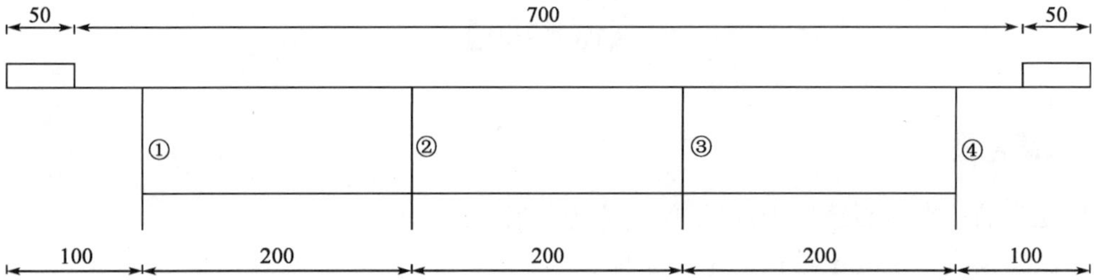

图7-2　桥梁横断面(尺寸单位：cm)

【试卷六】

一、名词解释

1. 预应力混凝土梁截面效率指标

2. 荷载横向分布系数

3. 板式橡胶支座的形状系数

4. 合理拱轴线

5. 组合系数

二、论述题

1. 试从受力特点及使用条件的角度比较简支梁桥、悬臂梁桥、连续梁桥和连续刚构桥的优缺点。

2. 简述斜板桥的受力特点，并由此阐述斜板桥的构造特点。

3. 在上承式无铰拱桥的设计中为什么要设置伸缩缝和变形缝？试绘图表示它们的设置位置。

4. 什么是拱桥的弹性压缩？在拱桥设计里哪些因素会引起弹性压缩？它对于三铰拱、两铰拱和无铰拱所产生的效应是否相同？为什么？

5. 如何认识斜拉桥中斜拉索的作用？在设计中如何确定拉索的面积？试以一种方法说明。

6. 无铰拱的最不利荷载组合是由哪几种荷载工况组成的？这些荷载工况对拱顶和拱脚截面会产生什么效应？

三、计算题

三跨等截面预应力混凝土连续梁桥如图 7-3 所示，预应力钢筋永存预应力为 N_g，呈二次抛物线形布置，试求达到吻合索条件的 e_b 值（提示：二次抛物线所围面积为：$A=\frac{2}{3}l\cdot f$，l 为底线长，f 为矢高）。

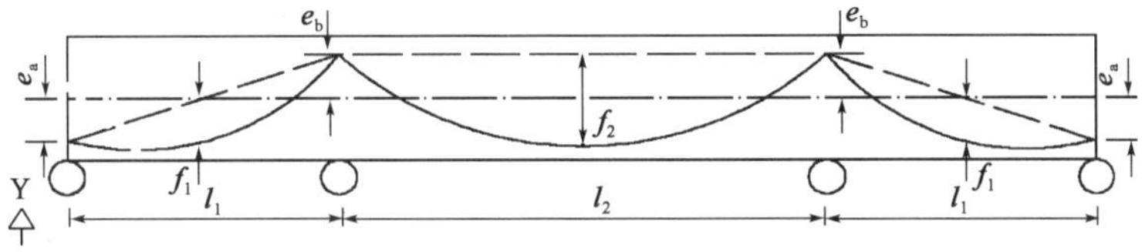

图 7-3　三跨等截面预应力混凝土连续梁桥

【试卷七】

一、问答题

1. 桥梁设计应遵循哪些基本原则？
2. 从受力体系划分，桥梁有哪几种类型？请阐述各自的主要受力特点和跨径适用范围。
3. 公路桥梁上作用的荷载可归纳为哪三类？简要叙述各自的内容。
4. 预应力的作用是什么？何谓混凝土箱梁的三向预应力？请分别简要叙述三向预应力的作用和布束要点。
5. 混凝土结构的耐久性主要与哪些因素有关？

二、计算题

1. 一座简支梁桥，桥面为净－9.0m＋2×0.75m，横截面如图 7-4 所示。试用偏心压力法计算 1 号梁在汽车（双车道）及人群荷载作用下的跨中荷载横向分布系数。

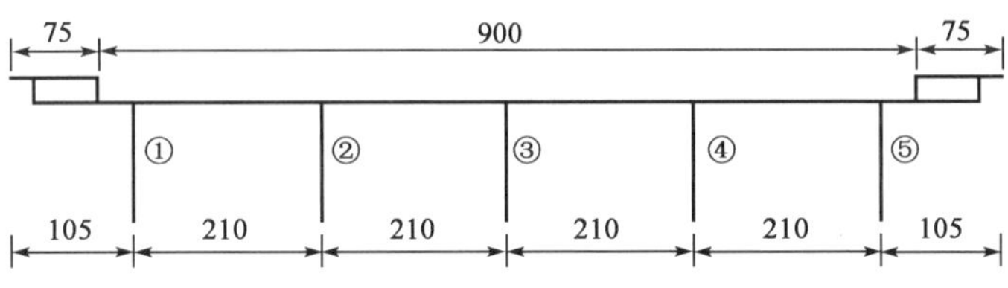

图 7-4　简支梁桥横截面（尺寸单位：cm）

2. 如图 7-5 所示的等截面悬链线无铰拱，拱轴系数 $m=2.24$，施工合龙温度为 15℃，主拱圈线膨胀系数 $\alpha=1.0\times10^{-5}$，弹性模量 $E=3.0\times10^{4}$ MPa，主拱圈截面抗弯惯性矩 $I=2\text{m}^4$，该桥为整体现浇，其收缩影响相当于温降 10℃，试求大气温度为 0℃时，拱顶截面由温度变化及混凝土收缩共同引起的弯矩和轴力，并绘出弯矩图。（注：不考虑徐变影响。已知：$\delta_{22}=0.095\,818\frac{lf^2}{EI}$，$y_s=0.332\,068f$。）

3. 如图 7-6 所示桩柱式桥墩的多跨简支梁桥，墩顶为刚性铰支撑。试推导在温度效应影

响下各墩顶水平力 H_{it}的计算公式。(注:任意第 i 墩的墩身长度为h_i,抗弯刚度为 EI_i,第 i 墩至$i+1$墩的距离为 l_i。)

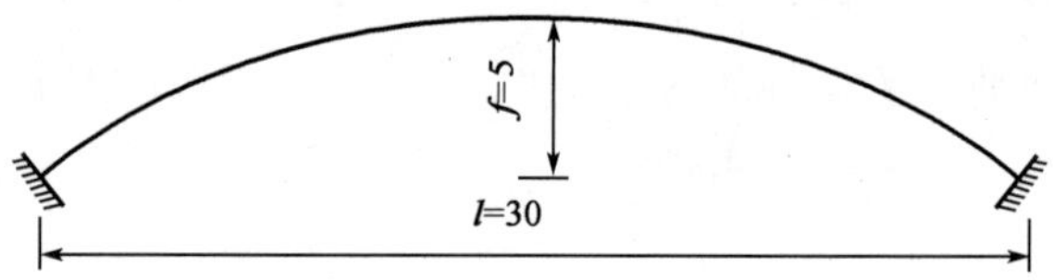

图 7-5　等截面悬链线无铰拱(尺寸单位:m)

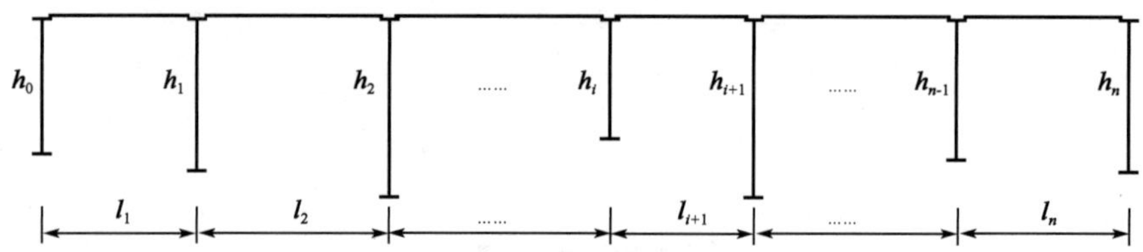

图 7-6　桩柱式多跨简支梁桥

4. 如图 7-7 所示三跨连续梁桥,采用悬臂拼装法施工,施工的主要步骤如下:

(1)2 号墩、3 号墩临时固结,悬拼施工完毕,拆除吊机;

(2)搭架施工边跨合龙段,混凝土达到强度后,拆除 2 号墩、3 号墩的临时固结,拆除支架;

(3)在中跨合龙口立支架和模板,浇筑合龙口混凝土;

(4)中跨合龙口混凝土达强度后,拆除支架和模板;

(5)施工二期恒载。

试分别绘出以上 5 个步骤的弯矩图和最终弯矩图。

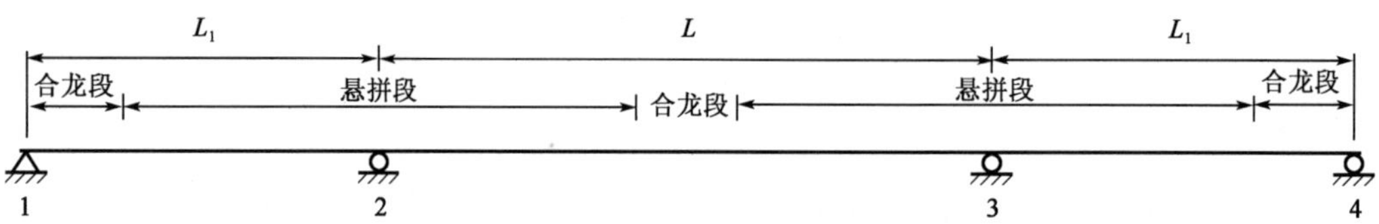

图 7-7　三跨连续梁桥

【试卷八】

一、名词解释

1. 截面效率指标
2. 荷载横向分布系数
3. 减余剪力图
4. 卸载弯矩
5. 剪切中心

二、问答题

1. 简述常见混凝土梁式桥的受力体系和各体系的优缺点。

2. 在桥面板的计算中为什么要用“板的有效工作宽度”的计算方法？确定有效工作宽度的原理是什么？

3. 为什么计算 T 形截面抗弯强度时，翼板要考虑有效计算宽度？这与桥面板的有效工作宽度有什么异同点？

4. 简要说明利用“桥梁横向分布计算方法”将桥梁空间结构简化为结构力学单梁体系的计算原理。

三、论述题

1. 试述比拟正交异性板的比拟原理，并阐述荷载横向分配系数 K_i 的计算原理。

2. 铰接简支板如图 7-8 所示，试求 1 号板的荷载横向影响线坐标 η_{11}、η_{12} 和 η_{13} 的表达式。

（提示：板边单位铰接力引起板块跨中挠度为 ω，扭角为 φ，且设 $\gamma=\frac{\varphi\frac{b}{2}}{\omega}$。）

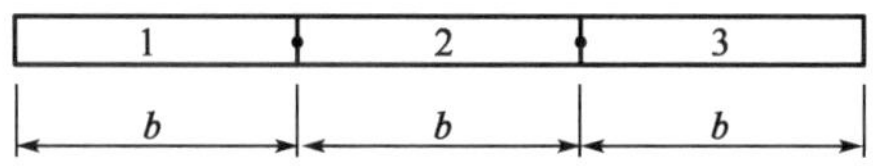

图 7-8　铰接简支板

【试卷九】

一、名词解释

1. 吻合索
2. 预应力等效荷载
3. 连续梁次内力
4. 徐变系数

二、问答题

1. 试从受力特点及使用条件的角度比较简支梁、悬臂梁、连续梁及连续刚构桥的优缺点。

2. 箱形截面计算中应考虑哪些因素？这些因素产生的原因是什么？

3. 简述用修正的偏心压力法求解荷载横向分布系数的原理及步骤。

4. 定性描述常年温差及混凝土收缩次内力对连续刚构桥的影响以及减小这些影响的措施。

三、计算题

1. 试绘出图 7-9 中预应力构件的等效荷载和预应力弯矩图。

2. 三跨等截面预应力混凝土连续梁如图 7-10 所示。预应力钢筋永存预应力为 N_g，呈二次抛物线形布置。试求达到吻合索条件的 e_b 值。

3. 试以两跨连续梁为例，证明一次落架连续梁徐变次内力为零，要求写出简要公式，并说明各变量的物理意义。

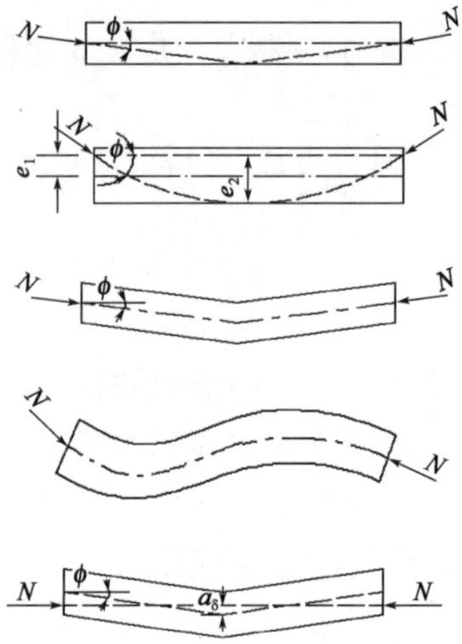

图 7-9　预应力构件

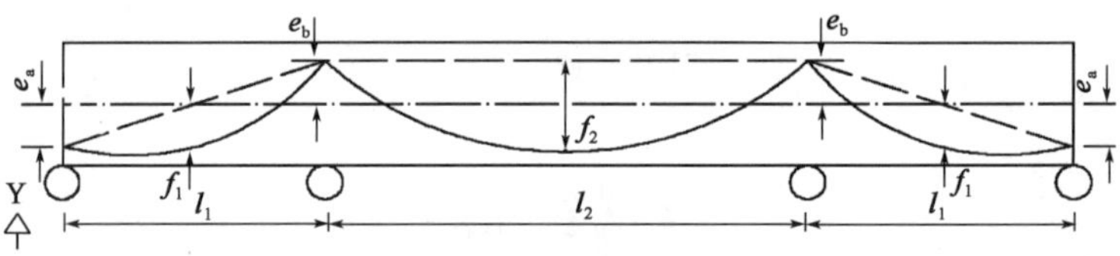

图 7-10　三跨等截面预应力混凝土连续梁

【试卷十】

一、简答题

1. 什么是拱轴线、压力线、合理压力线？

2. 什么是伸缩缝、变形缝？两者有何区别？

3. 在进行重力式桥墩纵向计算时，其荷载应考虑哪几种工况（用图示）？为什么要计算这几种工况？

4. 什么是拱轴系数？拱轴系数对拱轴线的形状有什么影响？

5. 在斜拉桥计算时，如何考虑斜拉索的重度效应？

二、论述题

1. 比较简单体系拱桥与组合体系拱桥受力特点。系杆拱主要有哪几种类型？简述各类型系杆拱的受力特点。

2. 用图表示出斜拉桥的主要组成部分，简述各部分的受力特点和作用。

3. 简述斜拉桥成桥状态内力初步确定的方法，施工时张拉索力与成桥状态内力初步确定的索力之间的关系。

4. 常用的桥梁支座有哪几种类型？板式橡胶支座的设计计算包括哪些内容？

三、计算题

1. 如图 7-11 所示无铰拱，跨径 $l=50\text{m}$，矢跨比 $f/l=1/5$，主拱圈为等截面 $b\times h=8.0\text{m}\times1.0\text{m}$，承受均布恒载 $q=200\text{kN/m}$。

试求：(1)合理拱轴线方程及恒载水平推力(不计弹性压缩)。

(2)恒载作用下，拱顶和拱脚截面的轴力、弯矩和剪力(按合理拱轴线，不计弹性压缩)。

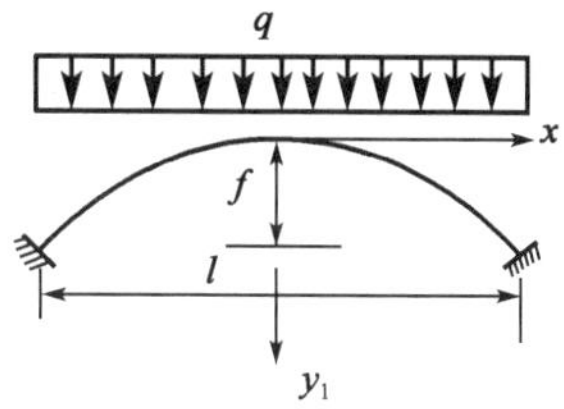

图 7-11 无铰拱

2. 已知无铰拱(图 7-12)在恒载作用下弹性压缩引起弹性中心处的水平力为 ΔH_g，求拱顶、拱脚截面由于弹性压缩产生的弯矩、剪力和轴力表达式，并画出弹性压缩引起的弯矩图(注明弯矩正负号)。

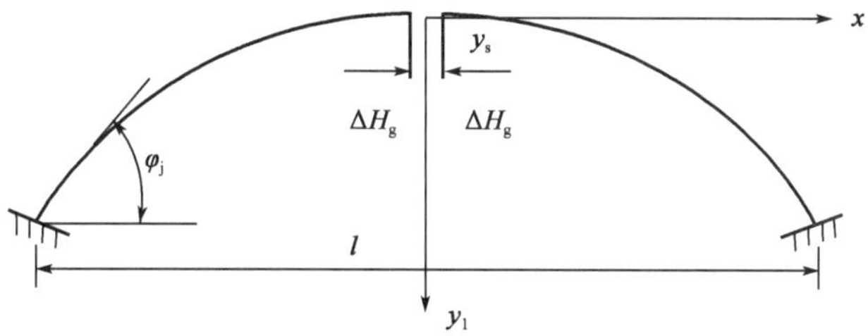

图 7-12 无铰拱(恒载作用下)

【试卷十一】

一、名词解释

1. 计算跨径
2. 桥梁全长
3. 建筑高度
4. 桥下净空
5. 矢跨比
6. 结构次内力
7. 温度梯度
8. 剪力滞效应
9. 悬臂梁桥
10. 桥面构造

二、简述题

1. 何谓桥梁的“五大部件”与“五小部件”？

2. 根据结构受力不同，梁式桥可分为哪几种结构体系？各自的特点是什么？

3. 拱式桥跨结构按静力图可分为几类？各自的受力特点是什么？

4. 斜拉桥按梁、索、塔、墩的不同结合，可分为几种体系？各体系的特点是什么？

5. 何谓“荷载横向分布”？求解荷载横向分布系数的方法有哪几种？每种计算方法的基本原理及适用范围是什么？

三、叙述题

试叙述连续刚构悬臂施工工序及关键施工问题的技术处理。

【试卷十二】

1. 混凝土连续梁受压区普通钢筋的抗压强度是如何确定的？

2. 偏心受压长柱和短柱的破坏过程和承载力有什么区别？计算时如何考虑它们的区别？

3. 简单体系无铰拱，基础位移在什么情况下拱脚截面上缘受力最不利？

4. 假设一根钢筋混凝土简支梁在结构重力的作用下受拉区未开裂，分别说明混凝土收缩、徐变对跨中截面上下缘混凝土和钢筋的应力有什么影响？

5. 三跨连续刚构桥整体升温和桥面升温对中墩两侧截面主梁弯矩有什么影响(假设该桥两端均为桥台)？

6. 什么是斜拉桥的理想成桥状态？如何确定斜拉桥的成桥索力和施工的初始索力？

7. 三跨混凝土连续梁桥由于太阳照射桥面系温度升高，问各支座的反力是增大还是减小？4 个支座的合力是增大还是减小？

8. Ⅱ形截面的斜拉桥为了保证主梁横向受力，在构造上应采取什么措施？

9. 预应力混凝土箱形截面连续梁桥，若已知截面的剪力滞，如何布置纵向受力钢筋？

10. 下承式连续梁拱组合体系桥，单个拱面，两行车道分别在拱的两侧，试画出横桥向和纵桥向计算简图并写出计算步骤。

11. 三跨钢混组合结构连续梁桥，先简支中跨钢梁，然后搭设模板，浇筑混凝土形成连续体系。待混凝土达到设计强度后拆模。问拆模后钢梁的跨中弯矩是多少？使用一定时期后由混凝土徐变引起的钢梁跨中弯矩是多少？(桥跨、模量等参数自己定义，写出推导过程。)

【试卷十三】

1. 双索面斜拉桥的横梁应布置在什么位置？为什么？

2. 一般用什么简化图式估算预应力配束？

3. 简单体系无铰拱与两铰拱所受二次力有何区别？

4. 软土地基情况下应采用无铰拱还是两铰拱？为什么？

5. 钢筋混凝土简支梁桥与预应力混凝土简支梁桥设计时，高跨比的大致范围各是多少？

6. 预应力混凝土简支梁桥中弯起预应力钢筋有什么作用？

7. 预应力钢筋混凝土梁桥，按简支变连续设计，接头采用钢筋混凝土连接，无预应力筋通过。问在永久荷载作用下，可不可能接头部位上缘不出现拉应力？为什么？

8. 简述一种组合拱桥的施工步骤，并绘制该拱桥的计算图式。

【试卷十四】

1. 试推导混凝土梁大小偏压的计算公式，并以图式解释各参数的含义。(各参数、符号自己定义。)

2.说明预应力次内力的概念和等效荷载法的基本原理。

3.斜交桥有哪些受力特点？根据受力特性如何配筋？

4.简述混凝土徐变的概念。两跨连续箱梁，先简支后连续，同一跨内竖向不同龄期，不同跨不同龄期，描述并解释成桥内力状态。

5.画出牛腿的拉、压应力线图，说明怎样配筋？

6.什么是非保向力？外倾拱吊杆的附加作用是什么？

【试卷十五】

1.简述桥梁的分类，并分别阐述其特点及适应条件。

2.桥梁的设计作用有哪些？解释汽车冲击力和汽车制动力。

3.简述荷载横向分布系数的概念。

4.影响车道荷载横向分布系数的主要因素有哪些？

5.现代大跨度桥梁主要指的是哪些桥型？

6.城市桥梁的特点是什么？

7.桥梁施工的主要方法有哪些？

第 8 部分　30m 预应力混凝土简支 T 形梁桥设计计算书

一、计算依据与基础资料

1. 标准及规范

1)标准

(1)跨径:标准跨径 30m;计算跨径 28.9m;预制 T 梁长 29.92m。

(2)设计荷载:公路—Ⅰ级。

(3)桥面宽度:分离式路基宽 24.5m,半幅桥全宽 12.0m[0.5m(护栏)+11.0m(行车道)+0.5m(护栏)=12.0m]。

(4)桥梁安全等级为一级,环境条件为Ⅱ类。

2)规范

(1)《公路工程技术标准》(JTG B01—2014),以下简称《标准》。

(2)《公路桥梁设计通用规范》(JTG D60—2004),以下简称《桥规》。

(3)《公路钢筋混凝土及预应力混凝土桥涵设计规范》(JTG D62—2004),以下简称《公桥规》。

3)参考资料

(1)《公路桥涵设计手册　梁桥　上册》(人民交通出版社,2004.3)。

(2)《桥梁工程》(汪莲,任伟新　主编)(合肥工业大学出版社,2011.12)。

(3)《结构设计原理》(叶见曙　主编)(人民交通出版社,2011.6)。

2. 主要材料

(1)混凝土:预制 T 梁及湿接缝采用 C50,现浇铺装层采用 C40,护栏采用 C30。

(2)预应力钢绞线:采用 $\phi^{S}15.2$mm,$f_{pk}=1\,860$MPa,$E_p=1.95\times10^5$MPa。

(3)普通钢筋:采用 HRB335,$f_{sk}=335$MPa,$E_s=2.0\times10^5$MPa。

3. 设计要点

(1)本计算中简支 T 梁按全预应力构件进行设计,桥面现浇层 80mm 的 C40 混凝土不参与截面组合作用。

(2)预应力钢束张拉控制应力值 $\sigma_{con}=0.75f_{pk}$。

(3)计算混凝土收缩、徐变引起的预应力损失时,传力锚固龄期为 7d。

(4)环境平均相对湿度 $RH=55\%$。

(5)温度梯度效应计算的温度基数:$T_1=14$℃,$T_2=5.5$℃。

二、横断面布置

1. 横断面布置图

桥梁横断面布置如图 8-1 所示。

2. 预制 T 梁截面尺寸

预制 T 梁截面尺寸如图 8-2 所示。边、中梁毛截面几何特性计算结果见表 8-1。

边、中梁毛截面几何特性表 表 8-1

(全截面)	边梁			中梁(2号梁)		
	毛截面面积 $A(m^2)$	抗弯惯性矩 $I(m^4)$	截面重心到翼缘距离 $y_x(m)$	毛截面面积 $A(m^2)$	抗弯惯性矩 $I(m^4)$	截面重心到翼缘距离 $y_x(m)$
支点几何特性	1.334 4	0.542 1	0.771 8	1.334 4	0.542 1	0.771 8
跨中几何特性	0.896 0	0.437 6	0.674 6	0.896 0	0.437 6	0.674 6
支点几何特性	1.278 4	0.514 0	0.802 1	1.222 4	0.483 4	0.835 2
跨中几何特性	0.840 0	0.416 4	0.714 2	0.784 0	0.392 1	0.759 5

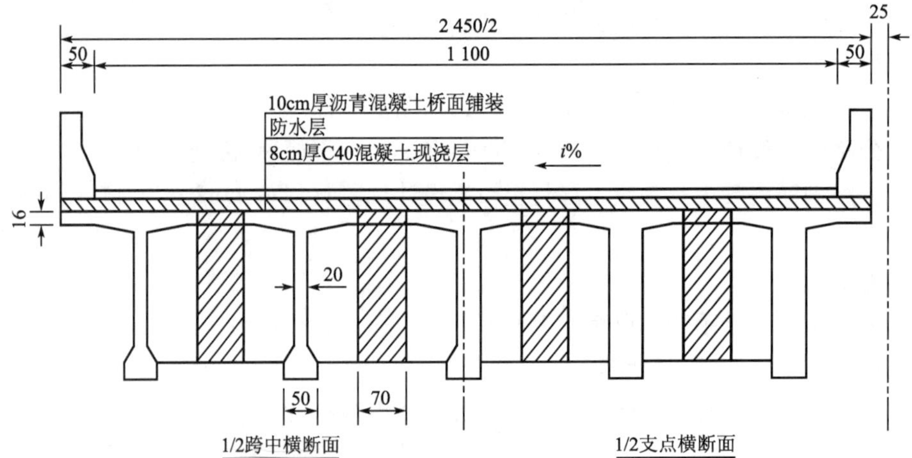

图 8-1 桥梁横断面布置图(尺寸单位:cm)

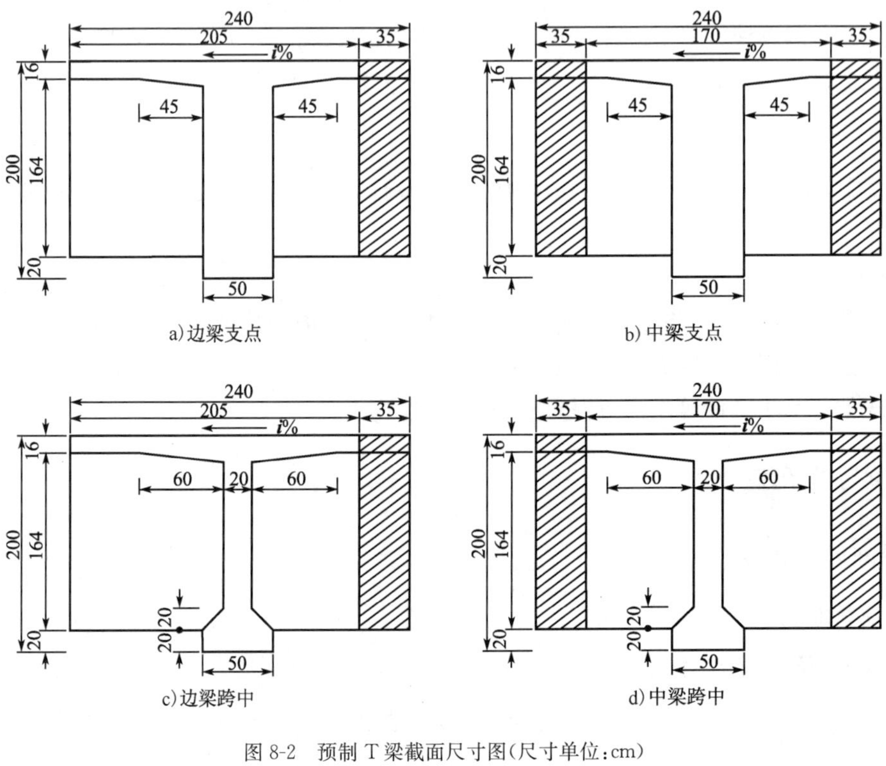

图 8-2 预制 T 梁截面尺寸图(尺寸单位:cm)

3. T 梁翼缘有效宽度计算

中梁：

$$B_{\mathrm{f}}^{1}=\min\begin{cases}L/3=9.633\mathrm{m}\\ S=2.4\mathrm{m}\\ b+6h_{\mathrm{h}}+12h_{\mathrm{f}}'=0.2+6\times0.09+12\times0.16=2.66(\mathrm{m})\end{cases}=2.4(\mathrm{m})$$

边梁：

$$B_{\mathrm{f}}^{2}=\min\begin{cases}B_{\mathrm{f}}^{1}/2+b/2+6\bar{h}_{\mathrm{f}}=1.2+0.1+6\times0.19=2.44(\mathrm{m})\\ B_{\mathrm{f}}^{1}/2+B_{\mathrm{f}}/2=2.4\mathrm{m}\end{cases}=2.4(\mathrm{m})$$

故按全部翼缘参与受力考虑。

三、汽车荷载横向分布系数、冲击系数的计算

1. 汽车荷载横向分布系数计算

1)车道折减系数

三车道的车道折减系数为 0.78；两车道的车道折减系数为 1.00。

2)跨中横向分布系数

本桥一跨沿横桥向布置 5 道横梁，汽车荷载横向分布系数按刚性横梁法计算。主梁刚度按 T 梁跨中截面考虑，抗弯惯性矩 $I=0.4376\mathrm{m}^4$，抗扭惯性矩 $I_{\mathrm{T}}=0.0130\mathrm{m}^4$。

任意主梁的影响系数为：

$$\eta_{ie}=\frac{I_i}{\sum_{i=1}^{n}I_i}\pm\beta\frac{ea_iI_i}{\sum_{i=1}^{n}a_i^2I_i}$$

式中，$\beta=\dfrac{1}{1+\dfrac{Gl^2\sum I_{\mathrm{T}i}}{12E\sum a_i^2I_i}}=0.9329$，求得影响线坐标值，见表 8-2。

影 响 线 坐 标 表 表 8-2

梁 位 编 号	影 响 线 坐 标				
	η_1	η_2	η_3	η_4	η_5
5-1	0.573 2	0.386 6	0.200 0	0.013 4	−0.173 2
5-2	0.386 6	0.293 3	0.200 0	0.106 7	0.013 4
5-3	0.200 0	0.200 0	0.200 0	0.200 0	0.200 0

求 1 号梁(边梁)、2 号梁、3 号梁汽车荷载横向分布系数：

根据影响线坐标，绘出 1 号、2 号、3 号梁的荷载横向分布影响线，在影响线上布置车道荷载(图 8-3)，再进行荷载横向分布系数计算。

按三车道布置，可得 1 号梁、2 号梁、3 号梁汽车荷载横向分布系数分别为 0.833 2、0.716 7 和 0.6。

按两车道布置，可得 1 号梁、2 号梁、3 号梁汽车荷载横向分布系数分别为 0.796 5、0.598 3 和 0.4。

考虑到按三车道布置时，活载效应需乘以车道折减系数 $\xi=0.78$，而按两车道布置时，活载效应需乘以车道折减系数 $\xi=1.0$，故按两车道布置时活载效应达最大值(边梁和 2 号梁达最大，3 号梁按三车道布置时最大，但小于按两车道布置时的 2 号梁)，计算中应按两车道考虑计算边梁与 2 号梁。

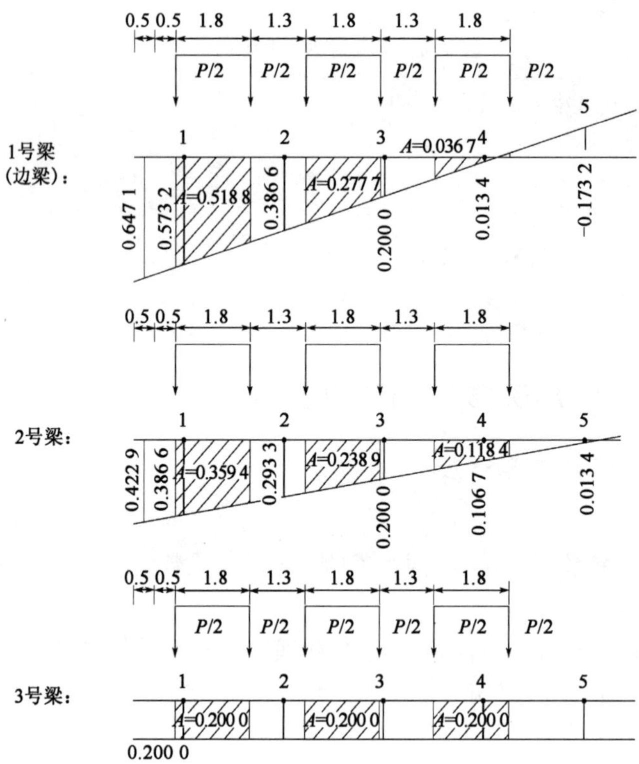

a）三车道布置

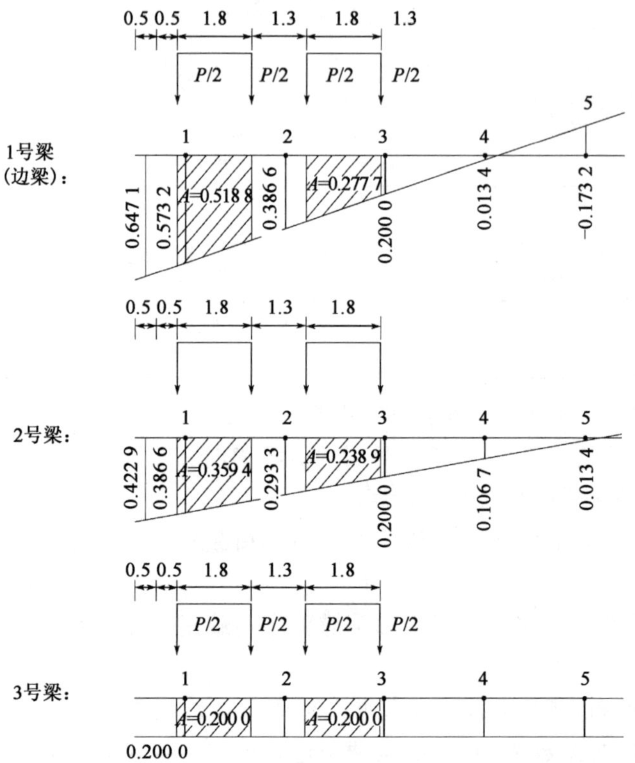

b）两车道布置

图 8-3　跨中荷载横向分布系数计算图

3）支点横向分布系数

按杠杆法分别计算边梁、2 号梁的荷载横向分布系数，见图 8-4。

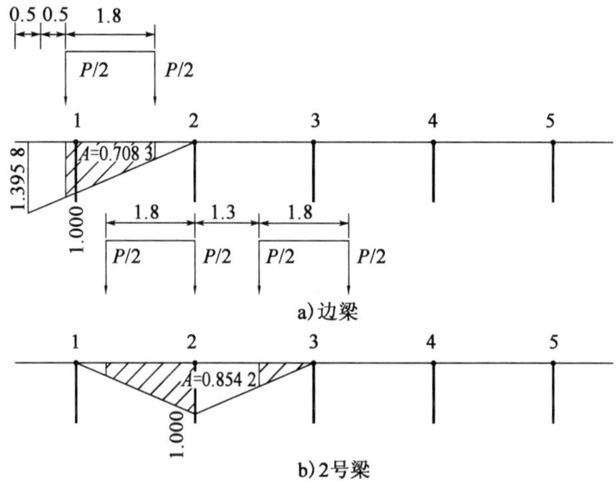

图 8-4 支点荷载横向分布系数计算图

支点荷载横向分布系数 $m_{支1}=0.7083$，$m_{支2}=0.8542$，$m_{支3}=0.8542$。

2. 汽车荷载冲击系数 μ 值计算

1）汽车荷载纵向整体冲击系数

简支梁结构基频计算见《桥规》条文说明式（4-3）：

$$f_1=\frac{\pi}{2l^2}\sqrt{\frac{E_cI_c}{m_c}}$$

C50 混凝土：

$$E_c=3.45\times10^4\text{MPa}=3.45\times10^{10}\text{N/m}^2$$

梁跨中处单位长度质量：

$$m_c=\frac{G}{g}$$

式中：G——跨中延米结构自重（N/m）；

g——重力加速度，取 $g=9.81\text{m/s}^2$。

∴
$$m_c=\frac{26\times10^3\times0.896}{9.81}=2.3747\times10^3(\text{kg/m})$$

$$f_1=\frac{\pi}{2\times28.9^2}\times\sqrt{\frac{3.45\times10^{10}\times0.4376}{2.3747\times10^3}}=4.742(\text{Hz})$$

按照《桥规》第 4.3.2 条 5 款，冲击系数 μ 可按下式计算。

当 $1.5\text{Hz}\leqslant f\leqslant14\text{Hz}$ 时：

$$\mu=0.1767\times\ln(f_1)-0.0157$$
$$=0.1767\times\ln(4.742)-0.0157=0.259$$

2）汽车荷载的局部加载的冲击系数

按《桥规》第 4.3.2 条 6 款要求，采用 $1+\mu=1.3$。

四、作用效应组合

1. 作用的标准值

1)永久作用标准值

(1)一期恒载 q_1(不包括湿接缝)

预制 T 梁重度取 $\gamma=26\text{kN/m}^3$。

半片横隔梁的重量:

$$F_h=\gamma V_h=26\times0.2257=5.869(\text{kN})$$

边梁:

$$\begin{cases}跨中:q_1=\gamma A_{边}=26\times0.8400=21.840(\text{kN/m})\\ 支点:q_2=\gamma A_{边}=26\times1.2784=33.238(\text{kN/m})\end{cases}$$

中梁:

$$\begin{cases}跨中:q_1=\gamma A_{中}=26\times0.7840=20.384(\text{kN/m})\\ 支点:q_2=\gamma A_{中}=26\times1.2224=31.782(\text{kN/m})\end{cases}$$

一期恒载沿梁长度方向作用标准值分布见图 8-5。

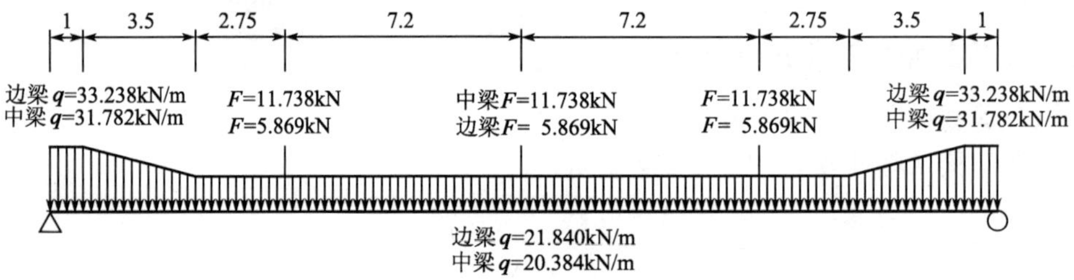

图 8-5 一期恒载作用标准值分布图(尺寸单位:m)

注:T 梁两端各 51cm 范围对跨中梁段受力有利,此处不考虑该部分的恒载作用。

(2)湿接缝重量 q_1'

半片横隔梁的重量:

$$F_h=\gamma V_h=26\times0.1091=2.836(\text{kN})$$

边梁:

$$\begin{cases}q_1'=\gamma A_{边}=26\times0.056=1.456(\text{kN/m})\\ F_h'=\gamma V_h=26\times0.1091=2.836(\text{kN})\end{cases}$$

中梁:

$$\begin{cases}q_1'=\gamma A_{边}=26\times0.112=2.912(\text{kN/m})\\ F_h'=\gamma V_h=26\times0.2182=5.672(\text{kN})\end{cases}$$

(3)二期恒载 q_2

①80mm 的 C40 混凝土重度取 $\gamma=26\text{kN/m}^3$。

②100mm 沥青混凝土铺装重度取 $\gamma=24\text{kN/m}^3$。

③0.5m 宽护栏(单侧)$q=5.7\text{kN/m}$,按单侧布置不利情况进行横向分配后分别计入边梁、2 号梁。

边梁:

$$q_3=0.08\times2.4\times26+0.1\times1.9\times24+5.7\times0.6471=13.240(\text{kN/m})$$

2 号梁:

$q_3=0.08\times2.4\times26+0.1\times2.4\times24+5.7\times0.4229=13.163(\text{kN/m})$

恒载作用效应标准值计算结果见表 8-3。

恒载效应标准值计算 表 8-3

截面	梁号	弯矩			剪力		
		M_{G1k} (kN·m)	$M_{G1k}+M'_{G1k}$ (kN·m)	M_{G2k} (kN·m)	V_{G1k} (kN)	$V_{G1k}+V'_{G1k}$ (kN)	V_{G2k} (kN)
跨中	边梁	2 414.003	2 607.065	1 382.273	—	—	—
	2 号梁	2 346.955	2 733.079	1 374.234	—	—	—
$L/4$	边梁	1 822.838	1 967.686	1 036.704	166.598	181.371	95.659
	2 号梁	1 772.658	2 062.354	1 030.675	164.881	194.429	95.103
支点	边梁	—	—	—	355.736	381.029	191.318
	2 号梁	—	—	—	343.500	394.087	190.205

2)汽车荷载效应标准值

(1)计算公路—Ⅰ级车道荷载。

《标准》第 7.0.3 条规定,公路—Ⅰ级车道荷载均布标准值为 $q_k=10.5\text{kN/m}$,集中荷载标准值:当计算跨径小于 5m 时,$P_k=270\text{kN}$;当计算跨径等于或大于 50m,$P_k=360\text{kN}$,见图 8-6。本例计算跨径为 28.9m,则:

$$P_k=270+90\times\frac{28.9-5}{50-5}=317.8(\text{kN})$$

计算剪力时

$$P_k=1.2\times317.8=381.36(\text{kN})$$

(2)计算跨中、$L/4$ 截面荷载效应标准值。

$$S_{Qk}=(1+\mu)\xi m(q_kA+P_ky)$$

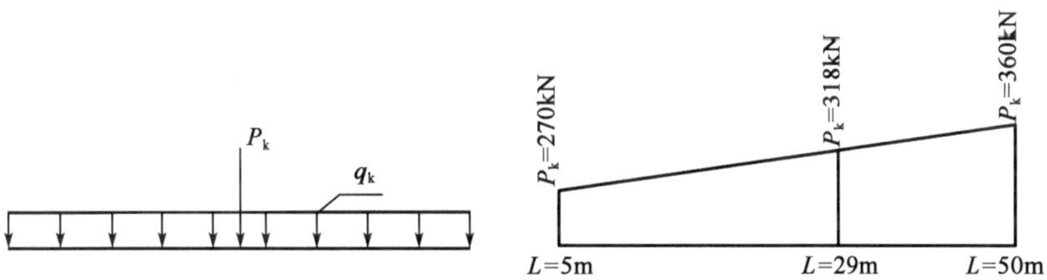

图 8-6 公路—Ⅰ级车道荷载计算图

两车道布载控制设计,横向折减系数 $\xi=1.0$,A 为内力影响线面积,y 为内力影响线竖标值。

(3)跨中、$L/4$ 及支点截面汽车荷载内力影响线见图 8-7。

(4)跨中、$L/4$ 及支点截面在公路—Ⅰ级荷载作用下产生的内力见表 8-4。

跨中、L/4、支点截面公路—Ⅰ级荷载产生的内力 表 8-4

截面	梁号	荷载横向分布系数 m	M_{Qk}				V_{Qk}			
			弯矩影响线		不计冲击力 $(1+\mu)=1$ M_{Qk}	计冲击力 $(1+\mu)=1.259$ M_{Qk}	剪力影响线		不计冲击力 $(1+\mu)=1$ V_{Qk}	计冲击力 $(1+\mu)=1.259$ V_{Qk}
			A (m^2)	Y (m)			A (m^2)	Y (m)		
跨中	边梁	0.796 5	104.40	7.225	3 401.78	3 096.03	3.613	0.50	182.09	229.25
	2 号梁	0.598 3			2 555.29	2 325.62			136.78	172.21

续上表

截面	梁号	荷载横向分布系数 m	M_{Qk} 弯矩影响线 A (m^2)	Y (m)	不计冲击力 $(1+\mu)=1$ M_{Qk}	计冲击力 $(1+\mu)=1.259$ M_{Qk}	V_{Qk} 剪力影响线 A (m^2)	Y (m)	不计冲击力 $(1+\mu)=1$ V_{Qk}	计冲击力 $(1+\mu)=1.259$ V_{Qk}
$L/4$	边梁	0.796 5	78.3	5.419	2 551.41	2 322.10	8.128	0.75	295.81	372.42
	2 号梁	0.598 3			1 916.53	1 744.27			222.32	279.90
支点	边梁	0.796 5					8.128	1.00	387.89	488.35
		0.708 3					6.334			
	2 号梁	0.598 3					8.128	1.00	425.46	535.66
		0.854 2					6.334			

注：支点附近采用图乘法计算。

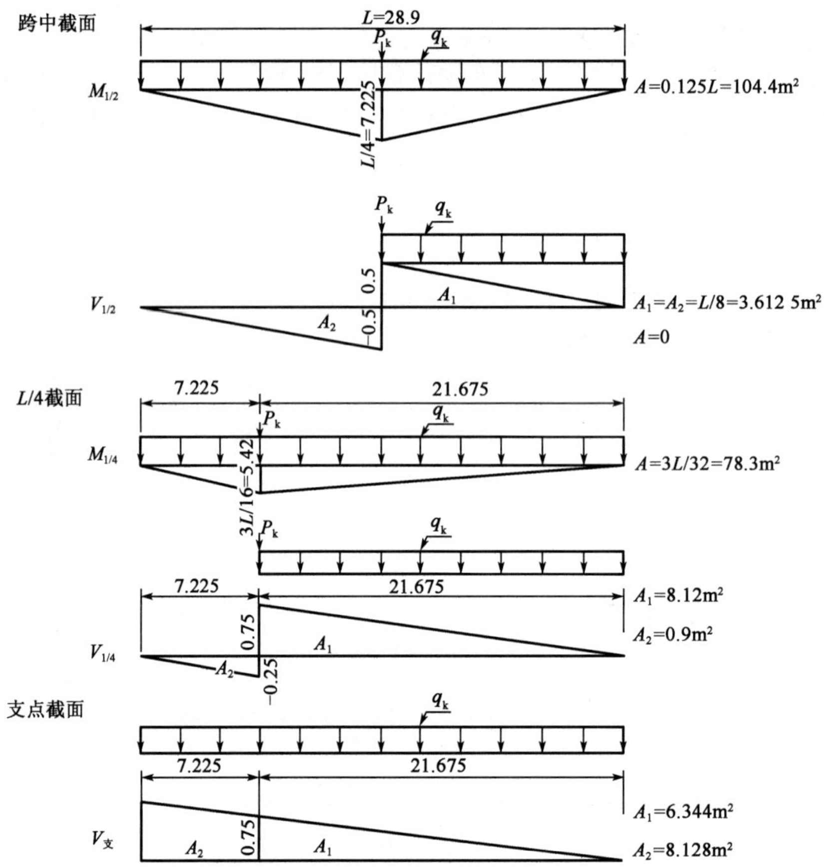

图 8-7 内力影响线

2. 作用效应组合

1）基本组合（用于结构承载能力极限状态设计）

作用效应基本组合见《桥规》式(4.1.6-1)：

$$\gamma_0 S_{ud} = \gamma_0 (\sum_{i=1}^{m} \gamma_{Gi} S_{Gik} + \gamma_{Q1} S_{Q1k} + \Psi_c \sum_{j=2}^{n} \gamma_{Qj} S_{Qjk})$$

(1)其中各分项系数的取值

γ_0 为结构重要性系数，$\gamma_0=1.1$。

γ_G 为结构自重分项系数，$\gamma_G=1.2$。

γ_{Q1} 为汽车荷载(含冲击力)的分项系数，$\gamma_{Q1}=1.4$。

(2)基本组合计算

永久作用的设计值与可变作用设计值组合见表 8-5、表 8-6。

永久作用的设计值与可变作用设计值组合表(边梁)　　表 8-5

梁号	作用分类	组合计算表达式	跨中		L/4		支点
			弯矩(kN·m)	剪力(kN)	弯矩(kN·m)	剪力(kN)	剪力(kN)
边梁	永久作用	一期恒载 $S_{G1k}+S_{G1'k}$	2 607.07	0.00	1 967.69	181.37	381.03
		二期恒载 S_{G2k}	1 382.27	0.00	1 036.70	95.66	191.32
		$\sum_{i=1}^{2}S_{Gik}$	3 989.34	0.00	3 004.39	277.03	572.35
		$\sum_{i=1}^{2}S_{Gid}=1.2\sum_{i=1}^{2}S_{Gik}$	4 787.21	0.00	3 605.27	332.44	686.82
	可变作用	S_{Q1k}(计冲击力)	3 401.78	229.25	2 551.42	372.42	488.35
		$S_{Q1d}=1.4S_{Q1k}$	4 762.49	320.95	3 571.99	521.39	683.69
		使用阶段 $S_{uk}=\sum_{i=1}^{2}S_{Gik}+S_{Q1k}$	7 391.12	229.25	5 555.81	649.45	1 060.7
		$\gamma_0 S_{ud}=\gamma_0(\sum_{i=1}^{2}S_{Gid}+S_{Q1d})$	10 504.67	353.05	7 894.98	939.21	1 507.56

永久作用的设计值与可变作用设计值组合表(2 号梁)　　表 8-6

梁号	作用分类	组合计算表达式	跨中		L/4		支点
			弯矩(kN·m)	剪力(kN)	弯矩(kN·m)	剪力(kN)	剪力(kN)
2号梁	永久作用	一期恒载 $S_{G1k}+S_{G1'k}$	2 733.08	0.00	2 062.35	194.43	394.09
		二期恒载 S_{G2k}	1 374.23	0.00	1 030.68	95.10	190.21
		$\sum_{i=1}^{2}S_{Gik}$	4 107.31	0.00	3 093.03	289.53	584.29
		$\sum_{i=1}^{2}S_{Gid}=1.2\sum_{i=1}^{2}S_{Gik}$	4 928.78	0.00	3 711.63	347.44	701.15
	可变作用	S_{Q1k}(计冲击力)	2 555.29	172.20	1 916.52	279.90	535.66
		$S_{Q1d}=1.4S_{Q1k}$	3 577.41	241.08	2 683.13	391.86	749.92
		使用阶段 $S_{uk}=\sum_{i=1}^{2}S_{Gik}+S_{Q1k}$	6 662.60	172.20	5 009.55	569.43	1 119.95
		$\gamma_0 S_{ud}=\gamma_0(\sum_{i=1}^{2}S_{Gid}+S_{Q1d})$	9 356.81	265.19	7 034.23	813.23	1 596.18

2)作用短期效应组合(用于正常使用极限状态设计)

永久荷载作用标准值效应与可变作用频遇值效应组合，其效应组合表达式见《桥规》式(4.1.7-1)：

$$S_{sd} = \sum_{i=1}^{m} S_{Gik} + \sum_{j=1}^{n} \psi_{1j} S_{Qjk}$$

式中：ψ_{1j}——可变作用效应的频遇值系数，汽车荷载作用下（汽车荷载不计冲击力）$\psi_{1j}=0.7$，温度梯度作用下 $\psi_{1j}=0.8$。

3）作用长期效应组合（用于正常使用极限状态设计）

永久作用标准值效应与可变作用准永久值效应相组合，其效应组合表达式见《桥规》式（4.1.7-2）：

$$S_{ld} = \sum_{i=1}^{2} S_{Gik} + \sum_{j=1}^{n} \psi_{2j} S_{Qjk}$$

式中：ψ_{2j}——第 j 个可变作用效应的准永久值系数，汽车荷载作用下（不计冲击力）$\psi_{2j}=0.4$，温度梯度作用下 $\psi_{2j}=0.8$；

S_{ld}——作用长期效应组合设计值。

作用短期和长期效应组合计算结果见表 8-7。

作用短期和长期效应组合计算　　表 8-7

	作用分类	组合计算表达式	跨中		L/4		支点
			弯矩（kN·m）	剪力（kN）	弯矩（kN·m）	剪力（kN）	剪力（kN）
边梁	永久作用	$\sum_{i=1}^{2} S_{Gik}$	3 989.34	0.00	3 004.39	277.03	572.35
	可变作用	S_{Q1k}（不计冲击力）	2 701.97	182.09	2 026.54	295.81	387.89
		温度梯度效应另计	—	—	—	—	—
		$\psi_1 S_{Q1k}=0.7S_{Q1k}$	1 891.38	127.46	1 418.58	207.07	271.52
		$\psi_2 S_{Q1k}=0.4S_{Q1k}$	1 080.79	72.84	810.62	118.32	155.16
	$S_{sd}=\sum_{i=1}^{2} S_{Gik}+0.7S_{Q1k}$		5 880.72	127.46	4 422.97	484.10	843.87
	$S_{ld}=\sum_{i=1}^{2} S_{Gik}+0.4S_{Q1k}$		5 070.13	72.84	3 815.01	395.35	727.51
2号梁	永久作用	$\sum_{i=1}^{2} S_{Gik}$	4 107.31	0	3 093.03	289.53	584.29
	可变作用	S_{Q1k}（不计冲击力）	2 029.62	136.78	1 522.26	222.32	425.46
		温度梯度效应另计	—	—	—	—	—
		$\psi_1 S_{Q1k}=0.7S_{Q1k}$	1 420.73	95.75	1 065.58	155.62	297.82
		$\psi_2 S_{Q1k}=0.4S_{Q1k}$	811.85	54.71	608.90	88.93	170.18
	$S_{sd}=\sum_{i=1}^{2} S_{Gik}+0.7S_{Q1k}$		5 528.04	95.75	4 158.61	445.15	882.11
	$S_{ld}=\sum_{i=1}^{2} S_{Gik}+0.4S_{Q1k}$		4 919.16	54.71	3 701.93	378.46	754.47

3. 截面预应力钢束估算及几何特性计算

1）全预应力混凝土受弯构件受拉区钢筋面积估算

（1）根据《公桥规》第 6.3 条，全预应力混凝土构件在作用（或荷载）短期效应组合下应符合《公桥规》式（6.3.1-1）：

$$\sigma_{st} - 0.85\sigma_{pc} \leqslant 0$$

式中：$\sigma_{st}=\dfrac{M_s}{I_0}y_0$；$\sigma_{pc}=\dfrac{N_p}{A_n}+\dfrac{N_pe_{pn}}{I_n}y_n=A_p\sigma_{pe}\left(\dfrac{1}{A_n}+\dfrac{y_n}{I_n}e_{pn}\right)$。

估算预应力钢筋时，近似取毛截面积 A、抗弯惯性矩 I、y_p 分别代替公式中的 A_n、I_n、e_{pn}。y_n 为截面重心轴到截面受拉边缘（梁底）的距离，用 $y_u=(h-y_x)$ 代替；σ_{pe} 为受拉区钢筋合力点的预应力钢筋的应力，取控制应力的 70%计：

$$\sigma_{pe}=0.7\times0.75\times1\ 860=976.5(\text{MPa})$$

近似取 $e_{pn}=y_p=y_u-a_p$，并令 $\sigma_{st}-0.85\sigma_{pc}=0$，则：

$$A_p=\frac{M_sy_u}{0.85\sigma_{pe}(r^2+y_py_u)}$$

式中：r——截面的回转半径，$r^2=\dfrac{I}{A}$。

（2）若混凝土受压区高度 x 位于截面翼缘板内，按《公桥规》第 5.2.2 条式（5.2.2-1）：

$$\gamma_0M_d\leqslant f_{cd}bx\left(h_0-\frac{x}{2}\right)$$

令 $x=h_0-\sqrt{h_0^2-\dfrac{2\gamma_0M_d}{f_{cd}b}}$，有：

$$A_s=\frac{f_{cd}bx-f_{pd}A_P}{f_{sd}}$$

式中：b——截面顶宽；

h_0——截面有效高度，此处近似取 $h_0=h-h_p=1\ 838\text{mm}$；

a_p——预应力钢筋合力中心到底板的距离，$a_p=162\text{mm}$。

C50 混凝土：$f_{cd}=22.4\text{MPa}$；HBR335 钢筋：$f_{sd}=280\text{MPa}$；

钢绞线：$f_{pd}=1\ 260\text{MPa}$，单根 $\phi^S_{15.2}$ 截面面积 $A_{p1}=139\text{mm}^2$。

预应力钢筋、普通钢筋面积估算结果见表 8-8。梁内截面配筋计算结果见表 8-9。主梁布束情况见图 8-8。

预应力钢筋、普通钢筋面积估算表 表 8-8

	估算公式	边　梁	2 号梁
持久状况正常使用极限状态	$A_p=\dfrac{M_sy_u}{0.85\sigma_{pe}(r^2+y_py_u)}$ $\sigma_{pe}=976.5\text{MPa}$ $h_0=1\ 838\text{mm}$ $a_p=162\text{mm}$	$M_s=5\ 880.72\text{kN}\cdot\text{m}$ $I=4.164\times10^{11}\text{mm}^4$ $A=840\ 000\text{mm}^2$；$y_x=714\text{mm}$ $y_u=2\ 000-714=1\ 286(\text{mm})$ $e_{pn}=y_p=1\ 124\text{mm}$；$r^2=495\ 714\text{mm}^2$ $A_p=\dfrac{5\ 880.72\times10^6\times1\ 286}{0.85\times976.5\times(495\ 714+1\ 286\times1\ 124)}$ $=4\ 694(\text{mm}^2)$ 取 34 束 $\phi^S_{15.2}$，则 $A_p=4\ 726\text{mm}^2$ 需要配钢束 34$\phi^S_{15.2}$根	$M_s=5\ 528.04\text{kN}\cdot\text{m}$ $I=3.921\times10^{11}\text{mm}^4$ $A=784\ 000\text{mm}^2$；$y_x=760\text{mm}$ $y_u=2\ 000-760=1\ 240(\text{mm})$ $e_{pn}=y_p=1\ 078\text{mm}$；$r^2=500\ 128\text{mm}^2$ $A_p=\dfrac{5\ 528.04\times10^6\times1\ 286}{0.85\times976.5\times(495\ 714+1\ 286\times1\ 124)}$ $=4\ 496(\text{mm}^2)$ 取 33 束 $\phi^S_{15.2}$，则 $A_p=4\ 587\text{mm}^2$ 需要配钢束 33$\phi^S_{15.2}$根
持久状况承载能力极限状态	$x=h_0-\sqrt{h_0^2-\dfrac{2\gamma_0M_d}{f_{cd}b}}$ $A_s=\dfrac{f_{cd}bx-f_{pd}A_p}{f_{sd}}$ $f_{pd}=1\ 260\text{MPa}$ $f_{sd}=280\text{MPa}$ $f_{cd}=22.4\text{MPa}$	$\gamma_0M_d=1\ 050\ 467\text{kN}\cdot\text{m}$；$b=2\ 050\text{mm}$ $x=1\ 838-\sqrt{1\ 838^2-\dfrac{2\times10\ 504.67\times10^6}{22.4\times2\ 050}}$ $=129.0(\text{mm})$ $A_s=\dfrac{22.4\times2\ 050\times129.0-1\ 260\times4\ 726}{280}$ $=-111(\text{mm})$ 无需配置受拉普通钢筋	$\gamma_0M_d=935\ 681\text{kN}\cdot\text{m}$；$b=1\ 700\text{mm}$ $x=1\ 838-\sqrt{1\ 838^2-\dfrac{2\times9\ 356.81\times10^6}{22.4\times2\ 050}}$ $=138.9(\text{mm})$ $A_s=\dfrac{22.4\times2\ 050\times138.9-1\ 260\times4\ 587}{280}$ $=-1\ 751.1(\text{mm})$ 无需配置受拉普通钢筋

梁内截面配筋 表 8-9

梁号	a_p (mm)	跨中		L/4		支点	
		A_p (mm^2)	h_0 (mm)	A_p (mm^2)	h_0 (mm)	A_p (mm^2)	h_0 (mm)
边梁	L/2:162 L/4:289 L:964	$34\phi^{S}_{15.2}$ 4 726	1 838	$34\phi^{S}_{15.2}$ 4 726	1 711	$34\phi^{S}_{15.2}$ 4 726	1 036
2 号梁	L/2:162 L/4:289 L:964	$33\phi^{S}_{15.2}$ 4 587	1 838	$33\phi^{S}_{15.2}$ 4 587	1 711	$33\phi^{S}_{15.2}$ 4 587	1 036

注：A_p-受拉区预应力钢筋截面面积；a_p-受拉区预应力钢筋合力点到受拉边缘的距离；h_0-截面有效高度，$h_0=h-a_p$。

2)截面几何特性计算

梁的截面几何特性计算结果见表 8-10。截面特征示意见图 8-9。

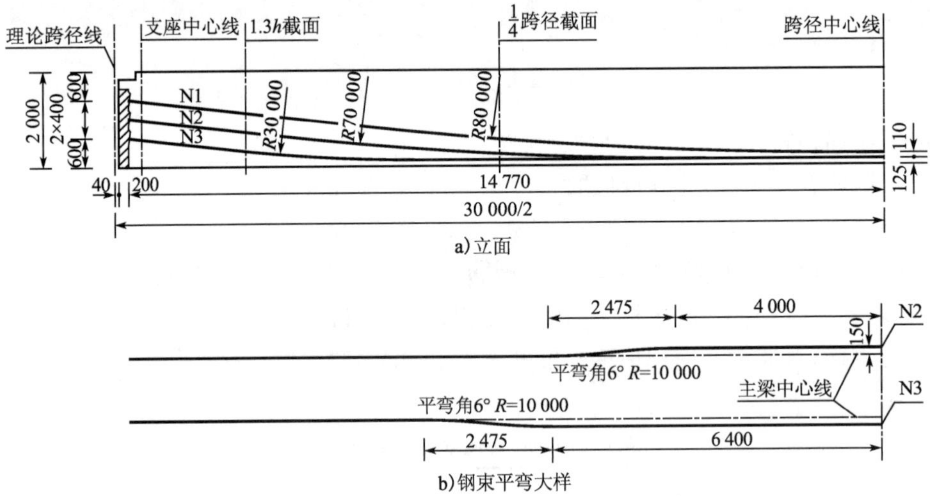

图 8-8 布束简图(尺寸单位:cm)

截面几何特性 表 8-10

梁号	截面	翼缘计算宽度 (mm)	换算截面(全部)				面积矩		
			A_0 (m^2)	I_0 (m^4)	y_{0x} (m)	y_p (m)	$S_{0a\text{-}a}$ (m^3)	$S_{0b\text{-}b}$ (m^3)	$S_{0c\text{-}c}$ (m^3)
边梁	跨中	2 400	0.899 8	0.442 7	0.679 5	1.158 9	0.198 8	0.283 6	0.265 1
	L/4		0.899 8	0.441 8	0.678 9	1.032 8	0.197 5	0.283 3	0.264 9
	支点		1.338 2	0.542 8	0.772 5	0.264 2	—	0.377 7	0.303 4
	1.3h		1.079 5	0.479 7	0.721 8	0.630 4	0.166 3	0.325 2	0.283 3
2 号梁	跨中	2 400	0.897 4	0.439 5	0.676 4	1.161 9	0.196 6	0.281 9	0.263 8
	L/4		0.897 4	0.439 2	0.676 2	1.035 5	0.196 1	0.281 8	0.263 7
	支点		1.335 8	0.542 4	0.772 1	0.264 7	—	0.377 3	0.303 2
	1.3h		1.077 1	0.478 5	0.720 4	0.631 8	0.166 5	0.324 3	0.282 6

续上表

梁号	截面	翼缘计算宽度(mm)	净截面(全部)				面积矩		
			A_n (m^2)	I_n (m^4)	y_{nx} (m)	y_p (m)	$S_{na\text{-}a}$ (m^3)	$S_{nb\text{-}b}$ (m^3)	$S_{nc\text{-}c}$ (m^3)
边梁	跨中	2 400	0.873 8	0.406 8	0.645 1	1.193 3	0.173 9	0.265 1	0.249 5
	$L/4$		0.873 8	0.412 5	0.648 3	1.063 4	0.182 3	0.266 8	0.250 9
	支点		1.312 2	0.538 2	0.767 3	0.269 4	—	0.372 9	0.301 0
	1.3h		1.053 5	0.466 4	0.706 3	0.645 9	0.168 6	0.315 5	0.276 2
2 号梁	跨中	2 400	0.873 8	0.406 8	0.645 1	1.193 3	0.173 9	0.265 1	0.249 5
	$L/4$		0.873 8	0.412 5	0.648 3	1.063 4	0.182 3	0.266 8	0.250 9
	支点		1.312 2	0.538 2	0.767 3	0.269 4	—	0.372 9	0.301 0
	1.3h		1.053 5	0.466 4	0.706 3	0.645 9	0.168 6	0.315 5	0.276 2

梁号	截面	翼缘计算宽度(mm)	换算截面(不计翼缘湿接缝)				面积矩		
			A_0 (m^2)	I_0 (m^4)	y_{0x} (m)	y_p (m)	$S_{0a\text{-}a}$ (m^3)	$S_{0b\text{-}b}$ (m^3)	$S_{0c\text{-}c}$ (m^3)
边梁	跨中	2 050	0.843 8	0.421 1	0.719 2	1.119 1	0.191 9	0.269 5	0.247 5
	$L/4$		0.843 8	0.420 2	0.718 7	0.993 1	0.190 0	0.269 2	0.247 3
	支点		1.282 2	0.514 6	0.802 8	0.234 0	—	0.359 5	0.276 5
	1.3h		1.023 5	0.455 3	0.756 9	0.595 3	0.154 0	0.309 6	0.261 3
2 号梁	跨中	1 700	0.785 4	0.393 8	0.761 5	1.076 9	0.182 1	0.252 4	0.226 2
	$L/4$		0.785 4	0.393 4	0.761 2	0.950 5	0.180 9	0.252 3	0.226 2
	支点		1.223 8	0.483 6	0.835 4	0.201 4		0.339 4	0.246 9
	1.3h		0.965 1	0.427 0	0.794 7	0.557 5	0.148 7	0.291 9	0.236 3

梁号	截面	翼缘计算宽度(mm)	净截面(不计翼缘湿接缝)				面积矩		
			A_n (m^2)	I_n (m^4)	y_{nx} (m)	y_p (m)	$S_{na\text{-}a}$ (m^3)	$S_{nb\text{-}b}$ (m^3)	$S_{nc\text{-}c}$ (m^3)
边梁	跨中	2 050	0.817 8	0.387 5	0.683 8	1.154 6	0.168 2	0.252 1	0.233 3
	$L/4$		0.817 8	0.399 2	0.681 7	1.030 0	0.176 5	0.251 1	0.232 5
	支点		1.256 2	0.517 5	0.794 4	0.242 4	—	0.353 5	0.273 2
	1.3h		0.997 5	0.449 8	0.737 0	0.615 2	0.156 8	0.298 0	0.253 3
2 号梁	跨中	1 700	0.761 8	0.365 5	0.728 1	1.110 2	0.161 6	0.237 6	0.214 8
	$L/4$		0.761 8	0.370 8	0.731 8	0.979 9	0.168 7	0.239 3	0.216 0
	支点		1.200 2	0.480 1	0.831 5	0.205 3	—	0.336 8	0.245 6
	1.3h		0.941 5	0.417 1	0.780 8	0.571 4	0.150 7	0.284 4	0.231 5

注：y_{0x}-换算截面重心轴到梁顶面距离；y_p-预应力钢筋重心到截面重心的距离；A_0，I_0，S_0-换算截面面积、抗弯惯性矩和面积矩；A_n，I_n，S_n-净截面的面积、抗弯惯性矩和面积矩。

对应 $S_{0a\text{-}a}$ 的腹板厚度 b＝0.2m(0.5m)，对应 $S_{0b\text{-}b}$ 为 b＝0.2m(0.5m)，对应 $S_{0c\text{-}c}$ 为 b＝0.2m(0.5m)，括号外数字指跨中截面及 $L/4$ 截面处的腹板厚度，括号内数字指支点截面处的腹板厚度。

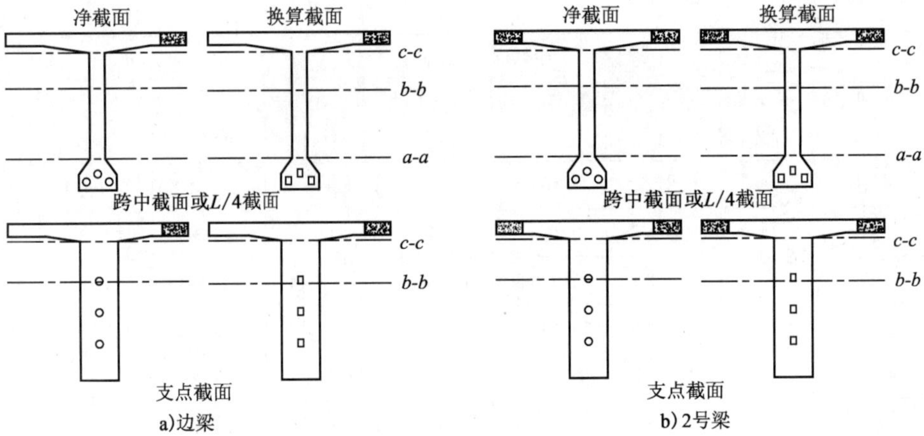

图 8-9　截面特征示意图

五、持久状态承载能力极限状态计算

1. 正截面抗弯承载能力

荷载基本组合表达式见《桥规》式(4.1.6-1)：

$$\gamma_0 M_{sd} = \gamma_0 (\sum_{i=1}^{n} \gamma_{Gi} M_{Gik} + \gamma_{Q1} M_{Q1k})$$

当受压区高度位于翼缘内其正截面抗弯承载力应符合《公桥规》式(5.2.2-1)和《公桥规》式(5.2.2-2)时：

$$\gamma_0 M_d \leqslant M_{ud} = f_{cd} b x \left(h_0 - \frac{x}{2}\right)$$

$$x = \frac{f_{sd} A_s + f_{pd} A_p}{f_{cd} b}$$

$$x \leqslant \xi_b h_0 = 0.4 h_0$$

钢筋采用钢绞线，混凝土强度等级为 C50，查《公桥规》表 5.2.1，得相对界限受压区高度 $\xi_b = 0.4$。截面极限承载能力计算结果见表 8-11。

截面极限承载能力计算　　表 8-11

梁号	截面	$\gamma_0 M_d$ (kN·m)	A_p (mm²)	h_0 (mm)	b (mm)	$x=\frac{f_{pd}A_p}{f_{cd}b}$ (mm)	$M_{ud}=f_{cd}bx\left(h_0-\frac{x}{2}\right)$ (kN·m)	$\gamma_0 M_d \leqslant M_{ud}$
边梁	$L/2$	10 504.67	4 726	1 838.33	2 050	129.68	10 560.72	满足
	$L/4$	7 894.99	4 726	1 711.73	2 050	129.68	9 806.84	满足
2 号梁	$L/2$	9 356.81	4 587	1 838.33	1 700	151.78	10 186.25	满足
	$L/4$	7 034.24	4 587	1 711.73	1 700	151.78	9 454.55	满足

注：表中 x 值小于翼缘厚度 160mm，符合假定。

2. 斜截面抗剪承载力验算

1)验算受弯构件抗剪截面尺寸是否需进行抗剪强度计算

计算受弯构件斜截面抗剪承载力时，其计算位置按《公桥规》第 5.2.6 条规定，采用距支座中心 $0.5h$ 截面位置，斜截面水平投影长度 $C=0.6mh_0$，经试算，斜截面受压端正截面取距支点 $1.3h$ 位置处的剪力组合设计值 V_d 和相应的弯矩组合设计值 M_d。内力影响线计算见图 8-10。

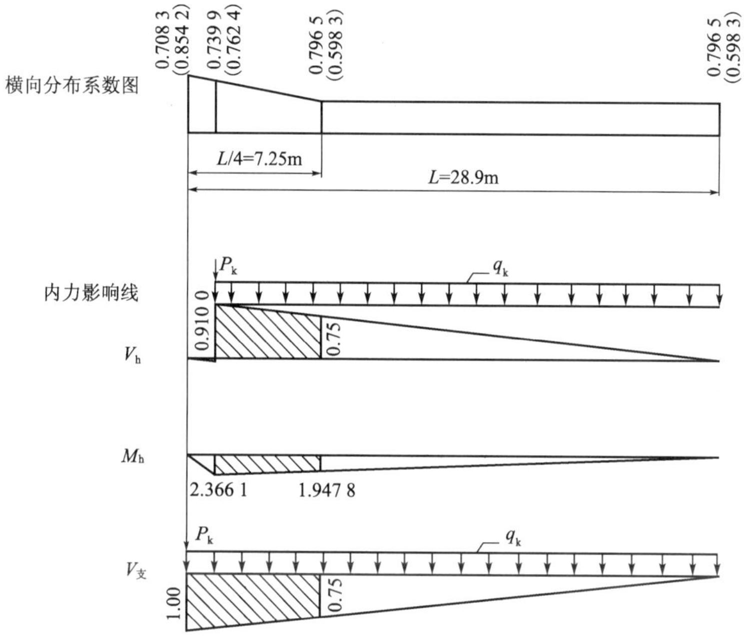

图 8-10　距支点 $1.3h$ 截面汽车荷载内力影响线

注：括号外、内数字分别用于边梁、2 号梁。

距支点 $1.3h$ 截面由公路—Ⅰ级荷载产生的内力：

(1)剪力标准值

$$V_{Qk}=(1+\mu)\left(\sum_{i=1}^{2}\xi m_i A_i q_k+1.2\xi m_i y_i P_k\right)$$

式中：m_i——横向分布系数；

A_i、y_i——内力影响线面积和影响线竖标值；

q_k、P_k——$q_k=10.5\text{kN/m}$，$P_k=317.8\text{kN}$。

剪力标准值计算结果见表 8-12。

剪力标准值计算　　表 8-12

梁　号	$\xi m_1 A_1 q_k$(kN)	$\xi m_2 A_2 q_k$(kN)	$1.2\xi m_i y_i P_k$(kN)	V_{Qk}(kN)	
				不计冲击力 $(1+\mu=1)$	计冲击力 $(1+\mu=1.259)$
边梁	31.10	67.90	256.78	355.78	447.92
2 号梁	27.68	51.00	264.58	342.68	431.43

(2)弯矩标准值

$$M_{Qk}=(1+\mu)\left(\sum_{i=1}^{2}\xi m_i A_i q_k+\xi m_i y_i P_k\right)$$

弯矩标准值计算结果见表 8-13。

弯矩标准值计算 表 8-13

梁号	$\xi m_1 A_1 q_k$(kN)	$\xi m_2 A_2 q_k$(kN)	$\xi m_i y_i P_k$(kN)	M_{Qk}(kN·m)	
				不计冲击力($1+\mu=1$)	计冲击力($1+\mu=1.259$)
边梁	104.02	176.33	556.38	836.73	1 053.44
2 号梁	98.53	132.46	573.31	804.30	1 012.61

(3)距支点 1.3h 截面荷载效应组合计算

距支点 1.3h 截面荷载效应组合计算结果见表 8-14。

距支点 1.3h 截面荷载效应组合 表 8-14

梁号		边梁		2 号梁	
作用分类	组合计算表达式	弯矩(kN·m)	剪力(kN)	弯矩(kN·m)	剪力(kN)
永久作用	一期恒载 S_{G1k}	815.21	274.27	788.32	265.82
	一期恒载 $S_{G1k}+S_{G1'k}$	876.05	295.77	910.00	308.83
	二期恒载 S_{G2k}	452.68	156.89	450.04	155.98
可变作用	S_{Qk}(不计冲击力)	836.73	355.78	804.30	342.68
	S_{Qk}(计冲击力)	1 053.44	447.92	1 012.61	431.43
$S_{uk}=\sum_{i=1}^{2}S_{Gik}+S_{Qk}$(计冲击力)		2 382.17	900.58	2 372.65	896.24
$\gamma_0 S_{ud}=1.1(1.2\sum_{i=1}^{2}S_{Gik}+1.4S_{Qk})$(计冲击力)		3 376.22	1 287.31	3 354.67	1 277.95
$S_{sd}=\sum_{i=1}^{2}S_{Gik}+0.7S_{Qk}$(不计冲击力)		1 914.44	701.71	1 923.05	704.69
$S_{ld}=\sum_{i=1}^{2}S_{Gik}+0.4S_{Qk}$(不计冲击力)		1 663.42	594.97	1 681.76	601.88

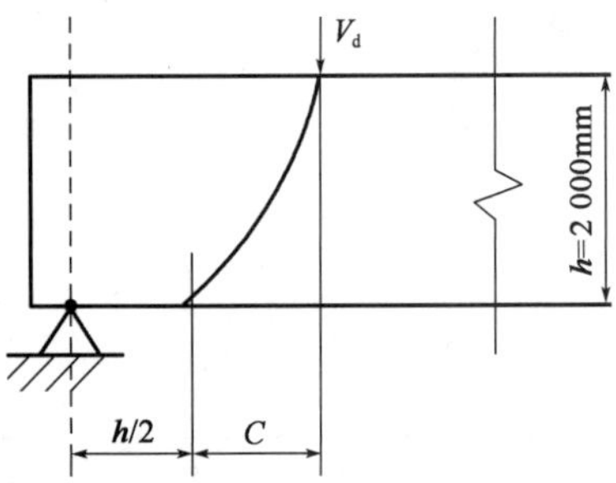

图 8-11 剪跨比

(4)剪跨比(图 8-11)

边梁:

$$C=0.6mh_0=0.6\times\frac{M_d}{V_d h_0}\times h_0$$
$$=0.6\times2.6227=1.5736$$

2 号梁:

$$C=0.6mh_0=0.6\times\frac{M_d}{V_d h_0}\times h_0$$
$$=0.6\times2.6250=1.5750$$

斜截面顶点距支座中心位置 $C+\frac{h}{2}=1.5736+\frac{2.0}{2}=2.5736\approx1.3h$,符合假定。

受弯构件抗剪截面应符合《公桥规》第 5.2.9 条要求:

$$\gamma_0 V_d\leqslant V_R=0.51\times10^{-3}\sqrt{f_{cu,k}}bh_0$$

式中,C50 混凝土,$f_{cu,k}$=50MPa,b 取腹板宽 362mm,h_0=1 352mm。

$V_R=0.51\times10^{-3}\times\sqrt{50}\times362\times1352=1764.9$(kN)>1 277.95kN,满足规范要求。

《公桥规》第5.2.10条，当 $\gamma_0 V_d \leqslant 0.5\times10^{-3}\alpha_2 f_{td} bh_0$ 时，可不进行抗剪承载力计算，箍筋按构造配筋。其中，C50混凝土，$f_{td}=1.83\text{MPa}$，预应力提高系数 $\alpha_2=1.0$。

$V_R=0.5\times10^{-3}\times1.0\times1.83\times362\times1\,352=447.8(\text{kN})$，小于表8-14 $\gamma_0 V_d$ 值，箍筋需计算设置，并进行斜截面抗剪承载力验算。

2)箍筋设置

由于本T梁采用后张法预应力结构，有预应力弯起钢筋，其斜截面抗剪由混凝土、箍筋和预应力弯起钢筋共同承担，见《公桥规》式(5.2.7-1)、式(5.2.7-2)：

$$\gamma_0 V_d \leqslant V_{cs}+V_{pb}$$

$$V_{cs}=\alpha_1\alpha_2\alpha_3\times0.45\times10^{-3}\cdot b\cdot h_0\sqrt{(2+0.6P)\sqrt{f_{cu,k}}\cdot\rho_{sv}\cdot f_{sv}}$$

式中：α_1——异号弯矩影响系数，取 $\alpha_1=1.0$；

α_2——预应力混凝土受弯构件的预应力提高系数，取 $\alpha_2=1.25$；

α_3——受压翼缘的影响系数，取 $\alpha_3=1.1$；

P——斜截面内纵向钢筋的配筋百分率，$P=100(A_p+A_s)/bh_0$；

预制T梁端配33根 $\phi^{S}_{15.2}$，$A_p=4\,587\text{mm}^2$，则：

$$P_{L/4}=100\times\frac{A_{pd}+A_s}{b\cdot h_0}\approx100\times\frac{4\,587}{200\times1\,711}=1.340$$

$$P_{4.5m}=100\times\frac{A_{pd}+A_s}{b\cdot h_0}\approx100\times\frac{4\,587}{200\times1\,515}=1.514$$

$$P_{h/2}=100\times\frac{A_{pd}+A_s}{b\cdot h_0}\approx100\times\frac{4\,587}{500\times1\,122}=0.818$$

ρ_{sv}——斜面内箍筋含筋率：

$$\rho_{sv}=\frac{A_{sv}}{s_v b}$$

箍筋采用HRB335 Φ 12双肢，$A_{sv}=2\times113=226\text{mm}^2$，$f_{sv}=280\text{MPa}$。

箍筋间距：$S_v=\dfrac{\alpha_1^2\alpha_3^2\times0.2\times10^{-6}(2+0.6P)\sqrt{f_{cu,k}}\cdot A_{sv}f_{sv}\cdot bh_0^2}{(\gamma_0 V_d)^2}$，见表8-15。

箍筋间距计算 表8-15

梁号	距支点 $h/2$				距支点4.5m(腹板宽度变化处)				$L/4$			
	$\gamma_0 V_d$ (kN)	b (mm)	h_0 (mm)	S_v (mm)	$\gamma_0 V_d$ (kN)	b (mm)	h_0 (mm)	S_v (mm)	$\gamma_0 V_d$ (kN)	b (mm)	h_0 (mm)	S_v (mm)
边梁	1 420.97	500	1 122	84.1	1 139.87	200	1 515	111.3	939.2	200	1 712	201.8
2号梁	1 468.87	500	1 122	78.7	1 075.21	200	1 515	125.1	813.2	200	1 712	269.1

注：距支点 $h/2$ 与距支点4.5m截面处剪力计算方法同1.3h截面处剪力计算。

根据《公桥规》第9.3.13条要求，箍筋间距不大于梁高的1/2且不大于400mm，箍筋含筋率HRB335 $\rho_{sv}\geqslant0.12\%$，在支座中心向跨径方向长不小于1倍梁高，箍筋间距不宜大于100mm。实际上，从梁端到 $L/4$ 截面，箍筋间距取 $V_s=80\text{mm}$，余为 $V_s=200\text{mm}$。

当受弯构件的纵向钢筋和箍筋符合《公桥规》第9.3.13条的要求，根据《公桥规》第5.2.11条规定，可不进行斜截面抗弯承载力计算。

3)斜截面抗剪承载力验算

验算距支点 $h/2$ 处、距支点4.5m处和 $L/4$ 跨径处的斜截面抗剪承载力：

(1) $h/2$ 处

$$V_{pb} = 0.75 \times 10^{-3} f_{pd} \sum A_{pb} \sin\theta_p = 480.2(\text{kN})$$

$$\begin{aligned} V_{cs} &= \alpha_1\alpha_2\alpha_3 \times 0.45 \times 10^{-3} \cdot b \cdot h_0 = \sqrt{(2+0.6\times P)\ \sqrt{f_{cu,k}} \cdot \rho_{sv} \cdot f_{sv}} \\ &= 1.0 \times 1.25 \times 1.1 \times 0.45 \times 10^{-3} \times 500 \times 1\,122 \times \\ &\quad \sqrt{(2+0.6\times 0.818) \times \sqrt{50} \times 0.005\,65 \times 280} \\ &= 1\,832.29(\text{kN}) \end{aligned}$$

故：

$$V_{pb}+V_{cs}=2\,312.49\text{kN}>\gamma_0 V_{ud}=\begin{cases}1\,420.97\text{kN}\\1\,468.87\text{kN}\end{cases}$$

(2)4.5m 处

$$V_{pb} = 0.75 \times 10^{-3} f_{pd} \sum A_{pb} \sin\theta_p = 350.6\text{kN}$$

$$\begin{aligned} V_{cs} &= \alpha_1\alpha_2\alpha_3 \times 0.45 \times 10^{-3} \cdot b \cdot h_0 = \sqrt{(2+0.6\times P)\ \sqrt{f_{cu,k}} \cdot \rho_{sv} \cdot f_{sv}} \\ &= 1.0 \times 1.25 \times 1.1 \times 0.45 \times 10^{-3} \times 200 \times 1\,515 \times \\ &\quad \sqrt{(2+0.6\times 1.514) \times \sqrt{50} \times 0.014\,13 \times 280} \\ &= 1\,691.1(\text{kN}) \end{aligned}$$

故：

$$V_{pb}+V_{cs}=2\,041.7\text{kN}>\gamma_0 V_{ud}=\begin{cases}1\,139.87\text{kN}\\1\,075.21\text{kN}\end{cases}$$

(3)$L/4$ 处

$$V_{pb} = 0.75 \times 10^{-3} f_{pd} \sum A_{pb} \sin\theta_p = 183.1\text{kN}$$

$$\begin{aligned} V_{cs} &= \alpha_1\alpha_2\alpha_3 \times 0.45 \times 10^{-3} \cdot b \cdot h_0 = \sqrt{(2+0.6\times P)\ \sqrt{f_{cu,k}} \cdot \rho_{sv} \cdot f_{sv}} \\ &= 1.0 \times 1.25 \times 1.1 \times 0.45 \times 10^{-3} \times 200 \times 1\,712 \times \\ &\quad \sqrt{(2+0.6\times 1.340) \times \sqrt{50} \times 0.005\,65 \times 280} \\ &= 1\,186.54(\text{kN}) \end{aligned}$$

故：

$$V_{pb}+V_{cs}=1\,369.64\text{kN}>\gamma_0 V_{ud}=\begin{cases}939.2\text{kN}\\813.2\text{kN}\end{cases}$$

由计算可知，斜截面抗剪承载力满足要求。

六、持久状况正常使用极限状态计算

1. 预应力钢束应力损失计算

1)张拉控制应力

按《公桥规》第 6.1.3 条，采用钢绞线的张拉控制值：

$$\sigma_{con} = 0.75 f_{pk} = 0.75 \times 1\,860 = 1\,395(\text{MPa})$$

2)各项预应力损失

(1)预应力钢筋与管道壁之间的摩擦产生的应力损失(表 8-16)

后张法预应力计算公式为：

$$\sigma_{l1} = \sigma_{con}\left[1 - e^{-(\mu\theta+kx)}\right]$$

第一项预应力损失计算 表 8-16

位置＼项目	束号	σ_{con} (MPa)	μ	k	θ (rad)	x (m)	σ_{l1} (MPa)	平均 (MPa)
$L/2$	N1	1 395	0.250 0	0.001 5	0.122 2	14.752	71.575	116.583
	N2	1 395	0.250 0	0.001 5	0.331 6	14.752	139.086	
	N3	1 395	0.250 0	0.001 5	0.331 6	14.752	139.086	
$L/4$	N1	1 395	0.250 0	0.001 5	0.036 7	7.552	28.313	57.850
	N2	1 395	0.250 0	0.001 5	0.068 1	7.552	38.990	
	N3	1 395	0.250 0	0.001 5	0.271 6	7.552	106.248	
1.3h	N1	1 395	0.250 0	0.001 5	0.000 0	2.902	6.059	9.365
	N2	1 395	0.250 0	0.001 5	0.000 0	2.902	6.059	
	N3	1 395	0.250 0	0.001 5	0.028 7	2.902	15.977	

(2)锚具变形及钢筋回缩产生的应力损失(表 8-17)

本项损失计算考虑反向摩擦损失。当按两端张拉计算时，3 根钢索的反向摩擦损失的影响长度均出现重叠区，按《公桥规》附录 D 第 D.0.3 条规定，按一端张拉另一端锚固计算(对称布束)。

第二项预应力损失计算 表 8-17

束号＼项目	$\Delta\sigma_d=\frac{\sigma_0-\sigma_l}{l}$ (MPa/m)	l_f (m)	$\Delta\sigma$ (MPa)	$\sigma_{l2}(x)=\Delta\sigma\frac{l_f-x}{l_f}$ (MPa)		
				$x=L/2$	$x=L/4$	$x=1.3h$
N1	4.727	$15.732>L/2$	148.742	9.265	77.340	121.304
N2	8.958	$11.428<L/2$	204.755	0.000	69.449	152.762
N3	8.958	$11.428<L/2$	204.755	0.000	69.449	152.762
平均				3.088	72.079	142.276

(3)预应力钢筋与台座之间的温差引起的应力损失

$$\sigma_{l3}=0$$

(4)混凝土的弹性压缩引起的应力损失(表 8-18)

$\Delta\sigma_{pc}$和σ_{l4}计算表 表 8-18

项　目	边　梁			2 号 梁		
	跨中	$L/4$	1.3h (距支点)	跨中	$L/4$	1.3h (距支点)
A_n (m^2)	0.817 8	0.817 8	0.997 5	0.761 8	0.761 8	0.941 5
I_n (m^4)	0.387 5	0.399 2	0.449 8	0.365 5	0.370 8	0.417 1
e_{pn} (m)	1.153 4	1.026 9	0.610 9	1.109 1	0.976 8	0.567 0
$y_n(e_{ps})$ (m)	1.154 6	1.030 0	0.615 2	1.110 2	0.979 9	0.571 4
σ_{pe} (MPa)	1 275.329	1 265.070	1 243.359	1 275.329	1 265.070	1 243.359
A_p (mm^2)	4 726	4 726	4 726	4 587	4 587	4 587
$N_p=\sigma_{pe}A_p$ (kN)	6 027.205	5 978.721	5 876.115	5 849.934	5 802.876	5 703.288
$\Delta\sigma_{pc}=\frac{1}{3}\left(\frac{N_p}{A_n}+\frac{N_p e_{pn}}{I_n}y_n\right)$ (MPa)	9.361 2	7.717 3	3.600 2	9.128 9	7.532 2	3.495 9
$\sigma_{l4}=\frac{m-1}{2}\alpha_{Ep}\Delta\sigma_{pc}$ (MPa)	52.891	43.602	20.341	51.578	42.557	19.752

注：表中截面特征不计翼缘现浇接缝。

根据《公桥规》附录 E：

$$\sigma_{l4}=\frac{m-1}{2}\alpha_{\mathrm{Ep}}\Delta\sigma_{\mathrm{pc}}$$

式中：α_{Ep}——预应力钢筋弹性模量与混凝弹性模量的比值；

$\Delta\sigma_{\mathrm{pc}}$——在计算截面钢筋重心处，由一根钢筋预加力产生的混凝土法向应力（MPa）。

$$\alpha_{\mathrm{Ep}}=\frac{1.95\times10^{5}}{3.45\times10^{4}}=5.65$$

$$\Delta\sigma_{\mathrm{pc}}=\frac{1}{3}\left(\frac{N_{\mathrm{p}}}{A_{\mathrm{n}}}+\frac{N_{\mathrm{p}}e_{\mathrm{pn}}}{I_{\mathrm{n}}}y_{\mathrm{n}}\right)$$

式中：

$$N_{\mathrm{p}}=\sigma_{\mathrm{pe}}A_{\mathrm{p}}-\sigma_{l6}A_{\mathrm{s}}=\sigma_{\mathrm{pe}}A_{\mathrm{p}}$$

$$\sigma_{\mathrm{pe}}=\sigma_{\mathrm{con}}-\sigma_{l1}-\sigma_{l2}$$

$$e_{\mathrm{pn}}=\frac{\sigma_{\mathrm{pe}}A_{\mathrm{p}}y_{\mathrm{pn}}-\sigma_{l6}A_{\mathrm{s}}y_{\mathrm{sn}}}{N_{\mathrm{p}}}=\frac{\sigma_{\mathrm{pe}}A_{\mathrm{p}}y_{\mathrm{pn}}}{N_{\mathrm{p}}}\qquad(\sigma_{l6}=0)$$

$$y_{\mathrm{n}}=h_{0}-y_{\mathrm{nx}}$$

（5）预应力钢筋的松弛引起的应力损失（表 8-19）

根据《公桥规》第 6.2.6 条，有：

$$\sigma_{l5}=\psi\zeta\left(0.52\frac{\sigma_{\mathrm{pe}}}{f_{\mathrm{pk}}}-0.26\right)\sigma_{\mathrm{pe}}$$

式中：ψ——张拉系数，一次张拉取 $\psi=1$；

ζ——钢筋松弛系数，采用Ⅱ级松弛（低松弛）钢绞线，取 $\zeta=0.3$；

σ_{pe}——传力锚固时的钢筋应力，查《公桥规》表 6.2.8，对后张法构件，有：

$$\sigma_{\mathrm{pe}}=\sigma_{\mathrm{con}}-\sigma_{l1}-\sigma_{l2}-\sigma_{l4}$$

第五项预应力损失计算　　表 8-19

梁　　号	截 面 位 置	σ_{pe}（MPa）	ψ	ζ	σ_{l5}（MPa）
边梁	$L/2$	1 222.441	1.0	0.3	29.983
	$L/4$	1 221.469	1.0	0.3	29.860
	$1.3h$	1 223.013	1.0	0.3	30.056
2 号梁	$L/2$	1 223.754	1.0	0.3	30.150
	$L/4$	1 222.514	1.0	0.3	29.992
	$1.3h$	1 223.602	1.0	0.3	30.131

（6）混凝土收缩和徐变引起的应力损失（表 8-20、表 8-21）

按《公桥规》第 6.2.7 条式（6.2.7-1）计算：

$$\sigma_{l6}=\frac{0.9[E_{\mathrm{p}}\varepsilon_{\mathrm{cs}}(t_{\mathrm{u}},t_{0})+\alpha_{\mathrm{Ep}}\sigma_{\mathrm{pc}}\phi(t_{\mathrm{u}},t_{0})]}{1+15\rho\cdot\rho_{\mathrm{ps}}}$$

式中：$\varepsilon_{\mathrm{cs}}(t_{\mathrm{u}},t_{0})$，$\phi(t_{\mathrm{u}},t_{0})$——混凝土收缩和徐变系数终极值。

假定环境年平均相对湿度 $RH=55\%$，传力锚固混凝土龄期为 7d。

理论厚度：

跨中 $L/4$ 处：

$$h=\frac{2A}{u}=192(192)\mathrm{mm}$$

$1.3h$ 处：

$$h=\frac{2A}{u}=254(254)\text{mm}(括号内数字为 2 号梁的值)$$

查《公桥规》表 6.2.7，直线内插得：

跨中 $L/4$ 处：

$$\varepsilon_{cs}(t_u,7)=0.454(0.454)\times10^{-3}, \phi(t_u,7)=2.932(2.932)$$

1.3h 处：

$$\varepsilon_{cs}(t_u,7)=0.414(0.414)\times10^{-3}, \phi(t_u,7)=2.772(2.772)$$

对 C50 及以上混凝土，$\varepsilon_{cs}(t_u,7)$、$\phi(t_u,7)$应乘以$\sqrt{\frac{32.4}{f_{ck}}}=1$，其中，$f_{ck}=32.4$(MPa)。

计算纵向钢筋截面重心处由预应力产生的混凝土法向压应力，按 $\sigma_{pc}=\frac{N_{p0}}{A_0}+\frac{N_{p0}e_{p0}}{I_0}y_0$，$N_{p0}=\sigma_{p0}A_p$ 计算，此时预应力损失，考虑锚固钢筋时（第一批）的损失，$\sigma_{p0}=\sigma_{con}-\sigma_{l1}-\sigma_{l2}-\sigma_{l4}$，根据施工情况考虑自重影响，计算的 $\sigma_{pc}<0.5f'_{cu}=0.5\times37.5=18.75$(MPa)。

σ_{pc} 计算表 表 8-20

梁号	截面	M_{G1k} (kN·m)	$M_{G1'k}+M_{G2k}$ (kN·m)	N_p (kN)	换算截面		净截面				$\sigma_{pc}=\frac{N_{pn}}{A_n}+\frac{N_{pn}e_{pn}-M_{G1k}}{I_n}y_n-\frac{M_{G1'k}+M_{G2k}}{I_0}y_0$ (MPa)
					I_0 (m⁴)	y_0 (m)	e_{pn} (m)	y_n (m)	A_n (m²)	I_n (m⁴)	
边梁	跨中	2 414.00	1 575.33	5 777.26	0.442 7	1.158 9	1.193 1	1.193 3	0.873 8	0.406 8	15.626
	$L/4$	1 822.84	1 181.55	5 772.66	0.441 8	1.032 8	1.061 2	1.063 4	0.873 8	0.412 5	14.937
	1.3h	815.21	513.52	5 779.96	0.479 7	0.630 4	0.641 3	0.645 9	1.053 5	0.466 4	8.816
2号梁	跨中	2 346.95	1 760.36	5 613.36	0.439 5	1.158 9	1.193 1	1.193 3	0.873 8	0.406 8	14.543
	$L/4$	1 772.66	1 320.37	5 607.67	0.439 2	1.032 8	1.061 2	1.063 4	0.873 8	0.412 5	14.084
	1.3h	788.32	571.73	5 612.66	0.478 5	0.630 4	0.642 4	0.645 9	1.053 5	0.466 4	8.476

注：考虑到预应力损失 6 是在较长时间内完成的，即翼缘现浇接缝参与影响徐变和收缩，故按全截面计算。

σ_{l6} 计算表 表 8-21

板号	截面	E_p (MPa)	$\varepsilon_{cs}(t_u,7)$	$\phi(t_u,7)$	α_{Ep}	σ_{pc}	$\rho=\frac{A_p+A_s}{A_n}$	$\rho_{ps}=1+\frac{e_{ps}^2A_0}{I_0}$	$\sigma_{l6}=\frac{0.9[E_p\varepsilon_{cs}(t_u,t_0)+\alpha_{Ep}\sigma_{pc}\phi(t_u,t_0)]}{1+15\rho\cdot\rho_{ps}}$
边梁	跨中	1.95×10⁵	0.000 454	2.932	5.65	15.626	0.005 41	4.058 9	235.20
	$L/4$		0.000 454	2.932		14.937	0.005 41	3.395 8	237.07
	1.3h		0.000 414	2.772		8.816	0.004 49	1.942 3	174.16
2号梁	跨中	1.95×10⁵	0.000 454	2.932	5.65	14.543	0.005 25	4.058 9	224.69
	$L/4$		0.000 454	2.932		14.084	0.005 25	3.395 8	228.54
	1.3h		0.000 414	2.772		8.476	0.004 35	1.942 3	170.50

（7）各阶段应力损失及有效预应力汇总（表 8-22）

各阶段应力损失及有效预应力汇总表(MPa)　　表 8-22

板号	截面	预加力阶段					使用阶段			
		σ_{l1}	σ_{l2}	σ_{l4}	$\sigma_l^{\rm I}=\sigma_{l1}+\sigma_{l2}+\sigma_{l4}$	$\sigma_{p0}=\sigma_{con}-\sigma_l^{\rm I}$	σ_{l5}	σ_{l6}	$\sigma_l^{\rm II}=\sigma_{l5}+\sigma_{l6}$	$\sigma_{pe}=\sigma_{con}-\sigma_l^{\rm I}-\sigma_l^{\rm II}$
边梁	跨中	116.58	3.09	52.89	172.56	1 222.44	29.98	235.20	265.18	957.26
	$L/4$	57.85	72.08	43.60	173.53	1 221.47	29.86	237.07	266.93	954.54
	$1.3h$	9.37	142.28	20.34	171.99	1 223.01	30.06	174.16	204.22	1 018.80
2号梁	跨中	116.58	3.09	51.58	171.25	1 223.75	30.15	224.69	254.85	968.91
	$L/4$	57.85	72.08	42.56	172.49	1 222.51	29.99	228.54	258.54	963.98
	$1.3h$	9.37	142.28	19.75	171.40	1 223.60	30.13	170.50	200.63	1 022.97

2. 温度梯度截面上的应力计算

按《公桥规》附录 B(桥面 80mm 的 C40 混凝土垫层及 100mm 沥青混凝土未计入)，温度基数由《桥规》表 4.3.10-3 查得：$T_1=14℃$，$T_2=5.5℃$，见图 8-12。

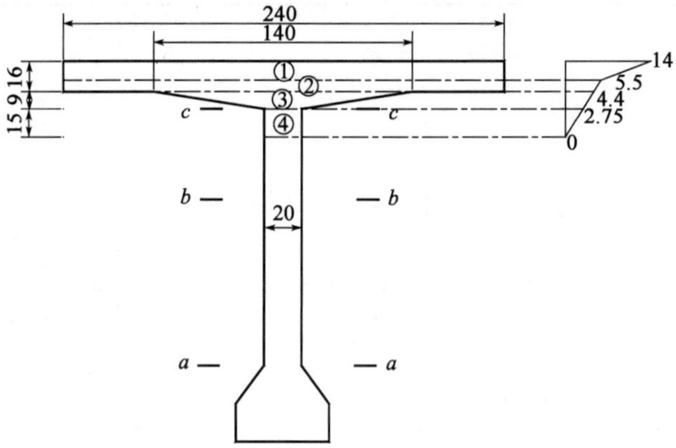

图 8-12　温度梯度分布(尺寸单位:cm)

根据《公桥规》附录(B-1)，有：

$$N_t=\sum A_y t_y \alpha_c E_c$$

根据《公桥规》附录(B-2)，有：

$$M_t^0=-\sum A_y t_y \alpha_y E_c e_y$$

N_t、M_t^0 计算见表 8-23。

N_t、M_t^0 计算　　表 8-23

编号	t_y(℃)	边梁		2号梁	
		单元面积 A_y (mm²)	A_y 重心到换算截面重心距离 e_y(mm)	单元面积 A_y (mm²)	A_y 重心到换算截面重心距离 e_y(mm)
1	9.75	240 000	629.46	240 000	626.42
2	4.95	144 000	549.46	144 000	546.42
3	3.78	72 000	485.71	72 000	482.67
4	1.38	30 000	354.46	30 000	351.42
$\sum_1^4$		$N_t=\sum_1^4 A_y t_y \alpha_c E_c$ =1 161.37kN	$M_t^0=-\sum_1^4 A_y t_y e_y \alpha_c E_c$ =−693.95kN·m	$N_t=\sum_1^4 A_y t_y \alpha_c E_c$ =1 161.37kN	$M_t^0=-\sum_1^4 A_y t_y e_y \alpha_c E_c$ =−693.95kN·m

根据《公桥规》附录(B-3)，正温差应力：

$$\sigma_t = -\frac{N_t}{A_0} + \frac{M_t^0}{I_0}y + t_y\alpha_c E_c$$

式中，$\alpha=0.000\,01$，$E_c=3.45\times10^4$ MPa，$\alpha_c E_c=0.345$。

反温差应力将 t_y 取负值代入上式，按《公桥规》附录(B-3)乘以 0.5 计算，见表 8-24。

截面计算点正、反温差应力计算 表 8-24

梁号	计算点 y_i	N_t (kN)	M_t^0 (kN·m)	截面几何特性	$\frac{-N_t}{A_0}$ (MPa)	$\frac{M_t^0}{I_0}y_i$	$\sigma_t'=t_y\alpha_c E_c$	σ_t(MPa)	
								正温差	反温差
边梁	顶面 679mm	1 161.37	−693.95	$A_0=0.899\,8\text{m}^2$ $I_0=0.442\,7\text{m}^4$	−1.29	−1.07	4.83 (14℃)	2.47	−1.24
	c-c 429mm					−0.67	1.03 (2.8℃)	−0.93	0.47
	b-b 0					0.00	0	−1.29	0.65
	a-a −921mm					1.44	0	0.15	−0.08
	预应力筋 −1 159mm					1.82	0	0.53	−0.26
	底面 −1 321mm					2.07	0	0.78	−0.39
2号梁	顶面 676mm	1 161.37	−690.41	$A_0=0.897\,4\text{m}^2$ $I_0=0.439\,5\text{m}^4$	−1.29	−1.06	4.83 (14℃)	2.47	−1.24
	c-c 426mm					−0.67	1.03 (2.8℃)	−0.93	0.47
	b-b 0					0.00	0	−1.29	0.65
	a-a −924mm					1.45	0	0.16	−0.08
	预应力筋 −1 162mm					1.83	0	0.53	−0.27
	底面 −1 324mm					2.08	0	0.79	−0.39

3. 抗裂验算

1)正截面抗裂验算

全预应力混凝土受弯构件，在短期效应组合下，正截面混凝土的法向拉应力应符合《公桥规》式(6.3.1-1)(C50 混凝土，$f_{tk}=2.65$MPa)：

$$\sigma_{st}-0.85\sigma_{pc}\leqslant 0$$

式中：σ_{pc}——扣除全部预应力损失后的预加力在构件抗裂验算边缘(底边)产生的混凝土预压应力；

σ_{st}——作用(荷载)短期效应组合下构件抗裂验算边缘(底边)混凝土的法向拉应力，见《公桥规》式(6.3.2-1)：

$$\sigma_{st}=\frac{M_s}{W_0}$$

W_0——截面底边缘的弹性抵抗矩。

根据《公桥规》式(6.1.6-3)：

$$N_{pn} = \sigma_{pe}A_p - \sigma_{l6}A_s$$

根据《公桥规》式(6.1.6-4)：

$$e_{pn} = \frac{\sigma_{pe}A_p y_{pn} - \sigma_{l6}A_s y_{sn}}{N_p}$$

根据《公桥规》式(6.1.5-4)：

$$\sigma_{pc} = \frac{N_{pn}}{A_n} + \frac{N_{pn}e_{pn}}{I_n}y_{nu}$$

式中：y_{nu}——截面重心到抗裂验算边缘(底边)的距离，$y_{nu}=h-y_{nx}$。

根据《公桥规》式(6.1.5-6)：

$$\sigma_{pe} = \sigma_{con} - \sigma_l$$

荷载短期效应组合下跨中正截面混凝土拉应力验算见表 8-25、表 8-26。

荷载短期效应组合下跨中正截面混凝土预压应力计算 表 8-25

梁号	位置	M_{G1k} (kN·m)	预加力			几何特性(不计翼缘湿接缝)				σ_{pc} (MPa)
			A_p (mm²)	σ_{pe} (MPa)	N_{pn} (kN)	A_n (m²)	I_n (m⁴)	y_{nu} (m)	e_{pn} (m)	
边梁	L/2	2 414.0	4 726	957.26	4 524.01	0.817 8	0.387 5	1.316 2	1.154 6	23.27
	L/4	1 822.8	4 726	954.54	4 511.15	0.817 8	0.399 2	1.318 3	1.030 0	20.86
2 号梁	L/2	2 347.0	4 587	968.91	4 444.38	0.761 8	0.365 5	1.271 9	1.110 2	23.00
	L/4	1 772.7	4 587	963.98	4 421.76	0.761 8	0.370 8	1.268 2	0.979 9	20.62

正截面抗裂验算 表 8-26

梁号	位置	$M_s'=M_s-M_{G1k}$ (kN·m)	几何特性(不计翼缘湿接缝)				σ_{st}				$\sigma_{st}-0.85\sigma_{pc}$
			A_0 (m²)	I_0 (m⁴)	y_{0u} (m)	e_{p0} (m)	$0.8\sigma_t$ (MPa)	$\frac{M_{G1k}y_{nu}}{I_n}$	$\frac{M_s'y_{0u}}{I_0}$	σ_{st}	
边梁	L/2	3 466.72	0.843 8	0.421 1	1.280 8	1.119 1	0.31	8.20	10.54	18.74	−1.038 7<0
	L/4	2 600.17	0.843 8	0.420 2	1.281 3	0.993 1	0.31	6.02	7.93	13.95	−3.782 9<0
2 号梁	L/2	3 181.04	0.785 4	0.393 8	1.238 5	1.076 9	0.31	8.17	10.00	18.17	−1.375 6<0
	L/4	2 385.91	0.785 4	0.393 4	1.238 8	0.950 5	0.31	6.06	7.51	13.57	−3.953 9<0

因此，截面特征不计湿接缝，正截面抗裂满足《公桥规》的要求。

根据《公桥规》第 9.1.12 条，预应力混凝土受弯构件最小配筋率应满足下列条件。

根据《公桥规》式(9.1.12)，有：

$$\frac{M_{ud}}{M_{cr}} \geqslant 1$$

式中：M_{ud}——受弯构件正截面抗弯承载力设计值(表 8-11)，

$$M_{ud} = f_{cd} \cdot b \cdot x\left(h_0 - \frac{x}{2}\right)$$

M_{cr}——受弯构件正截面开裂弯矩。

根据《公桥规》式(6.5.2-6)，有：

$$M_{cr} = (\sigma_{pc} + rf_{tk})W_0$$

式中：σ_{pc}——扣除全部预应力损失预应力钢筋和普通钢筋合力 N_{p0} 在抗裂边缘产生的混凝土

压应力，σ_{pc}值见表 8-27；

f_{tk}——C50 混凝土 $f_{tk}=2.65\text{MPa}$，$\gamma=\dfrac{2S_0}{W_0}$。

最小配筋率达标验算表 表 8-27

梁号	位置	M_{ud} (kN·m)	σ_{pc} (MPa)	I_0 (m^4)	$y_u=h-y_{0x}$ (m)	$W_0=I_0/y_n$ (m^3)	S_0 (m^3)	$\gamma=\dfrac{2S_0}{W_0}$	M_{cr} (kN·m)	$\dfrac{M_{ud}}{M_{cr}}$
边梁	$L/2$	10 560.7	23.27	0.421 1	1.280 8	0.328 8	0.269 5	1.639 4	9 080.9	1.16>1
	$L/4$	9 806.8	20.86	0.420 2	1.281 3	0.328 0	0.269 2	1.641 9	8 269.4	1.19>1
2 号梁	$L/2$	10 186.2	23.00	0.393 8	1.238 5	0.317 9	0.252 4	1.587 8	8 649.3	1.18>1
	$L/4$	9 454.5	20.62	0.393 4	1.238 8	0.317 6	0.252 3	1.588 8	7 886.1	1.20>1

截面特征不计翼缘湿接缝，最小配筋率满足《公桥规》第 9.1.12 条要求。

2)斜截面抗裂验算

全预应力混凝土预制构件，在荷载短期效应组合下，斜截面混凝土主拉应力应符合：

$$\sigma_{tp}\leqslant 0.6f_{tk}=1.59\text{MPa}$$

式中：σ_{tP}——荷载短期效应组合和预加力产生的混凝土主拉应力，据《公桥规》式(6.3.3-1)，

$$\sigma_{tP}=\frac{\sigma_{cx}+\sigma_{cy}}{2}-\sqrt{\left(\frac{\sigma_{cx}-\sigma_{cy}}{2}\right)^2+\tau^2}$$

σ_{cx}——计算主应力点由预加力和作用(荷载)短期效应组合计算弯矩 M_s(不包含截面温度梯度)及截面温度梯度产生的混凝土法向应力，

$$\sigma_{cx}=\sigma_{pc}+\sigma_{st}+0.8\sigma_t,\quad \sigma_{st}=\frac{M_{G1k}y_n}{I_n}+\frac{(M_s-M_{G1k})y_0}{I_0}$$

y_0——计算点到换算截面重心轴的距离；

y_n——计算点到换算截面重心轴的距离。

$$\sigma_{cy}=0(\text{不设竖向预应力})$$

$$\tau=\frac{V_sS_0}{bI_0}-\frac{\sum\sigma''_{pe}A_{pb}\sin\theta_p\cdot S_n}{bI_n}$$

$$V_p=\sum\sigma''_{pe}A_{pb}\sin\theta_p$$

选取距支点 1.3h、$L/4$、$L/2$ 斜截面计算主拉应力，见表 8-28。

混凝土主拉应力 σ_{tp} 计算表 表 8-28

梁号	截面	M_{G1k} (kN·m)	V_{G1k} (kN)	M_s-M_{G1k} (kN·m)	V_s-V_{G1k} (kN)	$N_{pn}=\sigma_{pn}A_p$			几何特性(不计翼缘湿接缝)			
						A_p (m^2)	σ_{pn} (MPa)	N_{pn} (kN)	A_n (m^2)	I_n (m^4)	e_{pn} (m)	I_0 (m^4)
边梁	$L/2$	2 414.0	0.0	3 466.7	127.5	4 726	957.3	4 524.0	0.817 8	0.387 5	1.154 6	0.421 1
	$L/4$	1 822.8	166.6	2 600.2	317.5	4 726	954.5	4 511.2	0.817 8	0.399 2	1.030 0	0.420 2
	1.3h	815.2	274.3	1 099.2	427.4	4 726	1 018.8	4 814.8	0.997 5	0.449 8	0.615 2	0.455 3
2号梁	$L/2$	2 347.0	0.0	3 181.0	95.8	4 587	968.9	4 444.4	0.761 8	0.365 5	1.110 2	0.393 8
	$L/4$	1 772.7	164.9	2 385.9	280.3	4 587	964.0	4 421.8	0.761 8	0.370 8	0.979 9	0.393 4
	1.3h	788.3	265.8	1 134.8	438.9	4 587	1 023.0	4 692.4	0.941 5	0.417 1	0.571 4	0.427 0

续上表

梁号	截面	Y_n (m)	Y_0 (m)	b (mm)	σ_{pc} (MPa)	σ_{st} (MPa)	$0.8\sigma_t$ (MPa)	σ_{cx} (MPa)	S_0 (m^3)	S_n (m^3)	V_p (kN)	τ (MPa)	σ_{tp} (MPa)	σ_{cp} (MPa)
a-a														
边梁	$L/2$	0.916 2	0.880 8	200	17.63	−12.96	−0.06	4.61	0.191 9	0.168 2	0.00	0.301	−0.020	4.631
	$L/4$	0.918 3	0.881 3	200	15.95	−9.65	−0.06	6.24	0.190 0	0.176 5	206.34	0.574	−0.052	6.296
	$1.3h$	0.972 8	0.951 1	362	10.98	−4.06	−0.06	6.86	0.154 0	0.156 8	528.70	0.131	−0.003	6.863
2号梁	$L/2$	0.871 9	0.935 6	200	16.54	−13.16	−0.06	3.32	0.182 1	0.161 6	0.00	0.226	−0.015	3.339
	$L/4$	0.868 2	0.935 9	200	14.92	−9.83	−0.06	5.03	0.180 9	0.168 7	192.21	0.531	−0.055	5.089
	$1.3h$	0.929 0	0.913 3	362	10.10	−4.18	−0.06	5.86	0.148 7	0.150 7	486.10	0.177	−0.005	5.862
b-b														
梁号	截面	Y_n (m)	Y_0 (m)	b (mm)	σ_{pc} (MPa)	σ_{st} (MPa)	$0.8\sigma_t$ (MPa)	σ_{cx} (MPa)	S_0 (m^3)	S_n (m^3)	V_p (kN)	τ (MPa)	σ_{tp} (MPa)	σ_{cp} (MPa)
边梁	$L/2$	0	−0.035 5	200	5.46	0.29	−1.03	4.72	0.269 5	0.252 1	0.00	0.423	−0.038	4.760
	$L/4$	0	−0.037 0	200	5.43	0.23	−1.03	4.63	0.269 2	0.251 1	206.34	0.813	−0.139	4.767
	$1.3h$	0	−0.020 0	362	4.72	0.05	−1.03	3.74	0.309 6	0.298 0	528.70	0.290	−0.022	3.761
2号梁	$L/2$	0	−0.033 3	200	5.48	0.27	−1.03	4.72	0.252 4	0.237 6	0.00	0.314	−0.021	4.740
	$L/4$	0	−0.029 4	200	5.43	0.18	−1.03	4.58	0.252 3	0.239 3	192.21	0.738	−0.116	4.694
	$1.3h$	0	−0.014 0	362	4.59	0.04	−1.03	3.60	0.291 9	0.284 4	486.10	0.363	−0.036	3.633
c-c														
梁号	截面	Y_n (m)	Y_0 (m)	b (mm)	σ_{pc} (MPa)	σ_{st} (MPa)	$0.8\sigma_t$ (MPa)	σ_{cx} (MPa)	S_0 (m^3)	S_n (m^3)	V_p (kN)	τ (MPa)	σ_{tp} (MPa)	σ_{cp} (MPa)
边梁	$L/2$	−0.433 8	−0.469 2	200	−0.31	6.57	−0.75	5.51	0.247 5	0.233 3	0.00	0.389	−0.027	5.532
	$L/4$	−0.431 7	−0.468 7	200	0.48	4.87	−0.75	4.60	0.247 3	0.232 5	206.34	0.746	−0.118	4.719
	$1.3h$	−0.499 2	−0.519 1	362	1.50	2.16	−0.75	2.91	0.261 3	0.253 3	528.70	0.242	−0.020	2.928
2号梁	$L/2$	−0.478 1	−0.511 5	200	−0.58	7.20	−0.75	5.87	0.226 2	0.214 8	0.00	0.281	−0.013	5.885
	$L/4$	−0.481 8	−0.511 2	200	0.16	5.40	−0.75	4.81	0.226 2	0.216 0	192.21	0.661	−0.089	4.903
	$1.3h$	−0.543 0	−0.556 9	362	1.38	2.51	−0.75	3.14	0.236 3	0.231 5	486.10	0.292	−0.027	3.163

由计算得：三个验算截面各计算点混凝土主拉应力均未超过 σ_{tp}（表中负值表示拉应力）限值 $0.6f_{tk}=1.59\text{MPa}$。

4. 挠度验算

本例为全预应力混凝土构件，截面不会开裂，根据《公桥规》式(6.5.2-3)，截面刚度取为：

$$B_0 = 0.95E_cI_0$$

1）汽车荷载引起的跨中挠度（表 8-29）

$$f_\theta = \psi_1 m\xi\left(\frac{5q_kL^4}{384B_0}+\frac{P_kL^3}{48B_0}\right)$$

式中采用荷载短期效应组合计算，汽车荷载（不计冲击力）$\psi_1=0.7$，荷载横向分布系数 $m_{边}=0.796\,5$，$m_{2号}=0.598\,3$，车道折减系数 $\xi=1.0$。

《公桥规》第 6.5.3 条规定，受弯构件在使用阶段，其挠度应考虑长期效应的影响，按以上刚度计算的挠度值乘以挠度长期增长系数 η_θ，长期挠度值在消除结构自重产生的长期挠度后，梁式桥最大挠度(跨中)，不允许超过计算跨径的$\frac{1}{600}=\frac{28.9\times10^3}{600}=48.2$(mm)。

挠度增长系数 η_θ：混凝土强度标准值 C40～C80 时，$\eta_\theta=1.45\sim1.35$，则 C50 内插得 $\eta_\theta=1.425$。

汽车荷载跨中挠度 表 8-29

梁号	L (m)	$B_0=0.95E_cI_0$ (计入翼缘湿接缝)			$f_\theta=\psi_1 m\xi\left(\frac{5q_kL^4}{384B_0}+\frac{p_kL^3}{48B_0}\right)$				$\eta_\theta f_\theta$ ($\eta_\theta=1.425$)	
		I_0 (m^4)	E_c (MPa)	B_0 ($kN\cdot m^2$)	$0.7q_k$ (kN/m)	$0.7p_k$ (kN)	m	f_θ (mm)	$f_\theta=1.425$ (mm)	限值 $L/600$ (mm)
边梁	28.9	0.442 7	34 500	14 509 380	7.35	222.46	0.796 5	9.81	13.97	48.2
2 号梁	28.9	0.439 5	34 500	14 405 090	7.35	222.46	0.598 3	7.42	10.57	

两车道加载，车道折减系数 $\xi=1.0$，边梁、2 号梁消除结构自重长期挠度值的跨中挠度分别为 13.97mm、10.57mm，均小于 48.2mm 的限值，满足《公桥规》第 6.5.3 条要求。

2)预制梁是否设置预拱值的计算

(1)恒载引起的挠度(表 8-30)

$$f_G=\frac{5M_GL^2}{48B_0}$$

恒载引起的挠度计算 表 8-30

梁号	L (m)	E_c (MPa)	计翼缘湿接缝		$f_{G1}=\frac{5(M_{G1k}+M_{G1'k})L^2}{48B_n}$		$f_{G2}=\frac{5M_{G2k}L^2}{48B_0}$		$f'_G=\sum\eta_\theta f_{Gi}=1.425\sum f_{Gi}$ (mm)
			I_0 (m^4)	B_0 (mm^2)	$M_{G1}+M_{G1'}$ (kN·m)	$f_{G1}+f_{G1'}$ (mm)	M_{G2} (kN·m)	f_{G2} (mm)	
边梁	28.9	34 500	0.442 7	14 509.4	2 607.1	15.63	1 382.3	8.29	34.09
2 号梁	28.9	34 500	0.439 5	14 405.1	2 733.1	16.51	1 374.2	8.30	35.35

(2)预应力引起的上拱度

由于预应力钢束在 $L/4$ 截面附近开始弯起，为简化计算，假定支点处预应力产生的弯矩为 $M_p^{x=0}$，然后直线增到 $L/4$，并保持不变到跨中 $M_p^{x=L/2}$，近似取预加力的弯矩如图 8-13 所示。

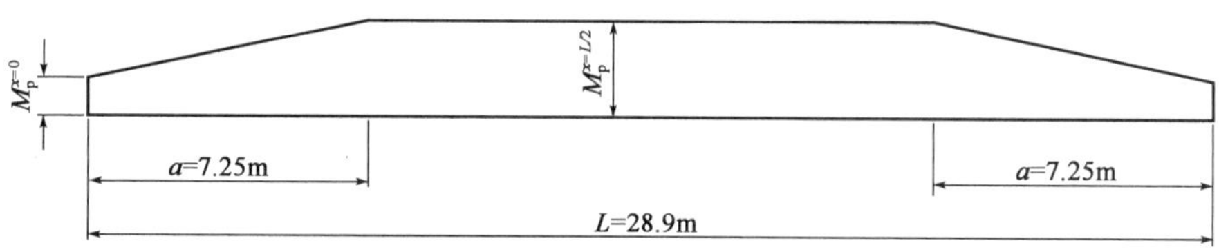

图 8-13 预加力的弯矩图

$$f_p=-\frac{M_{x=L/2}}{24E_cI_0}\left(3L^2-\frac{4M_{x=L/2}}{M_{x=0}}a^2-a^2\right)$$

$$M_p=N_{p0}e_p=\sigma_{p0}A_p\cdot e_p$$

式中：e_p——有效预加力对净截面重心的偏心矩。

根据《公桥规》第 6.5.4 条，由预加力引起的反挠度，用结构力学法按刚度 E_cI_0 进行计算，其值应乘以长期增长系数 2，即 $f'_p=2f_p$。预应力引起的跨中上拱度计算结果见表 8-31。

预应力引起的跨中上拱度值计算 表 8-31

梁号	A_P (mm²)	$\sigma_{p0}^{x=0}$ (kN)	$\sigma_{p0}^{x=L/2}$ (kN)	$e_p^{x=0}$ (mm)	$e_p^{x=L/2}$ (mm)	$M_p^{x=0}$ (kN·m)	$M_p^{x=L/2}$ (kN·m)	$B=E_cI_c$ (kN·m²)	L (m)	a (m)	f_p (mm)	$f'_p=2f_p$ (mm)
边梁	4 726	1 035.69	957.26	0.226 3	1.193 1	1 107.66	5 397.60	15 273 030	28.9	7.25	37.80	−75.60
2 号梁	4 587	1 004.36	968.91	0.226 3	1.193 1	1 042.56	5 302.60	15 163 250	28.9	7.25	39.04	−78.08

(3)挠度汇总(表 8-32)

挠 度 汇 总 表 表 8-32

梁号	f'_G (mm)	f'_Q (mm)	f'_p (mm)	短期荷载效应组合的长期挠度 $f=f'_G+f'_Q$(mm)	考虑预应力效应长期反拱 $f=f'_G+f'_Q+f'_p$(mm)
边梁	34.09	13.97	−75.60	48.06	−27.54
2 号梁	35.35	10.57	−78.08	45.92	−32.16

结论：预加力长期反拱值大于荷载短期效应组合长期挠度，且反拱值较大，可设反预拱度 15mm。

(4)施工阶段的变形

由于预应力的徐变产生的挠度很小，并已在挠度增长系数中有所考虑，可不计算。

七、持久状态和短暂状况构件应力验算

1. 使用阶段正截面法向应力验算

按《公桥规》第 7.1 条，荷载取其标准值，汽车荷载考虑冲击系数。

1)受压区混凝土的最大压应力

对未开裂构件，据《公桥规》式(7.1.5-1)：

$$\sigma_{kc}+\sigma_{pt}\leqslant 0.5f_{ck}=16.2\text{MPa}$$

混凝土法向压应力，据《公桥规》式(7.1.3-1)：

$$\sigma_{kc}=\frac{M_k}{I_0}y_0+\sigma_t$$

式中：M_k——按作用(荷载)标准值组合计算的弯矩值；

y_0——构件换算截面重心轴至受压区计算纤维处(T 梁顶面)的距离(y_{0x})；

σ_{pt}——由预加力产生的混凝土法向拉应力，按《公桥规》式(6.1.5-4)计算。

2)受拉区预应力钢筋的最大拉应力

对未开裂构件，据《公桥规》式(7.1.5-2)：

$$\sigma_{pe}+\sigma_p\leqslant 0.65f_{pk}=1\,209\text{MPa}$$

式中：σ_{pe}——受拉区预应力钢筋扣除全部预应力损失后的有效应力；

σ_p——预应力钢筋应力，据《公桥规》式(7.1.3-2)，有：

$$\sigma_p=\alpha_{Ep}\sigma_{kt}$$

根据《公桥规》式(7.1.3-1)，有：

$$\sigma_{kt}=\frac{M_k}{I_0}y_0+\sigma_t$$

式中：M_k——按作用(荷载)标准值组合计算的弯矩值；

y_0——构件换算截面重心轴至受拉区最外层预应力钢筋重心距离(y_p)。

$$\alpha_{Ep} = \frac{1.95 \times 10^5}{3.45 \times 10^4} = 5.65$$

跨中截面压应力与钢索应力验算结果见表 8-33。

跨中截面压应力与钢索应力验算 表 8-33

梁号	M_{G1k} (kN·m) 作用于 I_n	$M_{G1'k}+M_{G2k}+M_{Q1k}=M_2$ (kN·m) 作用于 I_0	预加力	几何特性(不计翼缘现浇接缝)							
			N_{p0} (kN)	A_0 (m²)	I_0 (m⁴)	y_{0x} (m)	y_P (m)	A_n (m²)	I_n (m⁴)	y_{nx} (m)	y_{pn} (m)
边梁	2 414.0	4 977.12	4 524.0	0.843 8	0.421 1	0.719 2	1.119 1	0.817 8	0.387 5	0.683 8	1.154 6
2 号梁	2 347.0	4 315.6	4 444.4	0.761 8	0.365 5	0.728 1	1.110 2	0.761 8	0.365 5	0.728 1	1.110 2

梁号	受压区(翼缘)混凝土最大压应力≤16.2MPa					预应力钢筋最大拉应力≤1 209MPa						结论
	$\frac{M_{G1k}}{I_n}y_{nx}+\frac{M_2}{I_0}y_{0x}$ (MPa)	σ_t (正温差) (MPa)	σ_{kc} (MPa)	σ_{pt} (MPa)	$\sigma_{kc}+\sigma_{pt}$ (MPa)	$\frac{M_{G1k}}{I_n}y_{pn}+\frac{M_2}{I_0}y_p$ (MPa)	σ_t (负温差) (MPa)	σ_{kt} (MPa)	σ_p (MPa)	σ_{pe} (MPa)	$\sigma_{pe}+\sigma_p$ (MPa)	
边梁	12.76	2.47	15.09	−3.69	11.41	20.42	0.26	19.90	112.45	957.26	1 069.71	满足要求
2 号梁	13.27	2.47	15.74	−4.00	11.75	20.24	0.26	20.50	115.81	968.91	1 084.72	

2. 使用阶段混凝土主压应力、主拉应力计算

按《公桥规》第 7.1.6 条规定,混凝土的主压应力应符合:

$$\sigma_{cp} \leqslant 0.6 f_{ck} = 19.44\text{MPa}$$

预应力混凝土受弯构件,由作用(或荷载)标准值和预加力产生的混凝土主压应力 σ_{cp} 和主拉应力 σ_{tp} 按《公桥规》第 6.3.3 条公式计算:

$$\begin{matrix}\sigma_{tp}\\ \sigma_{cp}\end{matrix} = \frac{\sigma_{cx}+\sigma_{cy}}{2} \mp \sqrt{\left(\frac{\sigma_z-\sigma_{cy}}{2}\right)^2+\tau^2}$$

$$\sigma_{cx} = \sigma_{pc}+\sigma_{st}+\sigma_t, \quad \sigma_{st} = \frac{M_{G1k}y_n}{I_n}+\frac{(M_k-M_{G1k})y_0}{I_0}$$

$$\tau = \frac{V_s S_0}{bI_0} - \frac{\sum\sigma''_{pe}A_{pb}\sin\theta_p \cdot S_n}{bI_n}$$

$$V_p = \sum\sigma''_{pe}A_{pb}\sin\theta_p$$

以上各式中:σ_{cx}——在计算主应力点,由预加力和按荷载标准值组合计算弯矩 M_k 产生的混凝土法向应力;

σ_{cy}——由竖向预应力钢筋的预加力产生的混凝土竖向压应力,$\sigma_{cy}=0$;

τ——在计算主应力点,由预应力弯起筋的预加力和按荷载标准值组合计算剪力 V_k 产生的混凝土剪应力;

σ_{cp}——在计算主应力点,由扣除全部预应力损失后的纵向预加力产生的混凝土法向压应力;

y_0、S_0——验算截面上计算点至截面重心轴的距离和面积矩。

选取距支点 $L/2$、$L/4$、$1.3h$ 处截面验算,结果见表 8-34。

各截面计算点主压、主拉应力计算

表 8-34

梁号	截面	M_{G1k} (kN·m)	V_{G1k} (kN)	M_k-M_{G1k} (kN·m)	V_k-V_{G1k} (kN)	$N_{p0}=\sigma_{p0}A_p$			几何特性(不计翼缘湿接缝)			
						A_p (m^2)	σ_{p0} (MPa)	N_{p0} (kN)	A_n (m^2)	I_n (m^4)	e_{pn} (m)	I_0 (m^4)
边梁	$L/2$	2 414.0	0.0	4 977.1	229.3	4 726	957.3	4 524.0	0.817 8	0.387 5	1.154 6	0.421 1
	$L/4$	1 822.8	166.6	3 733.0	482.9	4 727	954.5	4 512.1	0.817 8	0.399 2	1.030 0	0.420 2
	$1.3h$	815.2	274.3	1 567.0	626.3	4 728	1 018.8	4 816.9	0.997 5	0.449 8	0.615 2	0.455 3
2号梁	$L/2$	2 347.0	0.0	4 315.6	172.2	4 587	968.9	4 444.4	0.761 8	0.365 5	1.110 2	0.393 8
	$L/4$	1 772.7	164.9	3 236.9	404.5	4 587	964.0	4 421.8	0.761 8	0.370 8	0.979 9	0.393 4
	$1.3h$	788.3	265.8	1 584.4	630.4	4 587	1 023.0	4 692.4	0.941 5	0.417 1	0.571 4	0.427 0

a-a

梁号	截面	Y_n (m)	Y_0 (m)	b (mm)	σ_{pc} (MPa)	σ_{st} (MPa)	σ_t (MPa)	σ_{cx} (MPa)	S_0 (m^3)	S_n (m^3)	V_p (kN)	τ (MPa)	σ_{tp} (MPa)	σ_{cp} (MPa)
边梁	$L/2$	0.916 2	0.880 8	200	17.63	−16.12	−0.08	1.43	0.191 9	0.168 2	0.00	0.54	−0.182	1.613
	$L/4$	0.918 3	0.881 3	200	15.95	−12.02	−0.08	3.85	0.190 0	0.176 5	206.34	0.91	−0.203	4.051
	$1.3h$	0.972 8	0.951 1	362	10.98	−5.04	−0.08	5.86	0.154 0	0.156 8	528.70	0.30	−0.015	5.879
2号梁	$L/2$	0.871 9	0.838 5	200	16.54	−14.79	−0.08	1.67	0.182 1	0.161 6	0.00	0.41	−0.094	1.766
	$L/4$	0.868 2	0.838 8	200	14.92	−11.05	−0.08	3.79	0.180 9	0.168 7	192.21	0.78	−0.153	3.941
	$1.3h$	0.929 0	0.913 3	362	10.10	−5.14	−0.08	4.88	0.148 7	0.150 7	486.10	0.34	−0.023	4.898

b-b

梁号	截面	Y_n (m)	Y_0 (m)	b (mm)	σ_{pc} (MPa)	σ_{st} (MPa)	σ_t (MPa)	σ_{cx} (MPa)	S_0 (m^3)	S_n (m^3)	V_p (kN)	τ (MPa)	σ_{tp} (MPa)	σ_{cp} (MPa)
边梁	$L/2$	0.000 0	−0.035 5	200	5.46	0.42	−1.29	4.59	0.269 5	0.252 1	0.00	0.76	−0.122	4.711
	$L/4$	0.000 0	−0.037 0	200	5.43	0.33	−1.29	4.47	0.269 2	0.251 1	206.34	1.38	−0.392	4.861
	$1.3h$	0.000 0	−0.020 0	362	4.72	0.07	−1.29	3.50	0.309 6	0.298 0	528.70	0.99	−0.262	3.761
2号梁	$L/2$	0.000 0	−0.033 3	200	5.48	0.36	−1.29	4.55	0.252 4	0.237 6	0.00	0.56	−0.068	4.623
	$L/4$	0.000 0	−0.029 4	200	5.43	0.24	−1.29	4.38	0.252 3	0.239 3	192.21	1.16	−0.287	4.668
	$1.3h$	0.000 0	−0.014 0	362	4.59	0.05	−1.29	3.35	0.291 9	0.284 4	486.10	1.03	−0.289	3.641

c-c

梁号	截面	Y_n (m)	Y_0 (m)	b (mm)	σ_{pc} (MPa)	σ_{st} (MPa)	σ_t (MPa)	σ_{cx} (MPa)	S_0 (m^3)	S_n (m^3)	V_p (kN)	τ (MPa)	σ_{tp} (MPa)	σ_{cp} (MPa)
边梁	$L/2$	−0.433 8	−0.469 2	200	−0.31	8.25	−0.93	7.01	0.247 5	0.233 3	0.00	0.70	−0.069	7.077
	$L/4$	−0.431 7	−0.468 7	200	0.48	6.14	−0.93	5.69	0.247 3	0.232 5	206.34	1.17	−0.233	5.918
	$1.3h$	−0.499 2	−0.519 1	362	1.50	2.69	−0.93	3.26	0.261 3	0.253 3	528.70	0.53	−0.083	3.344
2号梁	$L/2$	−0.478 1	−0.511 5	200	−0.58	8.68	−0.93	7.17	0.226 2	0.214 8	0.00	0.50	−0.035	7.201
	$L/4$	−0.481 8	−0.511 2	200	0.16	6.51	−0.93	5.74	0.226 2	0.216 0	192.21	0.97	−0.160	5.900
	$1.3h$	−0.543 0	−0.556 9	362	1.38	3.09	−0.93	3.54	0.236 3	0.231 5	486.10	0.55	−0.084	3.627

以上计算混凝土主压应力 $\sigma_{cp} \leqslant 0.6f_{ck}=19.44\text{MPa}$，主拉应力 $\sigma_{tp} \leqslant 0.5f_{tk}=1.33\text{MPa}$，按照《公桥规》第 7.1.6 条规定，在 $\sigma_{tp} \leqslant 0.5f_{tk}$的区段箍筋可仅按构造要求设置。

3. 施工阶段应力验算

预应力混凝土受弯构件在预施应力和构件自重等施工荷载作用下，截面边缘混凝土的法向应力按《公桥规》第 7.2.8 条规定如下。

（1）压应力

$$\sigma_{cc}^{t} \leqslant 0.7f_{ck}'$$

施工阶段由预制 T 梁单独受力，张拉时，混凝土标准强度按 C50 的 90%考虑，即相当于 C45，$f_{ck}'=29.6\text{MPa}$，$f_{tk}'=2.51\text{MPa}$，$0.7f_{ck}'=20.72\text{MPa}$，$0.7f_{tk}'=1.757\text{MPa}$。

当进行构件运输和安装计算时，构件自重根据第 7.2.2 条规定乘以 0.85（1.2 时偏安全，略）的动力系数，计算结果见表 8-35。

σ_{p0}取构件张拉阶段应力 $\sigma_{p0}=\sigma_{con}-\sigma_{l1}-\sigma_{l2}-\sigma_{l4}$计。

T 梁吊装时跨中截面上缘、下缘应力计算 表 8-35

梁号	$0.85M_{G1k}$（跨中）（kN·m）	纵向预应力			几何特性（不计现浇接缝）						截面顶面	
		σ_{p0}（MPa）	A_p（mm^2）	N_{p0}（kN）	A_0（m^2）	I_0（m^4）	A_n（m^2）	I_n（m^4）	y_n（m^4）	$e_{pn}(y_p)$（m）	y_{0x}（m）	$\frac{0.85M_{G1k}}{I_0}y_{0x}$（MPa）
边梁	2 051.9	1 222.4	4 726	5 777.3	0.843 8	0.421 1	0.817 8	0.387 5	0.683 8	1.154 6	0.719 2	3.50
2 号梁	1 994.9	1 223.8	4 587	5 613.6	0.785 4	0.393 8	0.761 8	0.365 5	0.728 1	1.110 2	0.761 5	3.86

梁号	截面顶面混凝土拉应力 σ_{ct}^{t}		截面底面混凝土压应力 σ_{cc}^{t}				结论
	$\sigma_{pt}=\frac{N_{p0}}{A_n}-\frac{N_{p0}e_{pn}}{I_n}y_n$（MPa）	$\sigma_{ct}^{t}=\frac{0.85M_{G1k}}{I_0}y_{0x}+\sigma_{pt}$（MPa）	y_{0u}（m）	$\frac{0.85M_{G1k}}{I_0}y_u$（MPa）	$\sigma_{pc}=\frac{N_{p0}}{A_n}+\frac{N_{p0}e_p}{I_n}y_u$（MPa）	$\sigma_{cc}^{t}=\frac{0.85M_{G1k}}{I_0}y_u+\sigma_{pc}$（MPa）	
边梁	−4.71	$-1.21>0.70f_{tk}$	1.280 8	−6.24	29.11	$22.87<0.70f_{ck}$	满足要求
2 号梁	−5.05	$-1.19>0.70f_{tk}$	1.238 5	−6.27	28.49	$22.22<0.70f_{ck}$	

吊装时 T 梁混凝土强度按 100%考虑，$0.70f_{tk}=1.918\text{MPa}$，$0.70f_{ck}=22.68\text{MPa}$。

（2）施加预应力阶段截面上下缘产生的应力（表 8-36）

T 梁张拉时截面上缘、下缘应力计算 表 8-36

梁号	位置	M_{G1k}（kN·m）	纵向预应力			几何特性				σ_{top}（MPa）	σ_{bot}（MPa）
			A_p（mm^2）	σ_{pe}（MPa）	N_{pe}（kN）	e_{pn}（m）	y_{nx}（m）	A_n（m^2）	I_n（m^4）		
边梁	$L/2$	2 414.00	4 726	1 222.44	5 777.26	1.154 6	0.683 8	0.817 8	0.387 5	−0.45	21.52
	$L/4$	1 822.84	4 726	1 221.47	5 772.66	1.030 0	0.681 7	0.817 8	0.399 2	0.02	20.67
	$1.3h$	815.21	4 726	1 223.01	5 779.96	0.615 2	0.737 0	0.997 5	0.449 8	1.30	13.49
2 号梁	$L/2$	2 346.95	4 587	1 223.75	5 613.36	1.110 2	0.728 1	0.761 8	0.365 5	−0.37	20.89
	$L/4$	1 772.66	4 587	1 222.51	5 607.67	0.979 9	0.731 8	0.761 8	0.370 8	0.01	20.09
	$1.3h$	788.32	4 587	1 223.60	5 612.66	0.571 4	0.780 8	0.941 5	0.417 1	1.43	13.03

注：截面特征不计翼缘现浇接缝。

预应力混凝土受弯构件，在预应力和构件自重等施工荷载作用下，截面边缘拉应力 $\sigma_{ct}^{t} \leqslant 0.7f'_{tk}$时，预拉区应配置其配筋率不小于 0.2%的纵向钢筋，则预制 T 梁顶面上应配纵向钢筋：$A_s = 0.896 \times 0.2\% = 1\,792(mm^2)$。翼缘中仅构造钢筋就满足配筋要求(32 根 ϕ10)。

八、桥面板计算

1.边梁内翼缘根部配筋计算

1)荷载标准值计算

(1)恒载内力计算(以纵向 1m 宽的板条进行计算)

①每延米板上的恒载 g。

沥青混凝土面层 g_1：

$$g_1 = 0.1 \times 1.0 \times 24 = 2.4(kN/m)$$

混凝土现浇层 g_2：

$$g_2 = 0.08 \times 1.0 \times 25 = 2.0(kN/m)$$

T 梁翼板自重 g_3：

$$g_3 = \frac{0.16 \times 0.5 + \frac{1}{2}(0.16 + 0.25) \times 0.6}{0.5 + 0.6} \times 1.0 \times 26 = 4.8(kN/m)$$

合计：9.2kN/m。

②每米宽板条的恒载内力(内翼板根部)。

弯矩：

$$M = -\frac{1}{2}gl_0^2 = \frac{1}{2} \times 9.2 \times 1.1^2 = -5.566(kN/m)$$

剪力：

$$Q = gl_0 = 9.2 \times 1.1 = 10.12(kN)$$

(2)活载内力计算

将后轮作用于铰缝上，计算整体单向板的车轮荷载分布宽，比较图 8-14a)、b)两种图式结果，采用图 8-14a)的布载方式。

按《桥规》第 4.3.1 条 2 款，后轮轴重 140kN，着地的宽度与长度为 $b_2 \times a_2 = 0.6m \times 0.2m$，则翼缘板上荷载压力面的边长为：

$$a_1 = a_2 + 2h = 0.2 + 2 \times 0.18 = 0.56(m)$$

$$b_1 = b_2 + 2h = 0.6 + 2 \times 0.18 = 0.96(m)$$

荷载对于悬臂根部的有效分布宽度为：

$$a = a_1 + d + 2l_0 = 0.56 + 1.4 + 2 \times 2.2 = 4.16(m)$$

按《桥规》第 4.3.2 条 6 款规定：汽车荷载的局部加载及在 T 梁、箱梁悬臂板上的冲击系数为 1.3。

则作用于每米宽板条上的弯矩为：

$$M_Q = -(1+\mu) \times \frac{P}{4a} \times \left(l_0 - \frac{b_1}{4}\right) = -1.3 \times \frac{2 \times 140}{4 \times 4.16} \times \left(1.1 - \frac{0.96}{4}\right) = 18.81(kN \cdot m)$$

作用于每米宽板条上的剪力为：

$$Q_Q = (1+\mu) \times \frac{P}{4a} = 1.3 \times \frac{2 \times 140}{4 \times 4.16} = 21.88(kN)$$

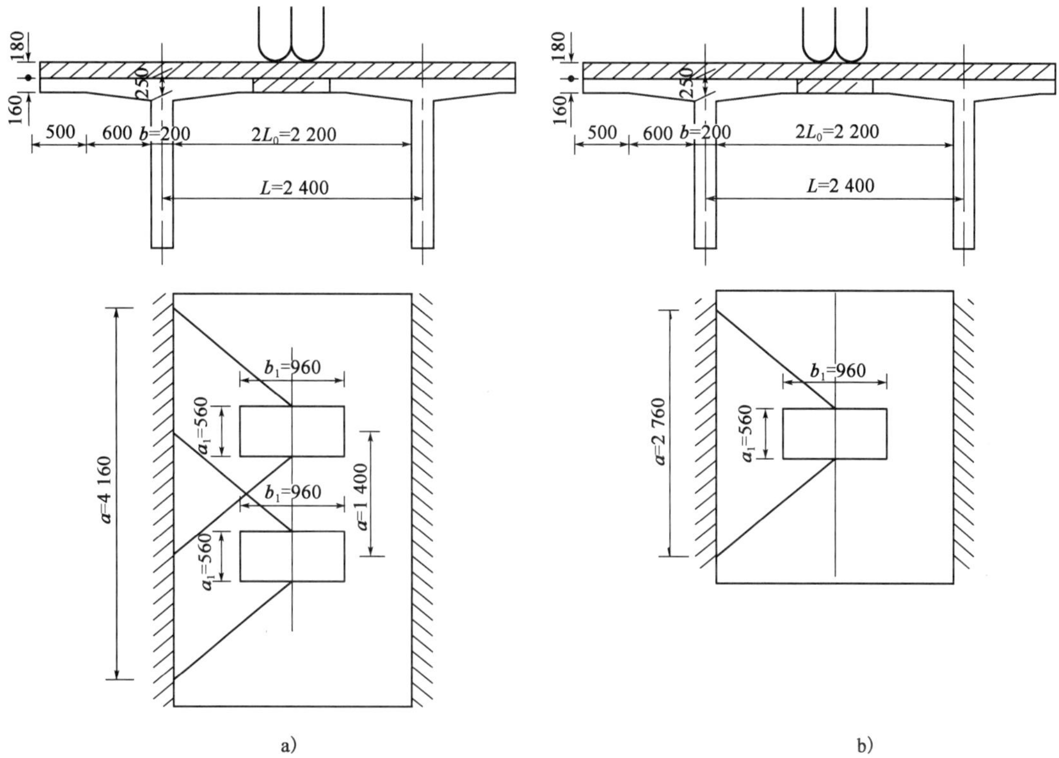

图 8-14　整体单向板车轮荷载布置(尺寸单位:mm)

2)极限状态承载力计算

(1)荷载效应组合计算

$$\begin{aligned}\gamma_0 M_d &= \gamma_0(1.2M_g + 1.4M_Q)\\ &= \frac{1}{2}\times 1.1\times(1.2\times 5.566+1.4\times 18.813)\\ &=36.32(\mathrm{kN\cdot m})\end{aligned}$$

(2)计算承托内板的计算高度

按《公桥规》第 4.1.6 条规定,承托内板的计算高度为:

$$h_e = h_f' + s\cdot\tan\alpha$$

式中:h_e——自承托起至肋中心线之间,板的任一验算截面的计算高度;

h_f'——不计承托时板的厚度;

s——自承托起至肋中心线之间,板的任一验算截面的水平距离;

α——承托下缘与悬臂板底面夹角,$\tan\alpha=0.15<\frac{1}{3}$,取 0.15,得:

$$h_e = 0.16+0.6\times 0.15$$

即计算 $b\times h=1.0\mathrm{m}\times 0.25\mathrm{m}$ 板的配筋。

(3)正截面抗弯承载力

$$x = h_0 - \sqrt{h_0^2 - \frac{2\gamma_0 M_d}{f_{cd,b}}} = 0.2-\sqrt{0.2^2-\frac{2\times 36.32}{22.4\times 1\,000}} = 8.3\times 10^{-3}(\mathrm{m})$$

$$A_s = \frac{1\,000\times 8.3\times 22.4}{280} = 664(\mathrm{mm^2})$$

其中 $b=1\ 000\text{mm}, h_0=200\text{mm}, f_{cd}=22.4\text{MPa}, f_{sd}=280\text{MPa}$。

故每延米板需配 $6\times\phi 12=678.6\text{mm}^2>664\text{mm}^2$。

(4)斜截面抗剪承载力

①荷载效应组合计算。

$$\gamma_0 V_d=\gamma_0(\gamma_g V_g+\gamma_Q V_Q)=1.1\times(1.2\times 10.12+1.4\times 21.88)=47.06(\text{kN})$$

②截面尺寸验算。

据《公桥规》式(5.2.9),有:

$$\gamma_0 V_d\leqslant 0.51\times 10^{-3}\sqrt{f_{cu,k}}\times b\times h_0$$

则:

$$0.51\times 10^{-3}\times\sqrt{50}\times 1\ 000\times 200=721.2(\text{kN})>\gamma_0 V_d=47.06\text{kN}$$

③截面需不需要进行抗剪承载力的验算。

据《公桥规》式(5.2.10),有:

$$\gamma_0 V_d\leqslant 0.5\times 10^{-3}\times\alpha_2\times f_{td}\times b\times h_0$$

则:

$$0.5\times 10^{-3}\times 1\times 1.83\times 1\ 000\times 200=183(\text{kN})>47.06\text{kN}$$

截面满足极限状态抗剪承载力要求,不需进行抗剪承载力的验算。

3)抗裂计算

(1)纵向受拉钢筋的应力 σ_{ss}

据《公桥规》式(6.4.4-2),有:

$$\sigma_{ss}=\frac{M_s}{0.87A_s h_0}$$

式中:M_s——荷载短期效应组合计算值,汽车荷载频遇值为 0.7,不计算冲击力。

$$M_s=M_G+0.7M_Q=5.566+0.7\times\frac{18.813}{1.3}=15.70(\text{kN}\cdot\text{m})$$

$$M_l=M_G+0.7M_Q=5.566+0.4\times\frac{18.813}{1.3}=11.35(\text{kN}\cdot\text{m})$$

$$\sigma_{ss}=\frac{M_s}{0.87A_s h_0}=\frac{15.70\times 10^6}{0.87\times 2\ 211\times 220}=133.0(\text{MPa})$$

(2)截面最大裂缝宽度

$$W_{tk}=C_1C_2C_3\frac{\sigma_{ss}}{E_s}\left(\frac{30+d}{0.28+10\rho}\right)$$

式中:C_1——带肋钢筋,取 $C_1=1$;$C_2=1+0.5\times\frac{M_l}{M_s}=1+0.5\times\frac{11.35}{15.70}=1.36$;$C_3=1.15$;

E_s——取 $E_s=2\times 10^5\text{MPa}$。

$$\rho=\frac{A_s}{bh_0}=\frac{678.6}{1\ 000\times 200}=0.003\ 39<0.006,\text{取}\ \rho=0.006$$

$$\begin{aligned}W_{tk}&=C_1C_2C_3\frac{\sigma_{ss}}{E_s}\left(\frac{30+d}{0.28+10\rho}\right)\\&=1\times 1.36\times 1.15\times\frac{133.0}{2\times 10^5}\times\left(\frac{30+16}{0.28+10\times 0.01}\right)\\&=0.128(\text{mm})\leqslant 0.2\text{mm}\end{aligned}$$

配筋满足抗裂要求。

2. 边梁外翼缘根部配筋计算

1)荷载标准值计算

(1)恒载内力计算(以纵向 1m 宽的板条进行计算)

①每延米板上的恒载 g。

均布载同内翼缘根部,$g=9.2\text{kN/m}$。

另增加边梁栏杆 P,$5.7\text{kN/m}\times1.0=5.7\text{kN}$。

②每米宽板条的恒载内力(内翼板根部)。

弯矩:

$$M=-\left(\frac{1}{2}gl_0^2+Pl_0\right)=-\left[\frac{1}{2}\times9.2\times1.1^2+5.7\times(1.1-0.25)\right]=-10.41(\text{kN}\cdot\text{m})$$

剪力:

$$Q=gl_0=9.2\times1.1+P=15.82(\text{kN})$$

(2)活载内力计算

①活载内力同内翼缘根部,作用于每米宽板条上的弯矩、剪力为:

$$M_Q=18.81\text{kN}\cdot\text{m},Q_Q=21.88\text{kN}$$

②计入护栏的碰撞荷载产生的内力。

按《公路交通安全设施设计规范》(JTG D81—2006)第 5.2.5 条规定,本算例的桥梁护栏防撞等级选为 SA。

查该规范第 4.4.1 条规定及表 4.4.3,碰撞力 $P=430\text{kN}$,该力为沿护栏纵向 5.0m 范围内的均布荷载,即每延米 $P=\frac{430}{5}=86(\text{kN})$,见图 8-15。SA 级防撞栏高度 H 取 1 000m。

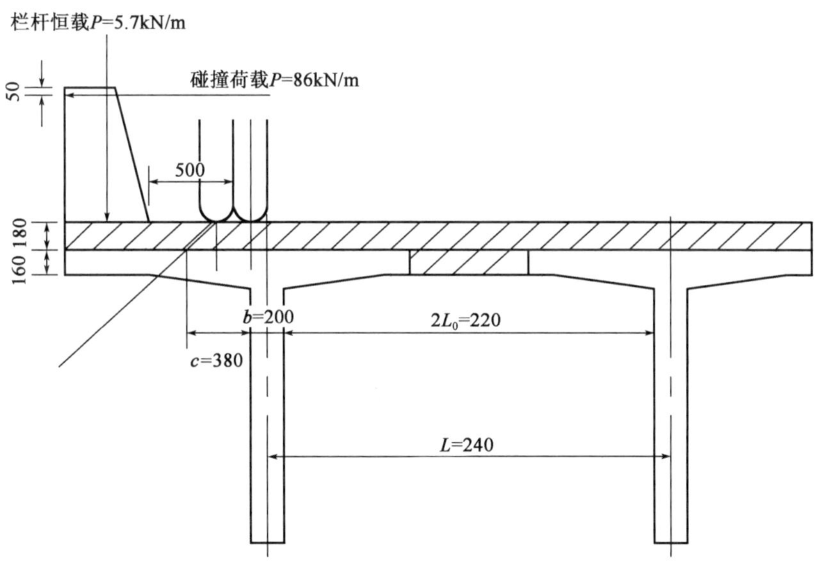

图 8-15 护栏构造图(尺寸单位:cm)

则作用于桥面板的护墙下端力矩为:

$$M_0=86\times(1-0.05)=81.7(\text{kN}\cdot\text{m})$$

按悬臂板计算车轮荷载分布宽,据《公桥规》式(4.1.5):

$$a = (a_1 + 2 \times h) + 2 \times c = 0.2 + 2 \times 0.18 + 2 \times 0.38 = 1.32(\mathrm{m})$$

作用于每米宽板条上的活载弯矩为：

$$M_Q = (1+\mu) \times \frac{P}{4a} \times 0.1 = 1.3 \times \frac{140}{1.32} \times 0.1 = 13.79(\mathrm{kN \cdot m})$$

2)极限状态承载力计算

(1)荷载效应组合计算

$$\begin{aligned} \gamma_0 M_d &= \gamma_0 (1.2M_g + 1.4M_Q + 1.0M_0) \\ &= 1.1 \times (1.2 \times 10.41 + 1.4 \times 13.79 + 1.0 \times 81.7) \\ &= 124.85(\mathrm{kN \cdot m}) \end{aligned}$$

(2)计算承托内板的计算高度

承托内板的计算高度为：

$$h_e = h'_f + s \cdot \tan\alpha$$

$\therefore h_e = 0.16 + 0.6 \times 0.15$，即计算 $b \times h = 1.0\mathrm{m} \times 0.25\mathrm{m}$ 板的配筋。

(3)正截面抗弯承载力

$$x = h_0 - \sqrt{h_0^2 - \frac{2\gamma_0 M_d}{f_{cd,b}}} = 0.22 - \sqrt{0.22^2 - \frac{2 \times 124.85}{22.4 \times 1\,000}} = 0.027(\mathrm{m})$$

$$A_s = \frac{1\,000 \times 27.0 \times 22.4}{280} = 2\,160(\mathrm{mm^2})$$

其中，$b = 1\,000\mathrm{mm}$，$h_0 = 220\mathrm{mm}$，$f_{cd} = 22.4\mathrm{MPa}$，$f_{sd} = 280\mathrm{MPa}$。

每延米板需配 $11 \times \Phi 16 = 2\,211\mathrm{mm^2} > 2\,160\mathrm{mm^2}$。

(4)斜截面抗剪承载力

①荷载效应组合计算。

$$\gamma_0 V_d = \gamma_0 (\gamma_g V_g + \gamma_Q V_Q) = 1.1 \times (1.2 \times 15.82 + 1.4 \times 21.88) = 54.58(\mathrm{kN})$$

②截面尺寸验算。

据《公桥规》式(5.2.9)：

$$\gamma_0 V_d \leqslant 0.51 \times 10^{-3} \sqrt{f_{cu,k}} \times b \times h_0$$

则

$$0.51 \times 10^{-3} \times \sqrt{50} \times 1\,000 \times 200 = 721.2(\mathrm{kN}) > \gamma_0 V_d = 54.58\mathrm{kN}$$

③截面要不要进行抗剪承载力的验算。

据《公桥规》式(5.2.10)：

$$\gamma_0 V_d \leqslant 0.5 \times 10^{-3} \times \alpha_2 \times f_{td} \times b \times h_0$$

则

$$0.5 \times 10^{-3} \times 1 \times 1.83 \times 1\,000 \times 200 = 183(\mathrm{kN}) > 54.58\mathrm{kN}$$

截面满足极限状态抗剪承载力要求。

3)抗裂计算

(1)纵向受拉钢筋的应力 σ_{ss}

按《公桥规》式(6.4.4-2)计算：

$$\sigma_{ss} = \frac{M_s}{0.87 A_s h_0}$$

式中：M_s——荷载短期效应组合计算值，汽车荷载频遇值为 0.7，不计算冲击力。

$$M_s = M_G + 0.7M_Q = 10.41 + 0.7 \times 18.813 = 23.58(\text{kN} \cdot \text{m})$$

$$M_l = M_G + 0.4M_Q = 10.41 + 0.4 \times 18.813 = 17.94(\text{kN} \cdot \text{m})$$

$$\sigma_{ss} = \frac{M_s}{0.87A_s h_0} = \frac{23.58 \times 10^6}{0.87 \times 2\,211 \times 220} = 55.72(\text{MPa})$$

(2)截面最大裂缝宽度

$$W_{tk} = C_1 C_2 C_3 \frac{\sigma_{ss}}{E_s}\left(\frac{30 + d}{0.28 + 10\rho}\right)$$

式中：C_1、C_2、C_3——带肋钢筋，取 $C_1=1$，$C_2=1+0.5\dfrac{M_l}{M_s}=1+0.5\dfrac{17.94}{23.58}=1.38$，$C_3=1.15$；

E_s——取 $E_s=2\times10^5$MPa。

$$\rho = \frac{A_s}{bh_0} = \frac{2\,211}{1\,000 \times 220} = 0.01$$

$$\begin{aligned} W_{tk} &= C_1 C_2 C_3 \frac{\sigma_{ss}}{E_s}\left(\frac{30 + d}{0.28 + 10\rho}\right) \\ &= 1 \times 1.38 \times 1.15 \times \frac{55.72}{2 \times 10^5} \times \left(\frac{30 + 16}{0.28 + 10 \times 0.01}\right) \\ &= 0.05(\text{mm}) \leqslant 0.2\text{mm} \end{aligned}$$

配筋满足抗裂要求。

3. 翼缘底面配筋计算

1)荷载标准值计算

(1)恒载内力计算(以纵向 1m 宽的板条进行计算)

①每延米板上的恒载 g。

均布载同翼缘根部 $g=9.2$kN/m。

②每米宽板条的恒载内力(内翼板根部)。

按两端固结的整体单向板计算内力。

弯矩：

$$M = \frac{gl_0^2}{24} = \frac{9.2 \times 2.2^2}{24} = 1.86(\text{kN} \cdot \text{m})$$

(2)活载内力计算

如图 8-16 所示，比较单个后轮作用于铰缝处和两个后轮同时作用于跨中时，分别对 A-A 断面产生的内力。

①纵向两个车轮作用于铰缝处[图 8-16a)]。

则计算荷载分布宽度为：

$$a = (a_2 + 2h) + 2d + \frac{l}{3} = 0.2 + 2 \times 0.18 + 2 \times 1.4 + \frac{2.4}{3} = 4.16(\text{m})$$

$$\frac{2l}{3} + d = \frac{2 \times 2.4}{3} + 1.4 = 3.0(\text{m}) > a$$

取 $a=3.0$m，则作用于每米宽板条上的跨中弯矩为：

$$M_Q = (1 + \mu)\frac{Pl}{8} = 1.3 \times \frac{2.4 \times 2 \times 140}{8 \times 2 \times 3} = 18.2(\text{kN} \cdot \text{m})$$

作用于每米宽板条上的剪力为：

$$Q_Q = (1+\mu)\times\frac{P}{2} = 1.3\times\frac{2\times140}{2\times2\times3} = 30.3(\text{kN})$$

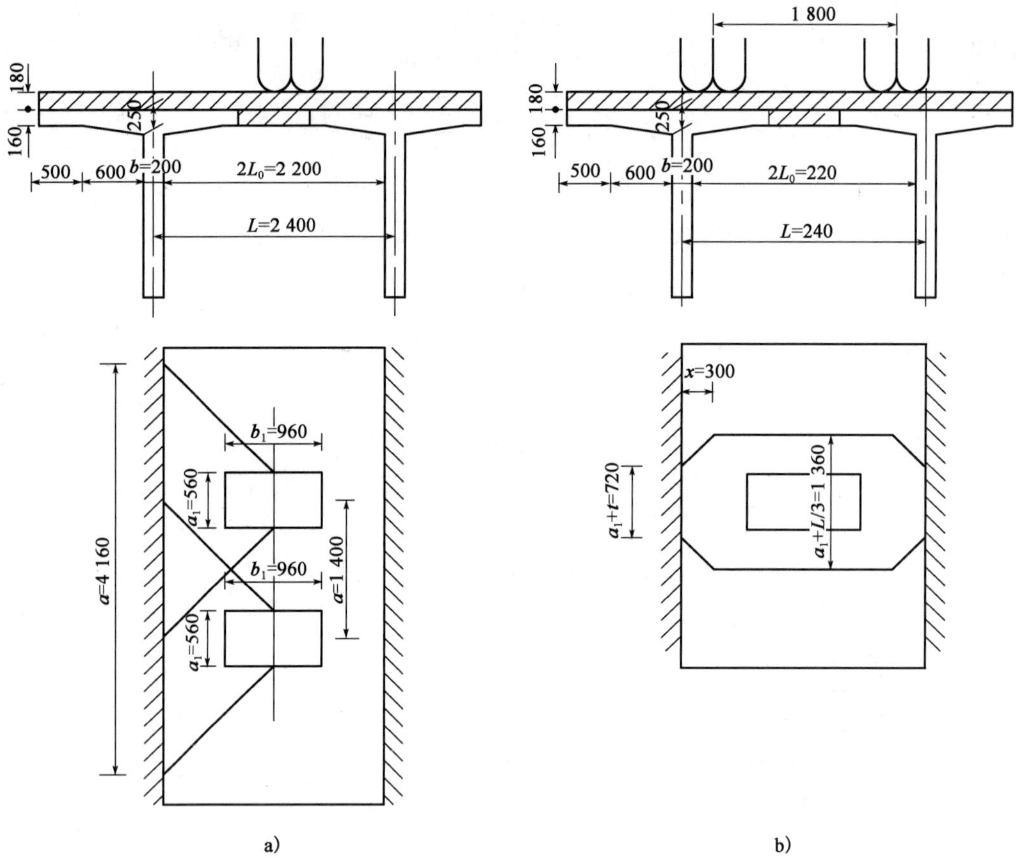

图 8-16　车轮布置图

②横向两个车轮作用于跨中处[图 8-16b)]。

车轮在板的支承附近，距支点的距离 $x=0.3\text{m}$，根据《公桥规》式(4.1.3-5)，计算荷载分布宽度为：

$$a = (a_1 + 2h) + t + 2x$$

式中：h——铺装层厚度，$h=0.18\text{m}$；

t——板的厚度，$h=0.16\text{m}$。

$$a = (a_1 + 2h) + t + 2x = 0.2 + 2\times0.18 + 0.16 + 2\times0.3 = 1.32(\text{m})$$

则作用于每米宽板条上的跨中弯矩为：

$$M_Q = (1+\mu)\frac{Px^2}{l} = 1.3\times\frac{140\times0.3^2}{2.4\times2\times1.32} = 3.55(\text{kN}\cdot\text{m})$$

所以，取纵向两个车轮作用于铰缝处[图 8-16a)]的结果。

2)极限状态承载力计算

(1)荷载效应组合计算

$$\gamma_0 M_d = \gamma_0(1.2M_g + 1.4M_Q) = 1.1\times(1.2\times1.86 + 1.4\times18.2) = 30.48(\text{kN}\cdot\text{m})$$

(2)正截面抗弯承载力

即计算 $b\times h=1.0\text{m}\times0.16\text{m}$ 板的配筋。

$$x = h_0 - \sqrt{h_0^2 - \frac{2\gamma_0 M_d}{f_{cd,b}}} = 0.11 - \sqrt{0.11^2 - \frac{2 \times 30.48}{22.4 \times 1\,000}} = 0.013\,2(\text{m})$$

$$A_s = \frac{1\,000 \times 13.2 \times 22.4}{280} = 1\,056(\text{mm}^2)$$

其中，$b=1\,000\text{mm}$，$h_0=110\text{mm}$，$f_{cd}=22.4\text{MPa}$，$f_{sd}=280\text{MPa}$。

每延米板需配 10×Φ12=1 131mm^2>1 056mm^2

(3)斜截面抗剪承载力

①荷载效应组合计算。

$$\gamma_0 V_d = \gamma_0(\gamma_g V_g + \gamma_Q V_Q) = 1.1 \times 1.4 \times 30.3 = 46.7(\text{kN})$$

②截面尺寸验算。

据《公桥规》式(5.2.9)：

$$\gamma_0 V_d \leqslant 0.51 \times 10^{-3} \sqrt{f_{cu,k}} \times b \times h_0$$

则：

$$0.51 \times 10^{-3} \times \sqrt{50} \times 1\,000 \times 200 = 721.2(\text{kN}) > \gamma_0 V_d = 46.7\text{kN}$$

③截面要不要进行抗剪承载力的验算。

据《公桥规》式(5.2.10)：

$$\gamma_0 V_d \leqslant 0.5 \times 10^{-3} \times \alpha_2 \times f_{td} \times b \times h_0$$

则：

$$0.5 \times 10^{-3} \times 1 \times 1.83 \times 1\,000 \times 200 = 183(\text{kN}) > 46.7\text{kN}$$

截面满足极限状态抗剪承载力要求。

3)抗裂计算

(1)纵向受拉钢筋的应力 σ_{ss}

按《公桥规》式(6.4.4-2)计算：

$$\sigma_{ss} = \frac{M_s}{0.87 A_s h_0}$$

式中：M_s——荷载短期效应组合计算值，汽车荷载频遇值为 0.7，不计算冲击力。

$$M_s = M_G + 0.7 M_Q = 10.41 + 0.7 \times \frac{18.813}{1.3} = 20.54(\text{kN} \cdot \text{m})$$

$$M_s = M_G + 0.7 M_Q = 10.41 + 0.4 \times \frac{18.813}{1.3} = 16.20(\text{kN} \cdot \text{m})$$

$$\sigma_{ss} = \frac{M_s}{0.87 A_s h_0} = \frac{20.54 \times 10^6}{0.87 \times 2\,211 \times 220} = 48.54(\text{MPa})$$

(2)截面最大裂缝宽度

$$W_{tk} = C_1 C_2 C_3 \frac{\sigma_{ss}}{E_s}\left(\frac{30 + d}{0.28 + 10\rho}\right)$$

式中：C_1、C_2、C_3——带肋钢筋，取 $C_1=1$，$C_2=1+0.5\times\frac{M_l}{M_s}=1+0.5\times\frac{16.20}{20.54}=1.39$，$C_3=1.15$；

E_s——取 $E_s=2\times10^5$ MPa。

$$\rho=\frac{A_s}{bh_0}=\frac{1\,131}{1\,000\times110}=0.010\,3$$

$$W_{tk}=C_1C_2C_3\frac{\sigma_{ss}}{E_s}\left(\frac{30+d}{0.28+10\rho}\right)$$

$$=1\times1.39\times1.15\times\frac{48.54}{2\times10^5}\times\left(\frac{30+16}{0.28+10\times0.01}\right)$$

$$=0.047(\text{mm})\leqslant0.2\text{mm}$$

配筋满足抗裂要求。

九、横隔梁计算

1. 作用于横隔梁上的计算荷载(图 8-17)

纵向一列车道荷载对跨中横隔梁的计算荷载为：

$$S_Q=\sum P_iy_i=140\times1+140\times0.806+120\times0.028=256.2(\text{kN})$$

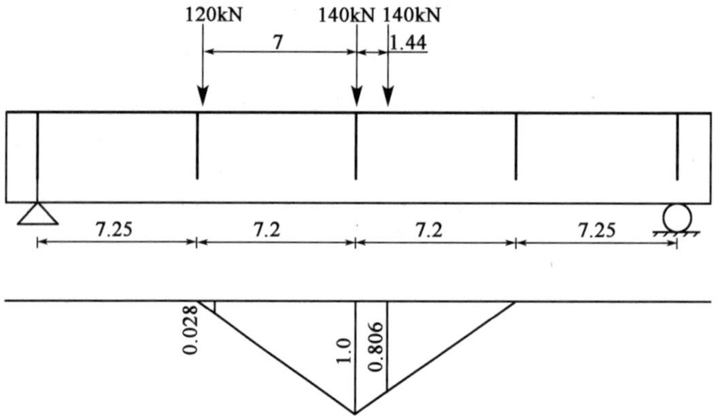

图 8-17　横隔梁荷载纵向加载图(尺寸单位：m)

2. 跨中横隔梁的内力影响线

通常横隔梁靠近桥中线的截面处弯矩较大，而靠近桥两侧边梁的截面处剪力较大(图 8-18)，故选取 a-a、b-b 两个截面计算横隔梁的弯矩，选取 c-c、d-d 两个截面计算横隔梁的剪力。

1)绘制弯矩影响线

(1)影响系数计算公式

在桥梁跨中当单位荷载 $P=1$ 作用于 j 号梁时，i 号梁所受的作用为竖向力 R_{ij} 和抗扭矩 M_{Tij}。

则当 $P=1$ 作用于截面 a-a 左侧时：

$$\eta_{a\text{-}a,j}=\eta_{1j}b_{1,a\text{-}a}+\eta_{2j}b_{2,a\text{-}a}+M_{T1j}+M_{T2j}-e_{a\text{-}a}$$

当 $P=1$ 作用于截面 a-a 右侧时：

$$\eta_{a\text{-}a,j}=\eta_{1j}b_{1,a\text{-}a}+\eta_{2j}b_{2,a\text{-}a}+M_{T1j}+M_{T2j}$$

(2)计算 T 梁扭矩 M_{Tij}(表 8-37)

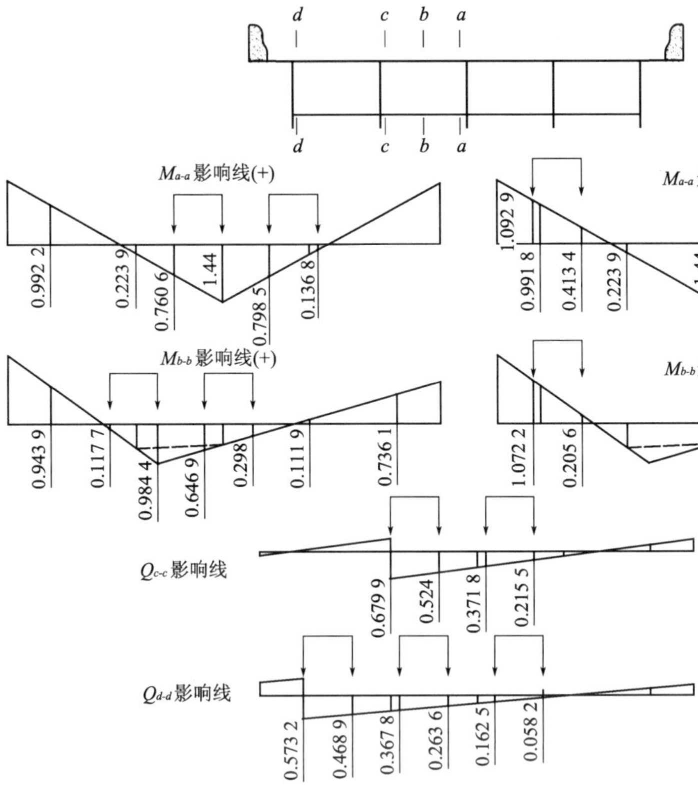

图 8-18　中横梁内力影响线图

各 T 梁扭转力矩计算表　　表 8-37

梁号	I_i	I_{Ti}	e_j	β	l	a_i	$a_i^2 I_i$	M_{Tij}
1	0.437 6	0.013 0	4.8	0.932 9	28.9	4.8	10.082 3	0.064 4
2	0.437 6	0.013 0	2.4		28.9	2.4	2.520 6	0.032 2
3	0.437 6	0.013 0	0.0		28.9	0.0	0.000 0	0.000 0
4	0.437 6	0.013 0	−2.4		28.9	−2.4	2.520 6	−0.032 2
5	0.437 6	0.013 0	−4.8		28.9	−4.8	10.082 3	−0.064 4
$\sum a_i^2 I_i$							25.205 8	

M_{Tij} 可按下式计算：

$$M_{Tij} = \beta \cdot \frac{G \cdot e_j l^2 I_{Ti}}{12 E_h \sum_{i=1}^{n} a_i^2 I_i}$$

式中：I_i、I_{Ti}——i 号梁的抗弯惯性矩和抗扭惯性矩；

G——混凝土的剪切弹性模量，$G=0.4E_h$；

e_j——单位荷载 $P=1$ 作用位置到横截面中心的距离。

(3)计算弯矩影响线坐标值(表 8-38)

截面 b-b 的 3 号梁弯矩影响线坐标 $\eta_{b-b,3}$ 由影响线图算出。

弯矩影响线坐标值计算表 表 8-38

截面	梁号(j)	η_{1j}	$b_{1,s\text{-}s}$	η_{2j}	$b_{2,s\text{-}s}$	M_{T1j}	M_{T2j}	$e_{s\text{-}s}$	$\eta_{s\text{-}s,j}$
a-a	1	0.573 2	4.800 0	0.386 6	2.400 0	0.064 4	0.064 4	4.8	−0.992 2
	2	0.386 6	4.800 0	0.293 3	2.400 0	0.032 2	0.032 2	2.4	0.223 9
	3	0.200 0	4.800 0	0.200 0	2.400 0	0.000 0	0.000 0	—	1.440 0
	4	0.013 4	4.800 0	0.106 7	2.400 0	−0.032 2	−0.032 2	—	0.256 1
	5	−0.173 2	4.800 0	0.013 4	2.400 0	−0.064 4	−0.064 4	—	−0.927 8
b-b	1	0.573 2	3.600 0	0.386 6	1.200 0	0.064 4	0.064 4	3.6	−0.943 9
	2	0.386 6	3.600 0	0.293 3	1.200 0	0.032 2	0.032 2	1.2	0.608 1
	3	0.200 0	4.800 0	0.200 0	2.400 0	0.000 0	0.000 0	—	0.960 0
	4	0.013 4	3.600 0	0.106 7	1.200 0	−0.032 2	−0.032 2	—	0.111 9
	5	−0.173 2	3.600 0	0.013 4	1.200 0	−0.064 4	−0.064 4	—	−0.736 1

2)绘制剪力影响线

(1)c-c 截面的影响线坐标计算

P=1 作用于 c-c 截面右侧时：

$$\eta_{1i}^{Q}=\eta_{1i}+\eta_{2i}$$

P=1 作用于 c-c 截面左侧时：

$$\eta_{1i}^{Q}=\eta_{1i}+\eta_{2i}-1$$

(2)d-d 截面的影响线坐标计算

P=1 作用于 d-d 截面右侧时：

$$\eta_{1i}^{Q}=\eta_{1i}$$

P=1 作用于 d-d 截面左侧时：

$$\eta_{1i}^{Q}=\eta_{1i}-1$$

3)车道荷载横向加载

$$\eta_{a\text{-}a}^{M}=1.568\,0(-1.448\,6)(\text{两车道})$$
$$\eta_{b\text{-}b}^{M}=1.408\,7(-0.98)(\text{两车道})$$
$$\eta_{c\text{-}c}^{Q}=0.895\,6(\text{两车道})$$
$$\eta_{d\text{-}d}^{Q}=0.947\,1(\text{三车道})$$
$$\eta_{d\text{-}d}^{Q}=0.836\,8(\text{两车道})$$

括号中数值为负弯矩影响量。

3. 跨中横隔梁的内力计算

计算公式：

$$S_{Q1k}=(1+\mu)\xi\eta S_{Q}$$

其中：ξ——车道折减系数，两车道时 ξ=1.0，三车道时 ξ=0.78；

μ——汽车局部加载时的冲击系数，取 0.3。

按两车道加载最不利，可得：

$$M_{Q1k}^{a\text{-}a}=522.24(-482.47)\text{kN}\cdot\text{m}$$
$$M_{Q1k}^{b\text{-}b}=469.18(-326.40)\text{kN}\cdot\text{m}$$
$$V_{Q1k}^{c\text{-}c}=298.29\text{kN}$$

$$V_{Q1k}^{c-c} = 298.29\text{kN}$$

由于恒载引起的效应较小,这里略去恒载引起的效应。荷载组合结果如下:

$$M_{ud}^{a-a} = 804.25(-743.00)\text{kN}\cdot\text{m}$$

$$M_{ud}^{b-b} = 722.54(-502.66)\text{kN}\cdot\text{m}$$

$$V_{ud}^{c-c} = 459.4\text{kN}$$

$$V_{ud}^{c-c} = 429.20\text{kN}$$

4. 跨中横隔梁的配筋计算

1)截面特征(图 8-19)

有效宽度计算:

$$B_f = 2\lambda + b = 6.73\text{m}$$

由 $c/l=(7.45/2-0.09)/9.6=0.379$,查《桥梁工程》(汪莲,任伟新　主编)(合肥工业大学出版社,2011,12)表 2-9,可得 $\lambda/c=0.534$,故 $c=1.94\text{m}$。

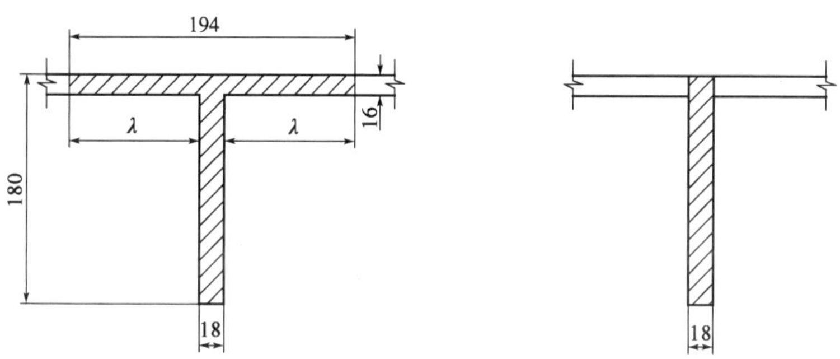

图 8-19　中横梁计算截面(尺寸单位:cm)

各主梁之间的横隔梁按以主梁为支撑的连续梁来考虑,有效宽度按中跨正弯矩区间计算。

2)配筋计算

(1)正弯曲时,取 $a_s=80\text{mm}$,由 $M_{ud}=f_{cd}bx\left(h_0-\dfrac{x}{2}\right)$,可得:$x=10.79\text{mm}$(受压区高度在翼缘范围内)。由 $f_{cd}xb=f_{sd}A_s$,可得 $A_s=1\ 675\text{mm}^2$。

故梁底需配置 4 根 HRB335 直径 25mm 的钢筋($A_s=1\ 964\text{mm}^2$)。

(2)负弯曲时,取 $a_s=80\text{mm}$,$b=180\text{mm}$,由 $M_{ud}=f_{cd}bx\left(h_0-\dfrac{x}{2}\right)$,可得:$x=110.7\text{mm}$。由 $f_{cd}xb=f_{sd}A_s$,可得 $A_s=1\ 594\text{mm}^2$。

故梁顶需配置 6 根 HRB335 直径 20mm 的钢筋($A_s=1\ 884\text{mm}^2$)。

(3)配置箍筋

受弯构件抗剪截面应符合《公桥规》第 5.2.9 条要求:

$$\gamma_0 V_d \leqslant V_R = 0.51\times10^{-3}\sqrt{f_{cu,k}}bh_0$$

式中,C50 混凝土,$f_{cu,k}=50\text{MPa}$,b 取腹板宽 180mm,$h_0=1\ 720\text{mm}$。

$V_R=0.51\times10^{-3}\times\sqrt{50}\times180\times1\ 720=1\ 164.5(\text{kN})>459.4\text{kN}$,满足规范要求。

根据《公桥规》第 5.2.10 条规定,当 $\gamma_0V_d\leqslant0.5\times10^{-3}\alpha_2f_{td}bh_0$ 时可不进行抗剪承载力计算,箍筋按构造配筋。式中,C50 混凝土,$f_{td}=1.83\text{MPa}$,提高系数 $\alpha_2=1.0$。

$V_R=0.5\times10^{-3}\times1.0\times1.83\times180\times1\ 720=283.3(\text{kN})>459.4\text{kN}$,箍筋需计算设置,并

进行斜截面抗剪承载力验算。

其斜截面抗剪由混凝土、箍筋共同承担。

据《公桥规》式(5.2.7-1),有:

$$\gamma_0 V_d \leqslant V_{cs}$$

据《公桥规》式(5.2.7-2),有:

$$V_{cs} = \alpha_1\alpha_2\alpha_3 \times 0.45 \times 10^{-3} \cdot b \cdot h_0\sqrt{(2+0.6\times P)\sqrt{f_{cu,k}} \cdot \rho_{sv} \cdot f_{sv}}$$

式中:α_1——异号弯矩影响系数,取 $\alpha_1=1.0$;

α_2——钢筋混凝土受弯构件的预应力提高系数,取 $\alpha_2=1.0$;

α_3——受压翼缘的影响系数,取 $\alpha_3=1.1$;

h_0——取 $h_0=1\ 720\text{mm}$;

P——斜截面内纵向受拉钢筋的配筋百分率,$P=\dfrac{100(A_p+A_s)}{bh_0}$,

$$P = 100\times\frac{A_s}{bh_0} \approx 100\times\frac{1\ 964}{180\times 1\ 720} = 0.634\ 4$$

ρ_{sv}——斜面内箍筋含筋率,$\rho_{sv}=\dfrac{A_{sv}}{s_v b}$。

箍筋采用 R235ϕ10 双肢,$A_{sv}=2\times78.5=157(\text{mm}^2)$,$f_{sv}=195\text{MPa}$。

箍筋间距:

$$S_v = \frac{\alpha_1^2\alpha_2^2\times0.2\times10^{-6}\times(2+0.6P)\sqrt{f_{cu,k}}\cdot A_{sv}f_{sv}\cdot bh_0^2}{459.4} = 315(\text{mm})$$

取箍筋间距为 250mm,则:

$$V_{cs} = 1.0\times1.0\times1.1\times0.45\times10^{-3}\times180\times1\ 720\times\sqrt{(2+0.6\times0.634\ 4)\times\sqrt{50}\times0.003\ 49\times195}$$
$$=518.7(\text{kN}) > Q_{ud} = 459.4\text{kN}$$

极限抗剪承载力满足要求。

3)裂缝计算

根据《公桥规》第 6.4.3 条式(6.4.4-2),有:

$$W_{tk} = C_1C_2C_3\frac{\sigma_{ss}}{E_s}\left(\frac{30+d}{0.28+10\rho}\right)$$

$$\sigma_{ss} = \frac{M_s}{0.87A_sh_0}$$

$$C_1 = 1.0, C_2 = 1+0.5\times\frac{M_l}{M_s} = 1.286, C_3 = 1.0$$

$$M_s = 281.21(-259.79)\text{kN}\cdot\text{m}$$

$$\sigma_{ss} = 95.68\text{MPa(下缘)}, \sigma_{ss} = 92.15\text{MPa(上缘)}$$

$$\rho = \frac{A_s}{bh_0+(b_f-b)h_f}$$

$$\rho = 0.003\ 32\text{(下缘)}, \rho = 0.003\ 19\text{(上缘)}$$

因为 $\rho<0.006$,根据规范,取 $\rho=0.006$。

可得:下缘裂缝宽度为 $W_{tk}=0.099\ 5\text{mm}$,上缘裂缝宽度为 $W_{tk}=0.087\ 1\text{mm}$。

均满足规范限值 0.20mm(Ⅱ类环境)。

第 1 部分填空题答案

一、总论

1. 建设、养护、管理、安全、环保、运营
2. 环境影响、水土保持方案
3. 环境保护
4. 功能、技术等级、通行能力、水文、地质、通航
5. 自然环境、景观、景观设计
6. 河道顺直稳定、河床地质良好、河槽能通过大部分设计流量、断层、岩溶、滑坡、泥石流
7. 防水、排水
8. 标准化、装配式、机械化
9. 维修养护、养护设施
10. 结构重力、预加力、土的重力、土侧压力、水的浮力、基础变位
11. 地震作用、船舶或漂流物的撞击作用、汽车撞击作用
12. 汽车荷载、汽车冲击力、汽车离心力、汽车制动力
13. 梁桥、拱桥、刚构桥、悬索桥、组合体系桥
14. 温度变化、混凝土的收缩和徐变、各种荷载引起的桥梁挠度、地震影响、纵坡
15. 标准值、准永久值、频遇值
16. 排洪、流水、漂浮物、冰塞
17. 桥梁总跨径的确定、桥梁的分孔、桥面高程及桥下净空、桥上
18. 4%、5%、3%
19. 桥面铺装、排水防水系统、桥面伸缩装置、人行道
20. 桥跨结构(或桥孔结构)、支座系统、桥墩、桥台、基础
21. 安全、耐久、适用、环保、经济、全寿命
22. 永久作用、可变作用、偶然作用
23. 公路—Ⅰ级、公路—Ⅱ级、车辆
24. 车道、荷载等级、跨径
25. 赵州桥
26. 桥梁上部结构、桥梁下部结构
27. 设计、桥下通航
28. 板的支撑条件、荷载性质、荷载位置
29. 初步、技术、施工图
30. 水泥混凝土桥面铺装、沥青混凝土桥面铺装
31. 强度、刚度、抗滑、不透水性
32. 标准跨径
33. 两个桥台的侧墙或八字墙后端点之间的距离、为桥面系行车道全长
34. 使车辆平顺通过桥面、按静力图式
35. 车道荷载、车辆荷载
36. 基本组合、偶然组合
37. 短期效应组合、长期效应组合
38. 板梁、肋梁、箱梁

二、梁桥

1. 受力钢筋、构造钢筋
2. 保护钢筋防止锈蚀
3. 梁宽、梁高、腹板厚度、翼缘板厚度
4. 端横梁、中横梁
5. 0.75、5～10m
6. 杠杆原理法、偏心压力法、铰接板(梁)法、刚接梁法、比拟正交异性板法
7. Ⅱ形、T形、箱形
8. 板梁桥、肋梁桥、箱形梁桥
9. 简支梁桥、悬臂梁桥、连续梁桥、T形刚构桥、连续刚构桥
10. 纵向弯曲、横向弯曲、扭转、扭转变形
11. 中跨
12. 单向受力板、双向受力板
13. 荷载引起反力的梁号
14. 引起反力的荷载位置
15. 单向板、悬臂板、铰接悬臂板
16. 钢筋和混凝土的材料用量、吊装重量、翼板的刚度
17. 抗扭
18. 沿主梁长度方向各个截面上内力组合设计值的分布图
19. 钢绞线、高强钢丝、精轧螺纹钢筋
20. 温度影响、混凝土收缩徐变作用、钢筋松弛、基础不均匀沉降
21. 1.0∶0.8、1.0∶0.9∶0.65

三、其他体系桥梁及桥梁支座

1. 受弯、受剪、受弯
2. 活动支座、固定支座
3. 固定支座、单向支座、多向支座
4. 结构自重、活荷载的支点
5. 调整坡度
6. 球形钢支座、拉力支座、抗震支座
7. 固定、滑动、固定
8. 悬索桥
9. 斜索、塔柱、主梁
10. 飘浮、半飘浮、塔梁固结
11. 结构几何尺寸的确定、整体静力分析、索塔分析计算、桥面板受力计算
12. 塔梁固结、支承、刚构
13. 飘浮
14. 将主梁除两端外全部用缆索吊起
15. 主梁在塔墩上设有支点,接近于具有弹性支承的连续梁

16. 主缆、桥塔、锚碇、加劲梁、吊索
17. 加劲梁、主缆、主塔
18. 橡胶片、薄钢片
19. 简易垫层支座、弧形钢板支座、钢筋混凝土摆柱式支座、橡胶支座
20. 板式橡胶支座、盆式橡胶支座、球形钢支座、抗拉支座、减隔震支座
21. 足够的承载能力、变形
22. 桥墩、主梁

四、拱桥

1. 上承式、中承式、下承式
2. 桥面高程、拱顶底面高程、起拱线高程、基础底面高程
3. 圆弧线拱桥、抛物线拱桥、悬链线拱桥
4. 简单体系拱桥、组合体系拱桥、拱片拱桥
5. 主拱圈、拱上建筑、桥墩/桥台、基础
6. 拱肋、横向联系、悬挂结构
7. 计算矢高、计算跨径
8. 减小
9. 底梁、墩身、墩帽
10. 有支架施工、无支架缆索吊装
11. 弯、压
12. 伸缩、变形
13. 使车辆能够在行车道上平顺行驶
14. 填充式、砌筑式
15. 有支架施工、无支架缆索吊装
16. 拱肋、拱波、拱板、横向联系
17. 受弯、受拉、受压
18. 公铁两用、圬工拱
19. 压力线
20. 拱轴线
21. 0.25
22. 抛物线
23. 圆弧线
24. 悬链线
25. 拱顶、两个 1/4 点、两拱脚
26. 合理拱轴线
27. 平缓、陡峭
28. 拱轴系数
29. 小
30. 拱脚恒载集度、拱顶恒载集度、陡
31. 水平推

32. 三铰拱、两铰拱、无铰拱

33. 吊杆、拉索、主缆

五、桥梁墩台

1. 重力式桥台、轻型桥台、埋置式桥台、组合式桥台、框架式桥台

2. 重力式桥墩、轻型桥墩、空心桥墩、桩柱式桥墩、柔性排架墩、框架式桥墩

3. 重力式桥墩、桩柱式桥墩、单向推力墩

4. 台帽、台身、基础

5. 墩帽、墩身、基础

6. 矩形、圆形、圆端形、尖端形

7. 薄壁轻型、支撑梁轻型、框架式轻型、组合式轻型

8. 独柱式、双柱式、多柱式、混合式

9. 上部结构重力、上部结构混凝土收缩作用、上部结构混凝土徐变作用、桥墩重力(包括基础襟边上土的重力)、桥墩内预应力、基础变位作用、水的浮力

10. 汽车和人群荷载、汽车冲击力、汽车离心力、汽车制动力、温度作用、支座摩阻力、纵横向风荷载、流水压力、流冰压力

11. 地震作用、作用在墩身上的船只或漂浮物的撞击作用、作用在墩身上的汽车撞击作用

12. 抗倾覆、抗滑动

13. 截面强度、抗滑稳定、墩台顶水平位移

14. 间接验算支座的变形

15. 井筒下沉、清基、封底、填充混凝土、灌顶

16. 刚性扩大基础、桩基础、沉井基础、刚性扩大基础、桩基础、沉井基础

17. 高桩承台、低桩承台

六、桥梁施工

1. 就地浇筑法、预制安装法、悬臂施工法、转体施工法、顶推施工法、逐孔施工法、横移施工法、提升与浮运施工法

2. 挂篮

3. 等截面预应力混凝土连续梁

4. 先张法、后张法

5. 受力合理、抗风稳定性好

6. 模板、支架

7. 混凝土空心

8. 强度、刚度、稳定性

9. 悬臂施工法

10. 浮式吊机施工法、塔式吊机施工法、爬升式吊机施工法

11. 悬索桥

第 2 部分名词解释答案

一、总论

1. 设计洪水位:桥梁设计中按规定的设计洪水频率计算所得的高水位称为设计洪水位。

2. 低水位:枯水期的最低水位。

3. 高水位:洪水期的最高水位。

4. 通航水位:在各级航道中,能保证船舶正常航行的水位。

5. 净跨径:对于梁桥是指设计洪水位上相邻两个桥墩或桥墩与桥台之间的净距离;对于拱桥是指两拱脚截面最低点之间的水平距离,以 l_0 表示。

6. 总跨径:多孔桥梁中各孔净跨径之和,也称桥梁孔径,它反映了桥下宣泄洪水的能力。

7. 计算跨径:对于有支座的桥梁,是指桥跨结构相邻两个支座中心的距离;对于拱桥,是指相邻两拱脚截面形心点之间的水平距离,以 l 表示。

8. 标准跨径:对于梁桥,是指两相邻桥墩中心线之间的距离,或桥墩中心线至桥台台背前缘之间的距离;对于拱桥,则是指净跨径,以 l_b 表示。

9. 桥梁全长:对于有桥台的桥梁,是指桥梁两端两个桥台的侧墙或八字墙后端点之间的距离;对于无桥台的桥梁,是指桥面系行车道的全长。

10. 建筑高度:指桥上行车路面(或轨顶)高程至桥跨结构最下缘之间的距离。

11. 桥下净空高度:指设计洪水位或通航水位至桥跨结构最下缘之间的距离。

12. 桥梁高度:指桥面与低水位之间的高差或为桥面与桥下线路路面之间的高差。

13. 净矢高:指从拱顶截面下缘至相邻两拱脚截面下缘最低点连线的垂直距离,以 f_0 表示。

14. 计算矢高:指从拱顶截面形心至相邻两拱脚截面形心连线的垂直距离,以 f 表示。

15. 矢跨比:指拱桥中拱圈(或拱肋)的计算矢高与计算跨径之比 f/l,亦称拱矢度,它是反映拱桥受力特性的一个重要指标。

16. 梁式体系:指梁作为承重结构,是以梁的抗弯能力来承受荷载的。梁分简支梁、悬臂梁、固端梁和连续梁等。

17. 拱式体系:主要承重结构是拱肋(或拱箱),以承压为主,可采用抗压能力强的圬工材料来修建。拱分单铰拱、双铰拱、三铰拱和无铰拱。

18. 刚构桥:刚构桥是介于梁和拱之间的一种结构体系,它是由受弯的上部梁(或板)结构与承压的下部柱(或墩)整体结合在一起的结构。由于梁与柱的刚性连接,梁因柱的抗弯刚度而得到卸载作用,整个体系是压弯结构,也是有推力的结构。

19. T 形刚构、连续刚构:T 形刚构、连续刚构都是由梁和柱(或墩)采用刚性连接的结构体系,它们是预应力混凝土结构采用悬臂施工法而发展起来的一种新体系。

20. 梁、拱组合体系:这类体系中有系杆拱、桁架拱、多跨拱梁结构等。它们是利用梁的受弯和拱的受压特点组成的联合结构。

21. 斜拉桥:它是由承压的塔、受拉的索和承弯的梁体组合起来的一种结构体系,是一种桥面体系受压、支承体系受拉的多次超静定结构。

22. 悬索桥:是指利用主缆和吊索作为加劲梁的悬挂体系,将桥跨所承受的荷载传递到桥塔、锚碇的桥梁。其主要结构由主缆、桥塔、锚碇、吊索、加劲梁等组成。

23. 上承式拱桥:桥面位于整个桥跨结构上面的拱桥称为上承式拱桥。

24. 中承式拱桥:中承式拱桥的行车道位于拱肋的中部,桥面系一部分用吊杆悬挂在拱肋下，一部分用刚架立柱支撑在拱肋上。

25. 下承式拱桥：下承式拱桥是通过吊杆将纵梁和横梁系统悬挂在拱肋下，在纵、横梁系统上设置行车道板，组成桥面系。

26. 作用：施加在结构上的一组集中力或分布力，也包括引起结构外加变形或约束变形的原因。前者称直接作用，后者称间接作用。

27. 永久作用：是指在结构使用期间，其量值不随时间而变化或其变化值与平均值比较可忽略不计的作用。

28. 可变作用：是指在结构使用期间，其量值随时间变化，且其变化值与平均值比较不可忽略的作用。

29. 偶然作用：是指在结构使用期间出现的概率很小，一旦出现其值很大且持续时间很短的作用。

30. 作用代表值：结构或结构构件设计时，针对不同设计目的所采用的各种作用规定值，它包括作用标准值、准永久值和频遇值等。

31. 作用标准值：结构或结构构件设计时，采用的各种作用的基本代表值，其值可根据作用在设计基准期内最大值概率分布的某一分位值确定。

32. 作用频遇值：结构或构件按正常使用极限状态短期效应组合设计时，采用的一种可变作用代表值，其值可根据在足够长观测期内作用任意时点概率分布的 0.95 分位值确定。

33. 作用准永久值：结构或构件按正常使用极限状态长期效应组合设计时，采用的另一种可变作用代表值，其值可根据在足够长观测期内作用任意时点概率分布的 0.5(或高于 0.5)分位值确定。

34. 持久状态：是指桥涵使用过程中长期承受结构自重、汽车荷载等作用的状态。

35. 作用效应：结构对所受作用的反应，如弯矩、扭矩、位移等。

36. 作用效应设计值：作用标准值效应与作用分项系数的乘积。

37. 分项系数：为了保证所设计的结构具有规定的可靠度，而在设计表达式中采用的系数，分为作用分项系数和抗力分项系数两类。

38. 作用效应组合：结构上几种作用分别产生的效应的随机叠加。

39. 作用效应组合系数：在作用效应组合中，由于几个独立可变作用效应最不利值同时出现的概率较小而对作用采用的折减系数。

40. 作用效应基本组合：承载能力极限状态设计时，永久作用设计值效应与可变作用设计值效应的组合。

41. 作用效应偶然组合：承载能力极限状态设计时，永久作用标准值效应与可变作用某种代表值效应、一种偶然作用标准值效应的组合。

42. 作用短期效应组合：正常使用极限状态设计时，永久作用标准值效应与可变作用频遇值效应的组合。

43. 作用长期效应组合：正常使用极限状态设计时，永久作用标准值效应与可变作用标准值效应的组合。

44. 最不利荷载组合：对于桥梁结构可能同时存在的荷载，使其产生最不利效应时的荷载组合。

45. 结构重要性系数：对不同安全等级的结构，为使其具有规定的可靠度而采用的系数。

46. 冲击作用：车辆以一定速度在桥上行驶时，由于桥面的不平整、车轮不圆以及发动机的抖动等原因，会使桥梁发生振动，产生动力作用。这种动力作用会使桥梁的内力和变形较静活载作用时更大，这种现象称为冲击作用。

47. 离心力：当汽车以一定的速度在曲线桥上行驶时，对桥面产生的径向力。

48. 汽车制动力：车辆在刹车时，为克服车辆的惯性力而在路面与车辆之间发生的滑动摩阻力。

49. 荷载折减系数：计算结构受力时，考虑活荷载标准值不可能全部布满和各构件受载后的传递效果不同，而对荷载进行折减的系数。分为横向折减系数和纵向折减系数。

50. 设计基准期：在进行结构可靠性分析时，考虑持久设计状况下各项基本变量与时间关系所采用的基准时间参数。

51. 伸缩缝：为适应材料胀缩变形对结构的影响而在结构的两端设置的间隙。

52. 组合系数：在作用效应组合中，由于几个独立可变作用效应最不利值同时出现的概率较小而对作用采用的折减系数。

53. 地震震级：是表示地震本身大小的等级，以地震释放的能量为尺度，根据地震仪记录到的地震波来确定。

54. 地震烈度：是指某地区地面和各类建筑物遭受一次地震影响的强弱程度。

55. 温度梯度：当桥梁结构受到太阳照射后，结构的温度沿截面的高度是各不相同的，反映温度沿截面高度变化的规律称为温度梯度。

56. 年温差：是指常年缓慢变化的年气温，它对结构的影响主要导致桥梁各截面的均匀温升或温降、伸长或缩短，当结构的上述位移受约束时，会导致结构内部产生温度次内力。

57. 局部温差：是指由日照辐射或温度降低引起的，它的传热方式在结构各截面上分布是不均匀的，而且分布也是非线性的。

二、梁桥

1. 板桥：板桥的截面特点是建筑高度小、构造简单、施工方便，采用预制装配施工时，预制构件重量小、架设方便。根据其截面形式和施工方式可分为整体式实心板、装配式实心板、装配式空心板、装配—整体组合式板及异形板。前 4 种板主要用于小跨径板梁桥，包括简支板桥、连续板桥和斜板桥等。异形板截面形式主要用于城市高架桥及跨度在 20～30m 桥面较宽的预应力混凝土连续板桥。

2. 肋梁桥：肋梁桥与板桥相比其主要特点是挖去了部分受拉区的混凝土，减轻了主梁自重，提高了跨越能力。肋梁式截面适合于预制安装，主梁质量易于控制，施工速度快，桥梁部分构件损坏容易修复和更换。其主梁除采用 T 形截面外，也可采用 Ⅱ 形或 I 形截面，将其组合成整体时，桥梁横截面仍类似于 T 形截面主梁组合的桥梁横截面。从主梁结构受力角度分析，由于 T 形截面上翼缘面积较大，其截面重心位置偏上，因此 T 形截面特别适用于承受上翼缘受压、下翼缘受拉的单向弯矩荷载。这与钢筋混凝土和预应力混凝土简支梁的受力模式相当吻合。T 形截面上翼缘恰好提供了较大的混凝土受压区，而下翼缘只要能满足受拉钢筋或预应力钢筋的布置要求就可以了。T 形截面的重心至下翼缘的距离较大，对于有效地利用受拉钢筋和预应力钢筋非常有利。因为承受同样拉力的钢筋或预应力钢筋，其力臂越大所能承受的弯矩也越大，T 形截面为受拉钢筋或预应力钢筋提供了较大的力臂。肋梁桥大多用于跨径为 13～20m 的钢筋混凝土简支梁桥或 20～40m 的预应力混凝土简支梁桥，以及跨径不大、正负弯矩绝对值相差不多的悬臂梁桥或连续梁桥。

3. 箱形梁桥:箱形梁桥是大跨径预应力混凝土梁桥以及弯桥和斜桥普遍采用的截面形式之一。其特点是全截面参与工作,截面抗弯、抗扭刚度大;材料在截面上分布合理,能有效地抵抗正、负弯矩和较大的扭矩;同时又有良好的横向抗弯能力。由于箱形截面横向刚度大,在车辆荷载作用下各主梁受力均匀,其荷载横向分布系数较小。箱形截面不仅适用于较大跨径的预应力混凝土简支梁桥,还特别适用于大跨径的连续梁桥、悬臂梁桥和T形刚构桥等。箱形截面一般分为单箱单室、单箱双室、单箱多室、双箱单室、双箱双室和多箱单室以及长悬臂斜腹箱形截面等。

4. 简支梁桥:简支梁是梁桥中应用最广泛的一种桥型,其结构简单、施工方便、受力明确、易采用标准设计,从而可简化施工、降低建设成本。简支梁桥是静定结构,结构内力不受地基变形及温度变化等的影响,因此对基础的适应性好。但受跨中正弯矩的限制,钢筋混凝土简支梁桥跨径一般不超过20m,而预应力混凝土简支梁桥的经济跨径一般在40m左右。

5. 连续梁桥:连续梁桥是其承重结构不间断地连续跨越几个桥孔而形成的超静定结构体系,由于连续梁支点负弯矩的卸载作用,使跨中正弯矩明显减小,弯矩分布合理,同时由于负弯矩的存在,钢筋混凝土连续梁桥的应用受到限制,而预应力混凝土连续梁桥的应用却非常广泛。其特点是跨中建筑高度较小、结构刚度大、动力性能好、变形挠曲线平缓、行车舒适,中间墩只需单排支座,因此可减小中间墩的结构尺寸,增加桥下过水断面。由于连续梁桥是超静定结构,墩台基础的变位将使结构产生附加内力,通常需要建造在良好的桥基上。预应力混凝土连续梁桥的常用跨径一般为40~60m,目前最大的跨径已超过200m。

6. 悬臂梁桥:悬臂梁是主梁长度大于单孔跨径并越过支点的悬臂结构,仅一端悬出的称为单悬臂梁,两端悬出的称为双悬梁,也可由单悬臂梁、双悬臂梁与简支挂梁联合组成多孔悬臂梁桥。悬臂梁利用悬臂根部的负弯矩对主跨跨中正弯矩产生卸载作用,使悬臂梁和连续梁相仿,可节约材料用量、降低建筑高度、加大跨径。悬臂梁一般为静定体系,和简支梁一样对基础的适应性较好。在多孔桥中,其中间墩也只需设置一排支座。由于悬臂梁施工不便,尤其是挂梁端部变形挠曲线不连续,使行车不平顺,桥面易损坏,所以无论是钢筋混凝土还是预应力混凝土悬臂梁桥在实际工程中的应用都不是很广泛。

7. 横向连接:为保证主梁共同承受车辆荷载,装配式主梁之间必须设置横向连接构造。对于装配式板桥常用的横向连接有企口混凝土铰接和钢板焊接两种。对于装配式梁桥横隔梁的连接有钢板连接、螺栓连接和扣环连接三种。对于装配式梁桥主梁翼缘板的连接有企口连接和扣环连接两种。

8. 纵向竖缝划分:作为主要承重构件的各根主梁(包括相应行车道板),都是整体预制的,接头和接缝仅布置在次要构件——横隔梁和行车道板内,或直接用螺栓连接,而且结构部分全为预制拼装,不需现浇混凝土。这种划分方式的特点是:主梁受力可靠,施工方便。但构件的尺寸和质量往往都较大,以致会增加运输与安装上的困难。在此情况下,可在预制构件内伸出接头钢筋,待安装就位后就可浇筑部分桥面板和横隔梁的混凝土,等现浇混凝土达到一定强度后结构进行后续工序的施工,缺点在于施工速度较慢。

9. 纵向水平缝划分:为了进一步减轻拼装构件的起吊重量和尺寸,纵向水平缝是将桥梁的全部梁肋与桥面板分割开来,再借助纵横向的竖缝将桥面板划分成平面呈矩形的预制构件,施工时先架设钢筋混凝土和预应力混凝土梁肋,再安装预制板,最后在接缝内或连同板现浇一部分混凝土,使结构连成整体。这样的装配式梁桥通常称为组合式梁桥,此种块件划分方式的特点是:主梁构件轻,桥面板整体性好,受力有利。但增加了现浇混凝土的施工工序,延长施工期。

10. 纵、横向竖缝划分：为了使装配式梁的预制块件进一步减小尺寸和减轻重量，可将纵向竖缝划分的主梁再通过横向竖缝划分成较小的梁段。对于这样的预制梁段，由于没有钢筋穿过接缝，就必须在安装就位后串联预应力筋，施加预压应力才能保证所有接缝具有足够的连接强度，使梁整体受力。串联梁的主要优点是块件尺寸小、重量轻，可以工厂化成批预制后方便地运至远近工地。但块件的预制精度要求高。

11. 保护层：为了防止钢筋受到大气影响而锈蚀，并保证钢筋与混凝土之间的黏着力充分发挥作用，钢筋到混凝土边缘需要设置保护层。若保护层厚度太小，就起不到对钢筋的保护作用，太大则混凝土表层因距钢筋远，混凝土容易开裂，且减小了截面的有效高度。

12. 焊接钢筋骨架：在装配式钢筋混凝土 T 形梁中，由于钢筋数量多，如按钢筋最小净距要求排列就有困难，在此情况下可将钢筋焊接成钢筋骨架。在焊接钢筋骨架中，为保证焊接质量，焊缝处强度应不低于钢筋本身强度。

13. 单向受力板：根据板的受力特性，把长边与短边的比等于或大于 2 的周边支撑板看作由短边承受荷载的受力板，而在长跨方向按照构造布置钢筋。

14. 双向受力板：长边与短边之比小于 2 的板，需要按照两个方向的计算内力布置钢筋。

15. 斜交板：指板的轴线与支承线呈非 90°的某一夹角。

16. 装配式桥梁：是指主要结构构件在工厂或预制场预制，再运往桥位现场进行安装的桥梁。

17. 车轮荷载在板上的分布：作用在桥面上的车轮压力通过桥面铺装层扩散分布在钢筋混凝土桥面板上，由于板的计算跨径相对于轮压的分布宽度来说不是很大，故在计算中应将轮压作为分布荷载来处理，这样既避免了较大的计算误差，又能减少桥面板的材料用量。

18. 板的有效工作宽度：车轮荷载产生的跨中最大弯矩与板按弹性理论计算的荷载中心处的最大单宽弯矩峰值之比 $a=M/m_{x\max}$。以此板宽来承受车轮荷载产生的总弯矩，既保证了总体荷载和外荷载相同，又满足局部最大弯矩与实际分布相同。

19. 荷载横向分布：表示某根主梁所承担的最大荷载是各个轴载的倍数。

20. 荷载横向分布影响线：指车辆、人群荷载沿横桥向对主梁分配的荷载程度的系数。

21. 杠杆原理法：其基本假定是忽略主梁之间横向结构的联系作用，即假设桥面板在主梁上断开，而当作沿横向支承在主梁上的简支梁或悬臂梁来考虑。

22. 偏心压力法：在具有可靠横向连接的桥上，且桥的宽跨比$\frac{B}{l}$小于或接近 0.5 的情况时，在车辆荷载作用下中间横隔梁的弹性挠曲变形同主梁相比甚小。也就是说，中间横隔梁像一根刚度无限大的刚性梁，在荷载作用下仍然保持直线的形状，从桥上受荷后各主梁的变形（挠度）规律来看，它完全类似于一般材料力学中杆件偏心受压的情况，这就是偏心压力法计算荷载横向分布的基本前提。当计及主梁抗扭刚度影响时，称为修正偏心压力法。

23. 横向铰接板（梁）法：把相邻板（梁）之间视为铰接，铰只传递剪力；采用半波正弦荷载来分析跨中荷载横向分布的规律。按照结构力学中的力法原理求解正弦分布铰接力，利用该板（梁）的荷载横向影响线来计算横向分布系数。

24. 横向刚接梁法：把相邻主梁之间视为刚性连接，即接缝传递剪力和弯矩；采用半波正弦荷载来分析跨中荷载横向分布的规律。按照结构力学中的力法原理求解正弦分布铰接剪力和弯矩，利用该梁的荷载横向影响线来计算横向分布系数。

25. 比拟正交异性板法：将主梁和横隔梁的刚度换算成两个方向刚度不同的比拟弹性薄板，按古典弹性理论来进行分析求解，并由实用的曲线图表进行荷载横向分布计算。

26. 挠度：结构在荷载作用下产生的挠曲变形。

27. 预拱度：为了平衡桥梁使用时的上部结构和施工时支架的各变形值，在桥梁浇筑时预先施加的一个上拱值。

28. 减余剪力图：根据受力要求，预应力钢筋弯起后所产生的预剪力应能抵消永久荷载与可变荷载所引起剪力的一部分，抵消后所剩余的外剪力，通常称为剩余剪力，将其绘制成图，称为减余剪力图，它是配置抗剪钢筋的依据。

29. 预应力等效荷载：把预应力索和混凝土视为独立的脱离体，把预应力索对混凝土的作用看作等效的荷载。

三、其他体系桥梁及桥梁支座

1. 悬索桥：悬索桥又称吊桥。是指利用主缆和吊索作为加劲梁的悬挂体系，将桥跨所承受的荷载传递到桥塔、锚碇的桥梁。其主要结构由主缆、桥塔、锚碇、吊索、加劲梁等组成。

2. 地锚式悬索桥：主缆通过重力式锚碇或岩隧式锚碇将荷载产生的拉力传至地基达到全桥的受力平衡，这是大跨度悬索桥最佳的受力模式，绝大多数悬索桥采用地锚式主缆锚固方式。

3. 自锚式悬索桥：在边跨两端将主缆直接锚固于加劲梁上，主缆的水平拉力由加劲梁提供轴压力自相平衡，不需另外设置锚碇。加劲梁要先于主缆安装，故由于施工困难、经济性差等原因极少被采用。

4. 美国式悬索桥：采用竖直吊索并以钢桁架作加劲梁。这种形式的悬索桥一般为三跨地锚式，加劲梁不是连续的，主塔处有伸缩缝，桥面为钢筋混凝土，主塔采用钢结构。其特点是可以通过增加桁架高度来保证梁有足够的刚度，并且便于实现双层通车。

5. 英国式悬索桥：采用三角布置斜吊索，以高度较小的扁平流线型钢箱梁作加劲梁。这种形式的悬索桥桥塔处设有伸缩缝，用混凝土桥塔代替钢桥塔，有的还将主缆与加劲梁在主跨中点处固结。其特点是钢箱加劲梁可减轻恒载，且抗扭刚度大，三角布置的斜吊索提高了桥梁刚度，但在吊点处构造复杂。

6. 混合式悬索桥：采用竖直吊索和扁平流线型钢箱梁作加劲梁。它的出现显示出钢箱加劲梁的优越性，同时避免了采用有争议的斜吊索。我国目前修建的悬索桥大多属于这种形式。混合式悬索桥除了有一般悬索桥的缆索体系外，有的还设有若干加强用的斜拉索。

7. 主缆：主缆是通过塔顶鞍座悬挂在主塔上并锚固于两端锚固体中的柔性承重构件，主缆本身又通过索夹和吊索承受活载和加劲梁的恒载，除此之外，还分担一部分横向风荷载并将它直接传递到塔顶。主缆必须具有强度高、弹性模量大、耐腐蚀等性能，大多选用高强镀锌钢丝及镀锌钢丝绳。大多悬索桥都采用双面主缆，也有用单面主缆。主缆的根数一般一侧布置一根，也有一侧用两根主缆的设计，称为复式主缆。

8. 吊索：吊索是将活载和加劲梁的恒载通过索夹传递到主缆的主要构件，它的上端与索夹相连，下端与加劲梁相连。吊索一般采用镀锌钢丝绳或镀锌高强平行钢丝制作，少数小跨悬索桥采用由圆钢或钢管制成的刚性吊杆。吊索可竖直布置，也可斜向布置，它与主缆的连接方式有骑跨式和铰接式，与加劲梁的连接方式有锚头承压方式和销接式。

9. 索夹：索夹位于每根吊索和主缆的连接节点上，是主缆和吊索的连接件。索夹以套箍的形式紧固在主缆上，它在主缆上夹紧后产生一定的摩阻力抵抗滑移，从而固定吊索与主缆的节点位置,同时也固定了主缆外形。

10. 索鞍:索鞍是塔顶上承受主缆的重要构件,可以使主缆中的拉力以垂直力和不平衡水平力的方式均匀地传给塔顶。除了主塔与副塔的鞍座之外,主缆在进入锚固体之前还必须通过散索鞍座将主缆分散后以索股作单位分散锚固。

11. 加劲梁:加劲梁的主要功能是提供桥面和防止桥面发生过大的挠曲变形或扭曲变形。加劲梁是悬索桥承受风荷载和其他横向水平力的主要构件。

12. 索塔:是支承主缆的重要构件,悬索桥的活载和恒载通过主塔传递到下部的塔墩和基础,同时主塔还承受风力和地震等作用。

13. 锚碇:是地锚式悬索桥锚固主缆必不可少的重要结构物,可分为重力式锚碇及岩隧式锚碇。

14. 斜拉桥:斜拉桥又称斜张桥,由斜索、塔柱、主梁三部分组成,是一种桥面体系受压,支承体系受拉的多次超静定结构。

15. 悬浮体系斜拉桥:也称飘浮体系,它是将主梁除两端外全部用缆索吊起,具有弹性支承的单跨梁。采用悬臂法施工,靠近塔柱处的梁段设置临时支点。

16. 支承体系斜拉桥:主梁在塔墩上设有支点,接近于具有弹性支承的三跨连续梁,主梁一般设置活动支座。采用悬臂施工时不需设置临时支点,比较方便。

17. 塔梁固结体系斜拉桥:相当于梁顶面用斜索加强的一根连续梁,上部结构的重量和活载由支座传给桥墩。需设置大吨位支座,支承力可能是万吨级的。

18. 刚构体系斜拉桥:塔柱、主梁和柱墩相互固结,形成具有弹性支承的刚构,刚度较大,主梁和塔柱的挠度较小。

19. 拉索:拉索是斜拉桥的一个重要组成部分,桥跨结构的重力和桥上活载绝大多数或全部通过拉索传递到索塔上。

20. 拉力支座:指既能承受拉力又能承受压力的支座。

21. 减震支座:是一种应用在地震区的新型桥梁支座,它是利用阻尼和摩擦耗能,使桥梁阻尼增大,消减最大地震力峰值,减缓强烈地震的动力反应和冲击作用。

22. 剪力铰:是一种传递竖向剪力,但不能传递水平推力和弯矩的联结构造。

23. 结合梁:用剪力键、抗剪结合器或其他方法将混凝土桥面板与其下的钢板梁结合成整体的梁式结构,称为结合梁桥。在结合梁桥中,混凝土桥面板参与钢板梁上翼缘受压,提高了桥梁的抗弯能力,从而可以节省用钢量和降低建筑高度。

24. 剪力滞效应:箱形截面梁当其腹板顶面受对称荷载作用时,其上下翼缘板的正应力呈不均匀分布的现象。即箱形截面梁在自重和对称荷载的作用下挠曲时,由于腹板传递的剪力流在边缘上受拉要大一些;而向板内传递过程中,由于上下板均会发生剪切变形,拉应力会逐渐减小,故实际上上板的拉应力在截面分布是不均匀的,呈现板的中间小而两边大的应力状态,剪力流在横向传递过程有滞后现象,故称之为剪力滞后现象或称剪力滞效应。

25. 连续梁次内力:连续梁由于收缩、徐变、地基沉降、温度等作用而产生的附加内力。

四、拱桥

1. 板拱桥:板拱桥是最古老的拱桥形式,其主拱圈的横截面是整块的矩形实体截面,其构造简单、施工方便。

2. 肋拱桥:将整块板拱划分成两条或多条分离的、截面高度较大的拱肋,肋与肋之间用横系梁相连，形成由几条肋组成的肋拱桥。这样可以用较小的截面积获得较大的截面抵抗矩，以达到节省材料，减轻自重的目的。

3. 箱形截面拱桥：外形与板拱相似，由于它将实体的板拱截面挖空，使箱形拱的截面抵抗矩比相同尺寸截面的板拱大很多，从而能节省材料，减轻自重，对于大跨径拱桥则效果更为显著。又由于它是闭口箱形截面，抗扭刚度大，横向整体性和结构稳定性都比较好，且操作安全，特别适合于无支架施工。但箱形截面的施工制作较复杂。

4. 钢管混凝土拱桥：是属于肋拱桥的一种，主要用于以受压为主的结构。它是在薄壁圆形钢管内填充混凝土而形成的一种复合材料，它借助内填混凝土增强钢管壁的稳定性；同时又利用钢管对核心混凝土的套箍作用，使核心混凝土处于三向受压状态，从而使其具有更高的抗压强度和抗变形能力。

5. 劲性骨架混凝土拱桥：以劲性骨架作为受力筋，它可以是型钢，也可以是钢管或钢管混凝土，采用钢管混凝土作为劲性骨架的混凝土拱桥，又可称为内填外包型钢管混凝土拱桥。

6. 拱上建筑：由于主拱圈是曲线形，一般情况下车辆无法直接在弧面上行驶，所以在桥面系和主拱圈之间需要有传递荷载的构件或填充物，以使车辆能在平顺的行车道上行驶。这些主拱圈以上的桥面系和传力构件或填充物统称为拱上建筑。

7. 桁架拱桥：也称为拱形桁架桥。一般由桁架拱片、横向联系和桥面结构等部分组成。其主拱是拱形桁架和桥面板组成的整体结构。

8. 刚架拱桥：是在桁架拱桥、斜腿刚架桥等基础上发展起来的一种轻型钢筋混凝土拱与斜腿刚构的组合体系结构。

9. 拱轴系数：是指拱脚的恒载集度和拱顶恒载集度的比值。

10. 纯压拱：拱桥的各个拱截面均无弯矩的拱称为纯压拱。

11. 压力线：拱桥在各个荷载作用下，在拱圈上产生的压力的合力点连线。

12. 连拱作用：支承在有限刚度桥墩上的连续多孔拱桥，在拱圈受力时，各孔拱圈桥墩变形相互影响的作用。

13. 合理拱轴线：能使拱的各个截面弯矩为零的拱轴线。

14. 拱上建筑联合作用：对于上承式拱桥，当活载作用于桥面时，拱上建筑的主要组成部分与主拱圈共同承担活载的作用。

15. 五点重合法：设计拱桥的拱轴系数时，要求拱圈的 5 个关键控制截面，即拱顶、两拱脚和两个四分点的压力线和拱轴线必须重合，从而使各拱圈截面不产生过大的弯矩峰值，这种设计方法称为五点重合法。

16. 系杆拱：由水平受拉构件平衡部分（或全部）拱脚推力的拱桥称为系杆拱。

17. 提篮拱：两拱肋向内侧倾斜一定的角度，以增加拱桥的稳定性。这类拱桥称为提篮拱。

18. 拱的纵向稳定性：拱的稳定从失稳形态分纵向（面内）稳定和横向（面外）稳定两个方面。拱的纵向稳定性验算，是将拱圈或拱肋换算为对应稳定计算长度的压杆，以验算抗压承载力的形式验算其稳定性。

19. 弹性中心：使得 $\delta_{12}=\delta_{21}$ 的刚臂端部几何位置。

五、桥梁墩台

1. 重力式墩台：主要靠自身重量来平衡外力而保持平衡的桥梁墩台。台身比较厚实，可以不用钢筋，而用天然石材或片石混凝土砌筑。

2. 轻型墩台：这类墩台的刚度小、受力后允许在一定的范围内发生弹性变形。所用的建筑材料大都以钢筋混凝土和少量配筋的混凝土为主，但也有一些轻型墩台，通过验算后可以用石料砌筑。

3. 墩台帽：指桥墩台顶部安放支座的部分，其平面尺寸应满足桥梁支座布置的需要。

4. 墩台身：墩台身是桥梁墩台的主体，支承桥梁上部结构，把桥梁上部荷载传到基础。

5. 基础：支承桥梁墩台，把上部传来的荷载以及其周边的作用均匀地传到地基。

6. 单向推力墩：是指能够独立承受任意一侧拱的推力的墩。

7. 柔性排架桩墩：是由单排或双排的钢筋混凝土桩与钢筋混凝土盖梁连接而成的墩。

8. 框架墩：是采用由构件组成的平面框架代替墩身，以支承上部结构，必要时可做成双层或更多层的框架支承上部结构的墩。

9. 埋置式桥台：台身埋置于台前溜坡内，不需另设翼墙，仅由台帽两端的耳墙与路堤衔接。

10. 锚碇板式桥台：锚碇板式桥台有分离式和结合式两种形式。分离式是台身与锚碇板、挡土结构分开，台身主要承受上部结构传来的竖向力和水平力，锚碇板设施承受土压力。结合式锚碇板式桥台，它的锚碇板结构与台身结合在一起，台身兼做立柱和挡土板。作用在台身的所有水平力假定均由锚碇板的抗拔力来平衡，台身仅承受竖向荷载。

11. 基底应力验算：基底应力验算，一般按顺桥方向和横桥方向分别进行。当偏心荷载的合力作用在基底截面的核心半径以内时，应验算偏心向的基底应力。当合力偏心距超出核心半径时，其基底的一边将会出现拉应力，由于不考虑基底承受拉应力，故需按基底应力重分布，重新验算基底最大压应力。

12. 基底偏心验算：为了防止基底最大和最小应力差距过大(即荷载偏心过大，而使基底产生不均匀沉陷，影响桥墩的正常使用，必须进行基底偏心验算，使荷载的偏心距控制在容许范围以内。

六、桥梁施工

1. 浅置基础：埋深较浅(一般小于 5m)的基础，一般为扩大基础。

2. 深置基础(深水基础)：桩基础、沉井、沉箱、管柱等。

3. 施工荷载：按短暂状态设计时，施工阶段施加在结构或构件上的临时荷载，包括结构重力、附着在结构和构件上的模板、材料机具等荷载。

4. 主动土压力：挡土墙在土压力的作用下，向离开土体方向移动，作用在墙背上的土压力值逐渐减少，直至墙后土体出现滑动面。滑动面以上的土体将沿着这一滑动面向前滑动，在滑动瞬间，墙背上的土压力减少到最小值，土体内处于主动极限平衡状态，此时作用在墙背上的土压力称为主动土压力，一般用 E_a 表示。

5. 静止土压力：当挡土墙在土压力的作用下，不产生任何位移或转动，墙后土体处于弹性平衡状态，此时墙背所受的土压力称为静止土压力。

6. 被动土压力：当挡土墙在外力作用下向土体方向移动或转动时，墙体挤压墙后土体，作用在墙背上的土压力值逐渐增大，直至墙后土体出现滑动面。滑动面以上的土体将沿着这一滑动面向上向后推出，在滑动瞬间墙背上的土压力增大到最大值，土体内处于被动极限平衡状态，此时作用在墙背上的土压力称为被动土压力，一般用 E_p 表示。

7. 先张法：即先张拉预应力钢筋，后浇筑混凝土的方法。

8. 后张法：是先浇筑构件混凝土，待混凝土结硬后，再张拉预应力钢筋并锚固的方法。

9.模板:在桥梁结构施工时,使桥梁结构按照设计尺寸成型的模具。

10.摩擦桩:主要依靠桩侧阻力承受竖直荷载的桩。

11.柱桩:在极限荷载作用下,桩顶荷载全部或主要由桩端阻力承受的桩。

12.高桩承台:底面位于地面(或冲刷线)以上的承台。

13.低桩承台:底面位于地面(或冲刷线)以下的承台。

14.围堰:修筑地下和水中建筑物时,所做的临时性围护结构。

15.顶推法:指的是梁体在桥头逐段浇筑或拼装,用千斤顶纵向顶推,使梁体通过各墩顶的临时滑动支座面就位的施工方法。

16.拱桥的劲性骨架施工法:对于有劲性骨架的拱桥,施工时先制作骨架,安装合龙就位,再以骨架为支架进行混凝土内填和外包的施工方法。

17.拱桥的转体施工法:桥梁转体施工是指将桥梁结构在非设计轴线位置制作(浇筑或拼接)成形后,通过转体就位的一种施工方法。

18.悬臂浇筑法:指的是在桥墩两侧设置工作平台,平衡地逐段向跨中悬臂浇筑钢筋混凝土梁体,并逐段施加预应力的施工方法。

19.预制梁逐孔施工法:将机械化的支架和模板支承在长度稍大于两跨、前端作导梁用的承载梁上,然后在桥跨内进行现浇施工,待混凝土达到规定强度后脱模,并将整孔模架沿导梁前移至下一浇筑桥孔,逐孔推进至全桥施工完毕的方法。

20.悬臂拼装法:将预制好的梁段,用驳船运到桥墩的两侧,然后通过悬臂梁上的一对起吊机械,对称吊装梁段,待就位后再施加预应力,如此下去逐渐接长。

21.劲性骨架施工法:根据钢支架法演变和发展而来的一种施工方法,主要用于混凝土拱桥的施工。拱肋施工时,先做劲性骨架,再利用劲性骨架作为支架浇筑拱肋混凝土,拱肋混凝土达到强度后,在后续的施工过程中和成桥后的受力中,劲性骨架可作为结构的一部分参与受力。

22.假载法:通过改变拱轴系数来变更拱轴线,使拱顶、拱脚两截面的控制应力接近相等。

第 3 部分是非判断题答案

一、总论

1. Y	2. N	3. Y	4. N	5. Y	6. Y	7. N	8. N	9. N	10. N
11. N	12. N	13. Y	14. Y	15. N	16. N	17. N	18. N	19. N	20. N
21. N	22. N	23. N	24. Y	25. N	26. N				

二、梁桥

1. N	2. N	3. Y	4. N	5. Y	6. Y	7. N	8. Y	9. N	10. Y
11. N	12. N	13. N	14. Y	15. N	16. N	17. Y	18. N	19. Y	20. N
21. Y	22. N	23. Y	24. Y	25. N	26. Y	27. N	28. Y	29. Y	30. Y
31. Y	32. Y	33. Y	34. N	35. Y	36. N	37. Y	38. Y	39. Y	40. N
41. Y	42. N	43. Y	44. Y	45. Y	46. N	47. Y	48. N	49. N	50. Y
51. Y	52. N	53. Y							

三、其他体系桥梁及桥梁支座

1. Y	2. Y	3. N	4. N	5. Y	6. N	7. Y	8. Y	9. N	10. Y
11. N	12. N	13. Y	14. N	15. N					

四、拱桥

1. N	2. Y	3. Y	4. N	5. Y	6. Y	7. Y	8. Y	9. N	10. Y
11. Y	12. Y	13. N	14. N	15. N	16. N	17. N	18. Y		

五、桥梁墩台

1. N	2. Y	3. Y	4. Y	5. N	6. N	7. N	8. N	9. N

六、桥梁施工

1. N	2. Y	3. Y	4. N	5. N	6. N	7. Y	8. N	9. Y	10. N
11. Y	12. N	13. Y	14. Y	15. Y	16. Y	17. Y	18. N	19. N	20. Y
21. N									

第 4 部分单项选择题答案

一、总论

1. B	2. C	3. C	4. C	5. C	6. B	7. A	8. B	9. D	10. D
11. B	12. B	13. D	14. D	15. D	16. B	17. A	18. B	19. C	20. C
21. C	22. D	23. A	24. B	25. A	26. C	27. D	28. A	29. C	30. D
31. B									

二、梁桥

1. B	2. A	3. B	4. B	5. C	6. C	7. D	8. B	9. B	10. D
11. C	12. B	13. B	14. A	15. A	16. B	17. D	18. A	19. C	20. C
21. D	22. A	23. D	24. C	25. C	26. C	27. C	28. C	29. A	30. D
31. C	32. A	33. D	34. A	35. C					

三、其他体系桥梁及桥梁支座

1. D	2. D	3. A	4. C	5. C	6. C	7. C	8. D	9. A	10. D
11. C	12. B	13. C	14. B	15. D	16. B	17. C	18. D	19. C	20. D
21. B	22. A	23. B	24. B	25. B	26. D	27. D	28. C	29. B	30. B
31. A									

四、拱桥

1. D	2. D	3. D	4. C	5. C	6. A	7. A	8. D	9. D	10. D
11. B	12. B	13. B	14. B	15. B	16. B	17. D	18. D	19. C	20. C

五、桥梁墩台

1. B	2. B	3. D	4. B	5. B	6. C	7. A	8. D	9. A	10. B
11. B	12. D	13. A	14. B	15. A					

六、桥梁施工

1. A	2. C	3. A	4. C	5. C	6. B	7. B	8. C	9. C

第 5 部分问答题答案

一、总论

1.【答】在公路、铁路、城市和农村道路交通以及水利等建设中，为了跨越各种障碍(如河流、沟谷或其他线路等)，必须修建各种类型的桥梁或涵洞。

桥涵是陆路交通中的重要组成部分，在现代高等级公路以及城市高架桥的修建中，桥梁不仅在工程规模上十分巨大，而且也是保证全线早日通车的关键。在国防上，桥梁是交通运输的咽喉，在需要高度快速、机动的现代战争中也具有非常重要的地位。现代高速公路上迂回交叉的立交桥、城市高架桥，数十公里的海湾和海峡大桥，新发展的城郊高速铁路桥与轻轨运输高架桥等，这些新型桥梁不但是规模巨大的工程实体，而且犹如一条地上"彩虹"，将城市装扮得格外妖娆美丽。因此，桥梁建筑已不单纯作为交通线上的重要工程实体，而且常作为一种空间艺术结构存在于社会之中。

2.【答】我国古代石拱桥的杰出代表有河北省赵县的赵州桥(又称安济桥)，建于隋朝605～616年，由匠师李春设计建造。该桥为空腹式圆弧石拱桥，桥长50.82m，跨径37.02m，拱高7.23m，两端宽9.6m。时隔千年，欧洲才建成类似石拱桥。

我国古代吊桥的杰出代表有四川泸定县的大渡河铁索桥，该桥始建于清朝康熙四十四年，建成于康熙四十五年(1706年)，桥长103m，宽3m，由13根铁链固定在两岸桥台里，9根作底链，4根分两侧作扶手，共有12 164个铁环相扣，全桥铁件重达40t，是四川入藏的要道。1935年，中国工农红军在长征途中飞夺泸定桥，该桥成为中国共产党重要的历史纪念地之一。

我国古代石梁桥的杰出代表有福建泉州建造的万安桥(又称洛阳桥)，建于宋朝1053～1059年，桥全长超过800m，共47孔，位于波涛汹涌、水深不可测的海口江面上，以磐石遍铺桥位江底，并采用养殖海生牡蛎的方法胶固桥基成整体，是近代筏形基础开端。该桥石梁共有300余根，每根重20～30t，利用潮汐的涨落控制船只的高低位置架设石梁，是现代浮运架桥的原始雏形。

3.【答】(1)大跨度桥梁向更长、更大、更柔的方向发展。研究大跨度桥梁在气动、雨振、地震和行车动力作用下结构的稳定性；将截面做成适应气动要求的各种流线型加劲梁；增大特大跨度桥梁的刚度；采用以斜缆为主的空间网状承重体系以及悬索加斜拉的混合体系；采用轻型且刚度大的复合材料作加劲梁，以自重轻、强度高的碳纤维材料做主缆。

(2)新材料的开发和应用。新材料应具有高强、高弹模、轻质的特点，研究超强聚合物混凝土、高强双向钢丝钢纤维增强混凝土、纤维塑料等一系列材料取代目前桥梁常用的钢和混凝土。

(3)计算机辅助手段。设计中采用快速有效的仿真分析和方案优化，运用智能化制造系统在工厂生产构件，利用GPS和遥感技术控制桥梁施工。

(4)大型深水基础工程。目前世界上桥梁基础还没有超过100m的深海基础工程，今后将根据需要进行100～300m深海基础的实践。

(5)桥梁的健康监测。通过自动监测和控制管理系统保证桥梁结构的安全和正常运行，一旦发生故障或损伤，将自动报告损伤部位和养护对策。

(6)重视桥梁美学及环境保护。桥梁是人类最杰出的建筑之一，闻名遐迩的有美国旧金山金门大桥、澳大利亚悉尼港桥、英国伦敦桥、日本明石海峡大桥、上海杨浦大桥、香港青马大桥等，这些著名的大桥都是一件件宝贵的空间艺术品，成为陆地、江河海洋和天空的景观，成为城市标志性建筑。21世纪的桥梁结构必将更加重视建筑艺术造型，重视桥梁美学和景观设计，重视环境保护，达到人文景观和自然景观的和谐统一。

4.【答】(1)混凝土梁桥：装配式钢筋混凝土简支梁桥的跨径一般不超过20m，而悬臂梁与连续梁桥的最大跨径一般在30～40m。预应力混凝土简支梁的跨径一般不超过40m，目前跨径已达50～70m，悬臂梁的最大跨径已达150m，连续梁的最大跨径已达260m。钢筋混凝土T形刚构桥常用跨径在40～50m，预应力T形刚构桥的常用跨径在60～200m。截至2014年年底，2006年建成的主跨330m的重庆石板坡长江复线桥，仍是跨度位居世界第一的预应力混凝土连续刚构梁桥。

(2)拱桥：我国拱桥有悠久的历史。在建国初期，广大建桥技术人员继承和发扬了石拱桥造桥的优良传统，因地制宜，就地取材，修建了大量经济美观的石拱桥。截至2014年年底，2000年建成的主跨146m的山西丹河石拱桥仍为世界第一跨径石拱桥。除石拱桥外，我国还创造和推广了不少新颖的拱桥结构。1964年创建的双曲拱桥，具有材料省、造价低、施工简便和外形美观等优点，在公路桥梁建设中得到应用和推广，对当时加快我国公路桥梁建设速度起到很大的推动作用。在拱桥的施工技术方面，除了有支架施工外，对于大跨径拱桥，目前已广泛采用无支架施工，而且在四川、贵州和湖南等省，还采用转体法分别建成跨径为70m的肋拱桥和跨径达200m的箱形拱桥。截至2014年年底，2009年建成的主跨为552m的朝天门大桥，是跨度位居世界第一的钢桁架拱桥。

(3)斜拉桥：自20世纪50年代公路斜拉桥问世以来，这种结构合理、形式多样、跨越能力大、用材指标低、外形美观的桥梁异军突起，发展迅猛。目前我国主跨超过600m的斜拉桥已有十几座。已建成的苏通长江公路大桥采用的是主跨为1 088m的钢箱梁，香港昂船洲大桥采用的是主跨为1 018m的混合梁，南京长江三桥和二桥主跨分别为648m和628m，全桥均采用钢—混凝土组合梁。截至2014年年底，2012年建成的主跨1 104m的俄罗斯岛大桥，是跨度位居世界第一的斜拉桥。

(4)悬索桥：悬索桥的跨越能力在各类桥型中是最大的。我国1997年建成的香港青马大桥，全长2 160m，主跨1 377m，是香港20世纪的标志性建筑，在世界171项工程大赛中荣获“建筑业奥斯卡奖”。建成于2007年舟山连岛工程之一的西堠门大桥，主桥为三跨连续半漂浮钢箱梁悬索桥，主跨1 650m，位居世界第二，国内第一。截至2014年年底，1998年建成的主跨为1 991m的日本明石海峡大桥，跨度位居世界第一。

5.【答】桥梁由“五大部件”和“五小部件”组成。

(1)五大部件是：①桥跨结构（或称桥孔结构）是线路遇到障碍（如江河、山谷或其他路线等）时，跨越这类障碍的主要承载结构；②支座系统是支承上部结构并传递荷载于桥梁墩台上的结构，应满足上部结构在荷载、温度或其他因素作用下所预计的位移功能；③桥墩为支承两侧桥跨上部结构的建筑物；④桥台是位于河道两岸，一端与路堤相接防止路堤滑塌，另一端支承桥跨上部结构；⑤基础是保证墩台安全并将荷载传至地基的结构部分，基础工程在整个桥梁工程施工中是比较困难的部分，而且常常需要在水下施工，因而遇到的问题也很复杂。桥跨结构和支座系统是桥梁的上部结构，桥墩、桥台和基础为桥梁下部结构。在路堤与桥台衔接处，一般还在桥台的两侧设置锥形护坡，以保证迎水部分路堤边坡的稳定。

(2)五小部件是：桥面铺装（或称行车道铺装）、排水防水系统、栏杆（或防撞护栏）、伸缩缝和灯光照明。这五小部件均为与桥梁服务功能有关的部件，总称为桥面构造。但在桥梁设计中，往往由于得不到足够的重视，因而使桥梁服务质量降低，外观粗糙。随着经济建设的发展和人类文明水平的提高，人们对桥梁行车的舒适性和结构物的观赏性要求越来越高。因此，国外很多桥梁的设计已经很重视这五个小部件。目前，国内桥梁设计工程师们也越来越感受到五小部件的重要性。

6.【答】桥梁设计涉及的水位有低水位、高水位、设计洪水位和通航水位等。枯水期的最低水位称为低水位；洪水期的最高水位称为高水位；桥梁设计中按规定的设计洪水频率计算所得的高水位称为设计洪水位；在各级航道中，能保证船舶正常航行的水位称为通航水位。

7.【答】桥梁高度简称桥高，是指桥面与低水位之间的高差，或为桥面与桥下线路路面之间的高差；桥下净空高度指设计洪水位或计算通航水位至桥跨结构最下缘之间的竖直距离；建筑高度是桥上行车路面高程至桥跨结构最下缘之间的竖直距离。

8.【答】(1)净跨径：对于梁桥是指设计洪水位上相邻两个桥墩或桥墩与桥台之间的净距离，对于拱桥是指两拱脚截面最低点之间的水平距离。

(2)总跨径：多孔桥梁中各孔净跨径的总和，也称桥梁孔径，它反映了桥下泄洪的能力。

(3)计算跨径：对于有支座的桥梁，是指桥跨结构相邻两个支座中心的距离；对于拱桥，是指相邻两拱脚截面形心点之间的水平距离。

(4)标准跨径：对于梁桥，是指两相邻桥墩中心线之间的距离或桥墩中心线至桥台台背前缘之间的距离；对于拱桥，则是指净跨径。

9.【答】计算跨径是对桥跨结构进行力学分析的依据。对于设支座的桥梁，计算跨径为相邻两支座中心间的水平距离；对于不设支座的桥梁(如拱桥、刚构桥)，计算跨径为上、下部结构相交面中心间的水平距离。

10.【答】按多孔跨径总长 L 和单孔跨径 L_k 划分。

(1)按多孔跨径总长分：特大桥($L>1\,000\text{m}$)；大桥($100\text{m}\leqslant L\leqslant 1\,000\text{m}$)；中桥($30\text{m}<L<100\text{m}$)；小桥($8\text{m}\leqslant L\leqslant 30\text{m}$)。

(2)按单孔跨径分：特大桥($L_k>150\text{m}$)；大桥($40\text{m}\leqslant L_k\leqslant 150\text{m}$)；中桥($20\text{m}\leqslant L_k<40\text{m}$)；小桥($5\text{m}\leqslant L_k<20\text{m}$)。

11.【答】按照受力体系分类，桥梁可分为梁桥、拱桥和悬索桥三大基本体系。梁桥以受弯为主，拱桥以受压为主，悬索桥以缆索受拉为主。由三大基本体系的相互组合，派生出在受力上也具有组合特征的多种桥型，如斜拉桥等。各种桥梁体系的主要特点如下。

(1)梁桥：梁桥是一种在竖向荷载作用下无水平反力的结构，由于外力的作用方向与梁桥承重结构轴线基本垂直，与同样跨径的其他结构体系相比，梁桥产生的弯矩最大。钢筋混凝土简支梁桥对地基承载力要求不高，常用跨径在 20m 以下。当跨径较大时，需要采用预应力混凝土结构，但跨度一般不超过 40m。为了改善受力条件和适用性能，地质条件较好时，中、小跨径梁桥可建成连续梁桥，对于大桥和特大桥可以采用预应力混凝土连续梁桥、钢桥和钢—混凝土组合梁桥。刚构梁桥的主要承重结构是梁(或板)和立柱(或竖墙)整体结合形成刚架结构，梁和柱的连接处具有很大的刚度。在竖向荷载作用下，梁主要受弯，而在柱脚处也具有水平反力，其受力状态介于梁桥和拱桥之间。因此，对于同样的跨径，在相同荷载作用下，刚构桥的跨中弯矩要比梁桥的小。根据这一特点，刚构桥的跨中建筑高度就可以做得较小。当桥面高程一定时，能增加桥下净空。刚构桥的缺点是施工比较复杂，如用普通钢筋混凝土修建，梁柱刚接处较易开裂。

(2)拱桥：拱桥的主要承重结构是拱圈或拱肋。拱结构在竖向荷载作用下桥墩和桥台将承受水平推力，这种水平反力将大大抵消在拱圈(或拱肋)内作用引起的弯矩。因此，与相同跨径的梁桥相比，拱桥的弯矩、剪力和变形都要小得多。鉴于拱桥的承重结构以受压为主，通常可用抗压能力强的圬工材料或钢筋混凝土等来建造。拱桥不仅跨越能力很大，而且外形美观。在条件许可的情况下，修建拱桥往往是经济合理的，一般跨径在500m以内均可以作为比选方案。

(3)悬索桥：悬索桥也称吊桥，传统的吊桥均使用悬挂在两边塔架上强大的缆索作为主要的承重结构。在竖向荷载作用下，通过吊杆使缆索承受很大的拉力，这就需要在两岸桥台的后方修筑非常巨大的锚碇结构。吊桥也是具有水平反力(拉力)的结构。现代吊桥广泛采用高强度钢丝编制的钢缆，以充分发挥其优越的抗拉性能，因此结构自重轻，并能以较小的建筑高度跨越其他桥型无与伦比的特大跨度。我国在西南地区和在遭受山洪泥石流冲击等威胁的山区河流上，在修建其他桥梁有困难的情况下，往往采用吊桥。相对于其他体系而言，吊桥的自重轻，结构刚度小，在车辆动荷载、风荷载和雨荷载作用下有较大的变形和振动。目前吊桥一般只在公路桥上修建。

(4)组合体系桥：由几个不同结构体系组合而成的桥梁称为组合体系桥。如系杆拱桥是一种梁和拱的组合体系，其中梁和拱都是主要承重结构，两者相互配合共同受力。由于吊杆将梁向上吊住，这样就减小了梁中的弯矩；同时由于拱与梁连接在一起，拱的水平推力就传给梁来承受，这样梁除了受弯以外尚且受拉。这种组合体系桥能跨越较一般简支梁桥更大的跨度，而对墩台则没有推力作用，因此对地基的要求就与一般简支梁桥一样。斜拉桥是一种主梁与斜缆相结合的组合体系，悬挂在塔柱上被张紧的斜缆将主梁吊住，使主梁像多点弹性支承的连续梁一样工作，这样既发挥了高强材料的作用，又减小了主梁截面尺寸，使结构自重减轻从而增加了跨越能力。组合体系桥的种类很多，但究其实质不外乎是梁、拱、吊三者的不同组合，上吊下撑以形成新的结构。组合体系桥梁一般都可用钢筋混凝土来建造，对于大跨径桥梁以采用预应力混凝土、钢或钢—混凝土组合结构修建为宜。一般来说，这种桥梁的施工工艺比较复杂。

12.【答】桥梁规划设计的基本原则是：桥涵的设计应按照安全、耐久、适用、环保、经济和美观的原则，考虑因地制宜、就地取材、便于施工和养护等因素，进行全寿命设计。各项原则分述如下。

(1)安全：①桥梁的全部构件及其连接构造在强度、刚度、稳定性和耐久性方面应有足够的安全储备；②防撞栏杆应有足够的高度和强度，人与车流之间应做好防护栏，防止车辆撞入人行道或撞坏栏杆而跌落桥下；③对于交通繁忙的桥梁，应做好照明设施，设置明确的交通标志，两端引桥坡度不宜太陡，以避免发生车辆碰撞等交通事故；④在地震区修建的桥梁，应按抗震要求采取防震措施，对于河床易变迁的河道，应设计好导流设施，防止桥梁基础底部被过度冲刷，对于通航大吨位河道，除了按规定加大跨径外，还必须设置防撞构筑物等。

(2)耐久与适用：①桥面宽度应能满足当前以及规划年限内的交通流量(包括行人通行)；②桥梁结构在设计荷载作用下不出现超过规定的变形和裂缝；③桥跨结构的下方应有利于泄洪、通航(跨河桥)或车辆和行人的通过(旱桥)；④桥的两端应方便车辆的进入和疏散，不致产生交通堵塞现象等；⑤考虑综合利用，方便各种管线(如水、电、气、通信等)的通过。

(3)环保：桥梁建设必须考虑环境保护和可持续发展的要求，包括生态、水土保持、空气、噪声等方面，应从桥位选择、桥跨布置、基础方案、墩身外形、上部结构施工方法、施工组织设计等多方面，全面考虑环境要求，采取必要的工程控制措施，并建立环境监测保护体系，使其对环境的不利影响降至最低。桥梁施工完成后，应将两岸植被恢复或进一步美化桥梁周边的景观。

(4)经济:①桥梁设计应遵循因地制宜、就地取材和方便施工的原则;②桥梁应选择造价和使用年限内养护费用综合最省的方案,设计中应该充分考虑维修费用最少,维修时尽量不中断交通,或中断交通时间最短等;③桥位应选在地形、地质、水文条件较好的区域,尽量缩短桥梁长度;④尽可能缩短运距,促进地方的经济发展,以产生最大的经济效益,对于过桥收费的桥梁,应吸引更多的车辆通过,达到尽可能快的回收投资的目的。

(5)美观:一座桥梁应具有优美的外形,结构布置简洁,并在空间结构尺寸上有着和谐的比例。桥梁应与周围环境相协调,城市桥梁和游览地区的桥梁,可较多的考虑建筑艺术上的要求。合理的结构布局和流畅的外观轮廓是美观的主要因素,结构细部的美学处理也十分重要,另外,施工质量对桥梁美观也有很大的影响。

13.【答】桥梁应根据公路功能、技术等级、通行能力及防灾减灾等要求,结合水文、地质、通航和环境等条件进行综合设计。

14.【答】桥梁设计资料需勘测、调查内容有:河道性质,桥位处的河床断面,了解洪水位的多年历史资料,通过分析推算设计洪水位,测量河床比降,向航运部门了解和协商确定设计通航水位和通航净空,对于大型桥梁工程应调查桥址附近风向、风速,以及桥址附近有关的地震资料,调查了解当地的建筑材料来源情况等。

15.【答】(1)公路环境保护应贯彻“保护优先、以防为主、以治为辅、综合治理”的原则。

(2)公路建设应根据自然条件进行绿化、美化路容、保护环境。

(3)高速公路,一、二级公路和有特殊要求的公路建设项目应作环境评估和水土保持方案评价。

(4)生态环境脆弱地区或因公路建设可能造成环境近期难以恢复的地带,应做环境保护设计。

(5)公路改扩建项目应充分利用公路废旧材料,节约工程建设资源。

16.【答】大型桥梁的设计程序分为前期工作及设计阶段。前期工作包括编制预可行性研究报告和可行性研究报告。设计阶段按“三阶段设计”,即初步设计、技术设计与施工图设计。

17.【答】(1)前期工作:预可行性研究报告和可行性研究报告均属建设的前期工作。预可行性研究报告是在工程可行的基础上,着重研究建设上的必要性和经济上的合理性;可行性研究报告则是在预可行性研究报告审批后,在必要性和合理性得到确认的基础上,着重研究工程上和投资上的可行性。这两阶段的研究都是为科学地进行项目决策提供依据,避免盲目决策带来的严重后果。前期工作的重点在于论证建桥的必要性、可行性,并确定建桥的地点、规模、标准、投资控制等一些宏观问题。

(2)设计阶段:包括初步设计、技术设计和施工图设计三个阶段。

①初步设计阶段的主要内容有以下几点:a. 进一步开展水文、勘测工作,在初步设计阶段还要通过进一步的水文工作提供基础设计和施工所需要的水文资料,施工期间各月可能出现的高、低水位和相应的流速,以及河床可能的最大冲刷深度和施工中可能引起的局部冲刷等。b. 桥型方案比较,桥型方案比较是初步设计阶段的工作重点,一般均要进行多个方案比较。各方案均要求提供桥型布置图,图上必须标明桥梁纵、横断面结构布置,主要部位高程,上、下部结构的结构形式及工程量。c. 科研项目,在初步设计阶段要提出设计、施工中需要进一步通过试验或理论研究寻求解决的技术难题,立项并作经费计划,待主管部门审批初步设计文件时一并审批,批准后才能实施。d. 施工组织设计,对推荐桥型方案要编制施工组织设计,包括主

要结构的施工方案、施工工序、施工投入机械设备清单、主要工程量清单、砂石料源、施工安排及工期计划等。e.概算，根据工程量、施工组织设计以及标准定额编制概算。

②技术设计阶段的主要内容是：根据批准的初步设计对存在的重大、复杂的技术问题以及新技术、新材料的应用，通过进一步的科学试验、专题研究及分析论证，解决初步设计中未能解决的问题，落实技术措施，提出可行的施工方案，经批准后作为编制施工设计的依据。

③施工图设计阶段的主要内容是：进一步根据施工需要进行补充钻探，特别是对于重要的基础，要探明岩面高程的变化。根据批准的初步设计文件和技术设计文件，绘制让施工人员能按图施工的施工详图。根据施工图编制工程预算。

18.【答】(1)纵断面设计：桥梁纵断面设计包括桥梁总跨径的确定、桥梁的分孔、桥面高程与桥下净空、桥上及桥头引道纵坡的布置等。

①桥梁总跨径的确定：桥梁总跨径一般参照水文计算来确定，由于桥梁墩台和桥头路堤压缩了河床，使桥下过水断面减小，流速加大，引起河床冲刷。因此桥梁总跨径必须保证桥下有足够的排洪面积，使河床不产生过大的冲刷。山区河流流速较大，应尽可能少压缩或不压缩河床，而在平原地区的宽滩河流(流速较小)，虽然允许压缩，但是必须注意壅水对上游河堤、地下水以及附近农田等可能产生的危害。

②桥梁的分孔：桥梁的总跨径确定以后，还需进行桥孔的布置。桥梁分孔根据通航要求、地形和地质条件、水文情况以及经济技术和美观的要求加以确定。桥梁的分孔关系到桥梁的总造价，跨径和孔数不同时，上部结构和墩台的总造价是不同的。跨径愈大，孔数愈少，上部结构的造价就愈大，而墩台的造价就愈小；反之亦然。最经济的跨径就是要使上部结构和下部结构的总造价最低。有些体系中，为了结构受力合理和用材经济，布置时要考虑合理的跨径比例。例如在连续梁桥设计中，其中跨与相邻边跨的比值，对于3跨连续梁一般取1.0∶0.8，对于5跨连续梁一般取1.0∶0.9∶0.65为宜。孔数不多时最好布成奇数跨，以免桥墩正置河道中央。在有些情况下，为了避免在河中搭脚手架和修建临时墩，可以加大跨径，采用悬臂施工法进行施工；在山区建桥时，往往采用单孔跨越深谷的大跨径桥梁，以免建造中间桥墩。跨径的选择还与施工能力有关。

③桥面高程与桥下净空：桥面高程在线路纵断面设计中已作规定，或根据设计洪水位及桥下通航需要的净空结合桥梁的建筑高度来确定。桥面高程的抬高往往引起桥头引道路堤土方量的增加，而在修建城市桥梁时，则可能使引道布置困难。因此，必须根据设计洪水位、桥下通航(或通车)净空等要求，结合桥型、跨径综合考虑，以确定合理的桥面高程。桥下净空应符合以下要求：通航或流放木筏的河流，桥下净空应符合通航标准或流放木筏的要求；跨线桥桥下净空，应符合被交叉公路、铁路、其他道路等建筑限界的规定；桥下净空应考虑排洪、流水、漂流物、冰塞以及河床冲淤等情况。

④桥梁的纵坡设置：桥道高程确定后，就可根据桥头两端的地形和线路要求来设计桥梁的纵断面线形。桥上纵坡不宜大于4%，桥头引道纵坡不宜大于5%；对于易结冰、积雪的桥梁，桥上纵坡宜适当减小；位于城镇混合交通繁忙处的桥梁，桥上纵坡和桥头引道纵坡均不得大于3%；桥头两端引道的线形应与桥梁的线形相匹配。

(2)横断面设计：桥梁的宽度取决于桥上交通要求。一般来说，在高速公路或一级公路上，多数修建上、下行两座独立桥梁。各级公路上的涵洞和二、三、四级公路上跨径小于8m的单孔小桥的桥面宽度，应与路基同宽。城市桥梁其桥面宽度应考虑到城市交通的规划要求予以适当加宽。桥面净空应符合《公路工程技术标准》(JTG B01—2014)第3.6.1条公路建筑限界的规定，并应符合：

①多车道公路上的特大桥为整体式上部结构时，中央分隔带宽度应根据所采用的护栏形式确定。

②特大桥的路肩宽度经论证后可采用《公路工程技术标准》(JTG B01—2014)表 4.0.5-1 的最小值。

③路、桥不同宽度间应顺适过渡。

④桥上设置的各种管线、安全设施及标志等不得侵入公路建筑限界。

19.【答】桥梁分孔要考虑：通航条件要求、地形和地质条件、水文情况以及经济技术和美观的要求。

20.【答】①对于通航河流，在分孔时首先应满足桥下的通航要求；②平原区宽阔河流上的桥梁，通常在主河槽部分按需要布置较大的通航孔，而在两侧浅滩部分按经济跨径进行分析；③对于在山区深谷上，水深流急的江河上，或需要在水库上修桥时，为了减少中间桥墩，应加大跨径，如果条件允许的话，甚至可以采用特大跨径的单孔跨越；④对于采用连续体系的多孔桥梁，应从结构的受力特性考虑，使边孔与中孔的跨中弯矩接近相等，合理地确定相邻跨之间的比例；⑤对于河流中存在不利的地质段，例如岩石破碎带、裂隙、溶洞等，在布孔时，为了使桥基避开这些区段，可以适当地加大跨径。

21.【答】①明确各种高程；②桥梁分孔和初拟桥型方案草图；③方案筛选；④详绘桥型方案；⑤编制估算或概算；⑥方案选定和文件汇总。

22.【答】①为使雨水迅速排除，防止或减少雨水对铺装层的渗透，从而保护行车道板，延长桥梁使用寿命。②桥面高度一般比两岸接线高得较多，桥梁与接线需要一定的纵坡加以连接。

23.【答】桥头引道起到连接道路与桥梁的作用，使道路与桥梁的线形布设相互协调。

24.【答】它是研究对桥梁感性认识的科学，桥梁建筑艺术是桥梁美学的表现，它通过桥梁建筑实体与空间的形态美及相关因素的美学处理，形成一种实用与审美相结合的造型艺术，或者说是一种创造桥梁美观的技术。

25.【答】桥梁建筑美的基本原则为：统一和谐、均衡发展、比例协调、韵律优美以及建筑风格的时代性和民族性。它们在桥梁工程中的应用主要体现在：桥梁必须与周围环境相融合，成为自然整体的一个协调部分；桥梁本身的造型必须比例适当、匀称和谐；桥梁造型应注意结构简单，线条流畅。现代桥梁建筑的美学特征是：简洁明快、轻巧纤细和连续流畅。

26.【答】(1)永久作用：是指在结构使用期间，其量值不随时间而变化或其变化值与平均值比较可忽略不计的作用。具体有：结构重力、预加力、土的重力、土侧压力、混凝土收缩及徐变作用、水的浮力、基础变位作用等。

(2)可变作用：是指在结构使用期间，其量值随时间变化，且其变化值与平均值比较不可忽略的作用。具体有：汽车荷载、汽车冲击力、汽车离心力、汽车引起的土侧压力、人群荷载、汽车制动力、风荷载、流水压力、冰压力、温度作用、支座摩阻力等。

(3)偶然作用：是指在结构使用期间出现的概率很小，一旦出现，其值很大且持续时间很短的作用。具体有：地震作用、船舶或漂流物的撞击作用、汽车撞击作用等。

27.【答】首先根据桥梁单孔跨径或者总长度的大小来定义桥梁规模为小桥、中桥、大桥、特大桥；再根据桥梁所在线路或位置的重要性程度，结合规模大小(主要看单孔跨径规模)，来定义安全等级。安全等级分为一、二、三级。一级指特大桥、重要大桥；二级指大桥、中桥、重要小桥；三级指小桥、涵洞。

28.【答】桥梁结构的耐久性是指桥梁结构在正常使用和维护条件下，随时间的延续仍能满足桥梁的既定功能的能力，也就是在桥梁的使用周期内应具有足够的耐久性能。桥梁结构的设计基准期主要是通过可变荷载的统计分析确定的，设计基准期是指在确定可变荷载及与时间有关的材料性能取值时选用的时间参数，与结构的重要性无关。而结构的使用寿命是指在正常设计、正常施工、正常使用和维护下结构所达到的最大使用年限。

29.【答】(1)原则：①只有在结构上可能同时出现的作用，才进行其效应的组合；②当可变作用的出现对结构或结构构件产生有利影响时，该作用不参与组合；③施工阶段作用效应的组合，应按计算需要及结构所处条件而定，结构上的施工人员和施工机具设备均应作为临时荷载加以考虑；④多个偶然作用不同时参与组合。

(2)组合：作用效应组合按承载能力极限状态设计时，采用的两种作用效应组合为基本组合、偶然组合；作用效应组合按正常使用极限状态设计时，采用的两种作用效应组合为作用短期效应组合、作用长期效应组合。

30.【答】承载能力极限状态作用效应组合分为基本组合和偶然组合。基本组合是永久作用的设计值效应与可变作用设计值效应相组合，适用于结构的常规设计，是所有公路桥梁结构都应该考虑的。偶然作用是永久作用标准值、可变作用某种代表值效应与一种偶然作用标准值效应相组合。视具体情况，也可以不考虑可变作用效应参与组合。

31.【答】正常使用极限状态作用效应组合分为作用短期效应组合和作用长期效应组合。作用短期效应组合是永久作用标准值效应与可变作用频遇值效应相组合。作用长期效应组合式永久作用标准值效应与可变作用准永久值效应相组合。

32.【答】(1)如果桥上是三车道，把三车道布满车辆的情况非常少，所以在桥梁设计时，为了尽可能减少不必要的浪费，就采用折减系数，这样更能接近合理设计。即使真有满载的三车道，由于设计时考虑了富余量，所以能够短时间承受满布的活载。

(2)横向车道布载系数应《公路工程技术标准》(JTG B01—2014)表 7.0.6-2 的规定。横桥向布置多车道汽车荷载时，应考虑汽车荷载的折减；布置一条车道汽车荷载时，应考虑汽车荷载的提高(布载系数为 1.2)。多车道布载和荷载效应不得小于两条车道布载的荷载效应，也不得小于一条车道布载的荷载效应。

(3)当桥梁计算跨径大于 150m 时，在该计算跨径范围内布满车辆的情况也非常少，也应按规定的纵向折减系数进行折减。当为多跨连续结构时，整个结构应按最大的计算跨径考虑汽车荷载效应的纵向折减。

33.【答】车辆荷载的主要技术指标有：车辆重力标准值、前轴重力标准值、中轴重力标准值、后轴重力标准值、轴距、轮距、车轮着地的长度和宽度以及车辆的外形尺寸。

34.【答】制动力是由于汽车在桥面行进时突然刹车对桥梁产生的力，汽车荷载制动力按同向行驶的汽车荷载(不计冲击力)计算，以使桥梁墩台产生最不利纵向力的加载长度进行纵向折减，方向与行车方向相反。一个设计车道上由汽车荷载产生的制动力标准值按车道荷载标准值在加载长度上计算的总重力的 10%计算，但公路—Ⅰ级汽车荷载的制动力标准值不得小于 165kN；公路—Ⅱ级汽车荷载的制动力标准值不得小于 90kN。同向行驶双车道的汽车荷载制动力标准值为一个设计车道制动力标准值的 2 倍；同向行驶 3 车道为一个设计车道的 2.34 倍；同向行驶 4 车道为一个设计车道的 2.68 倍。制动力的着力点在桥面以上 1.2m 处；计算墩台时，制动力可移至支座铰中心或支座底座面上；计算刚构桥和拱桥时，制动力的着力点可移至桥面上，但不计因此而产生的竖向力和力矩。

35.【答】当弯道桥的曲线半径等于或小于 250m 时，应计算汽车荷载引起的离心力，方向为沿着圆的半径背离圆心方向。汽车荷载离心力标准值为车辆荷载(不计冲击力)标准值乘以离心力系数 C。计算多车道桥梁的汽车荷载离心力时，车辆荷载标准值应乘规定的横向折减系数。离心力的着力点在桥面以上 1.2m 处，为计算简便也可移至桥面上，不计由此引起的力矩效应。

36.【答】桥梁结构的整体计算采用车道荷载；桥梁结构的局部加载、涵洞、桥台和挡土墙土压力等的计算采用车辆荷载。车道荷载与车辆荷载的作用不得叠加。

37.【答】永久作用有结构重力、水的浮力、基础变位等；可变作用有汽车荷载、汽车冲击力、风荷载等。

38.【答】汽车冲击力产生的原因：车辆以一定速度在桥上行驶时，由于桥面的不平整、车轮不圆以及发动机的抖动等原因，会使桥梁发生振动，产生动力作用，这种动力作用会使桥梁的内力和变形增大，这种现象称为冲击作用。计算中要考虑结构基频、结构材料的弹性模量、结构跨中截面的截面惯性矩、结构跨中处的单位长度质量、结构跨中处每延米结构重力等。

39.【答】基本风压是以当地比较空旷平坦的地面上离地 10m 高统计所得的 50 年一遇 10min 平均最大风速为标准，按“基本风压＝最大风速的平方/1 600”确定的风压值。横桥向风荷载假定水平地垂直作用于桥梁各部分迎风面积的形心上，其标准值按横桥向风压乘以迎风面积计算；桥梁顺桥向可不计桥面系及上承式梁所受的风荷载；桥墩上的顺桥向风荷载标准值可按横向风压的 70％乘以桥墩迎风面积计算；斜拉桥、悬索桥塔上的顺桥向风荷载标准值可按横桥向风压乘以迎风面积计算。

40.【答】(1)城市桥梁汽车荷载分为：城—A 级和城—B 级两个等级。

(2)汽车荷载等级的选用应根据道路的功能、等级和发展要求等具体情况。应符合下列规定：快速路、次干路上如重型车辆行驶频繁时，设计汽车荷载应选用城—A 级汽车荷载；小城市中的支路上如重型车辆较少时，设计汽车荷载将城—B 级车道荷载的效应乘以 0.8 的折减系数，车辆荷载的效应乘以 0.7 的折减系数；小型车专用道路，设计汽车荷载将城—B 级车道荷载的效应乘以 0.6 的折减系数，车辆荷载的效应乘以 0.5 的折减系数。

二、梁桥

1.【答】小桥和涵洞的位置和线形一般应服从线路的总走向；为满足线路的要求，可设计直线桥或弯桥；对于公路上的特大桥、大桥、中桥的桥位，原则上应符合线路的走向，桥、路综合考虑，尽量选择在河道顺直、水流稳定、地质条件良好的河段上。小桥涵的线形及其与公路的衔接，可按线路的要求布置。大、中桥梁的线形一般为直线。当桥面受到两岸地形限制时，允许修建曲线桥，曲线的各项指标应符合线路的要求，也允许修建斜桥，其交角(桥墩沿水流方向的轴线与河道主流方向的夹角)一般不大于 45°，通航河流上不宜大于 5°。

2.【答】①公路桥中的大中桥一般设计为正交桥；②受街道制约的城市桥一般设正交桥，当斜交角小于 5°时可设斜交桥；③公路、城市桥下为非通航的河流，斜交角小于 45°时可设斜交桥；④小桥斜交角小于 45°设斜交桥。

3.【答】(1)桥面铺装的作用是：防止车辆轮胎直接磨耗行车道板，保护主梁免受雨水侵蚀，并对车辆轮重的集中荷载起一定的分布作用。

(2)桥面铺装可采用水泥混凝土、沥青混凝土、沥青表面处拌和泥结石等材料。沥青表面处拌和泥结石桥面铺装，耐久性较差。在中级和低级公路桥梁上桥面铺装宜采用沥青混凝土或水泥混凝土。特大桥、大桥的桥面铺装宜使用沥青混凝土桥面铺装。

(3)桥面铺装要求:有足够的强度、刚度、抗滑和不透水性。桥面铺装的平整性、耐磨性和不翘性是保证行车平稳的关键,特别在钢箱梁上铺设沥青路面的技术要求甚严。为使铺装层具有足够的强度和良好的整体性(能起联系各主梁共同受力的作用),一般宜在水泥混凝土桥面铺装层内配置钢筋网,钢筋直径不应小于 8mm,间距不宜大于 100mm。

4.【答】桥面横坡一般采用 1.5%~3%,横坡的形成常用以下三种设置方式:

(1)板桥(矩形板或空心板)或就地浇筑的肋板式桥梁,为节省铺装材料并减小恒载重力,可以将横坡直接设在墩台顶部,而使桥梁上部构造形成双向倾斜,此时铺装层在整个桥宽上做成等厚的。

(2)在桥面较窄的装配肋板式桥梁中,为使主梁构造简单、架设与拼装方便,通常横坡直接设在行车道板上。先铺设一层厚度变化的混凝土三角垫层,形成双向横坡,再铺设等厚度的混凝土铺装层。

(3)在桥面较宽的桥梁(或城市桥梁)中,用三角垫层设置横坡将使混凝土用量及恒载重力增加过多。为此,可将行车道板做成倾斜面而形成横坡。

5.【答】(1)伸缩装置应满足下列要求:在平行、垂直于桥梁轴线的两个方向,均能自由伸缩;除本身要有足够的强度外,应与桥面铺装部分牢固联结;车辆通过时应平顺、无突跳且噪声小;具有良好的密水性和排水性,并便于安装、检查、养护和清除沟槽的污物。

(2)依据伸缩装置的传力方式及其构造特点,可以把它分为五类,即对接式、钢制支承式、橡胶组合剪切式、模数支承式以及无缝式伸缩装置(含桥面连续构造)。

6.【答】为满足桥梁在各种因素作用下按照设计的计算图式自由变形,同时又保证车辆能平稳通过,就要在相邻两梁端之间,或梁端与桥台之间,或桥梁的铰接位置上预留伸缩缝,并在桥面设置伸缩装置。引起梁长变化的因素有:温度变化、荷载作用、基础变位、混凝土收缩和徐变等影响等。

7.【答】伸缩装置类型的选用,主要取决于桥梁的伸缩量,它包括以安装伸缩装置时为基准温度的气温升高伸长量或气温降低缩短量,混凝土收缩和徐变量以及计入梁的制造与安装误差的富余量。对于大跨度桥梁,还应计入荷载作用及梁体温差等引起梁端转角伸缩变形量。

8.【答】(1)桥面的防水和排水系统的作用:应能迅速地排除桥面上积水,并使渗水可能性降至最低限度。此外,城市桥梁防水系统应保证桥下无滴水和结构上无漏水现象。

(2)设置桥面纵横坡:桥面纵坡一般都做成双向纵坡,以不超过 4%为宜。桥面横坡一般采用 1.5%~3%。通常有 3 种设置方式:①墩台顶部设置横坡,②设置三角垫层,③行车道板做成倾斜面。

(3)设置防水层:桥面的防水层,一般设置在行车道铺装层下面。钢筋混凝土桥面板与铺装层之间是否要设防水层,应视当地的气温、雨量、桥梁结构和桥面铺装的形式等具体情况而定。桥面伸缩缝处应连续铺设,不可切断,桥面纵向应铺过桥台台背;桥面横向两侧,则应伸过缘石底面从人行道与缘石砌缝里向上叠起 100mm。无防水层时,水泥混凝土铺装应采用防水混凝土。对于沥青混凝土铺装则应加强排水和养护。

9.【答】桥梁上附属设施包括:桥面系、伸缩缝、桥梁与路堤衔接处的桥头搭板和锥形护坡等。

10.【答】当在总体布置中确定好全桥的纵坡和横坡之后,再按下述规定布置桥面排水设施——泄水管。

(1)当桥面纵坡大于2%，而桥长小于50m时，桥上可以不设泄水管，而在桥头引道两侧设置流水槽，以免雨水冲刷引道路基。

(2)当桥面纵坡大于2%，而桥长大于50m时，则需在行车道的两侧沿桥长方向每间隔10～15m各设置一个泄水管。

(3)当桥面纵坡小于2%，宜每隔6～8m设置一个泄水管。

(4)泄水管的过水面积通常按每平方米桥面上不少于2～3cm^2。泄水管可左右对称排列，也可交错排列。泄水管离路缘石的距离为10～15cm。

11.【答】对于多跨简支梁(板)桥，在施工中采用的连续措施，减少桥墩处桥面的断缝道数，使桥面连续为一体的结构处理措施。

12.【答】行车道板定义：行车道板是直接承受车辆轮压荷载的混凝土板，它与主梁梁肋和横隔梁连在一起，是主梁的组成部分。行车道板作用：承力、传力、连接。

13.【答】钢筋混凝土构件的最大缺点是抗裂性能差，当应力达到较高值时，构件裂缝宽度将过大而无法满足使用要求，因此在普通钢筋混凝土结构中不能充分发挥采用高强度材料的作用。为了满足变形和裂缝控制的要求，普通钢筋混凝土结构需增加构件的截面尺寸和用钢量，这既不经济也不合理。预应力混凝土是改善构件抗裂性能的有效途径，在混凝土构件承受外荷载之前对其受拉区预先施加压应力，成为预应力混凝土结构。预压应力可以部分或全部抵消外荷载产生的拉应力，因而可推迟甚至避免裂缝的出现。

14.【答】(1)板桥。板桥的截面特点是建筑高度小、构造简单、施工方便，采用预制装配施工时，预制构件重量小、架设方便。板式截面可划分为整体式实心板、装配式实心板、装配式空心板、装配—整体组合式板及异形板。前四种板主要用于小跨径板梁桥，包括简支板桥、连续板桥和斜板桥等。异形板截面形式主要用于城市高架桥及跨径为20～30m桥面较宽的预应力混凝土连续板桥。

(2)肋梁桥。肋梁桥主要特点是挖去了受拉区的混凝土，减轻了主梁自重，提高了跨越能力。肋梁式截面适合于预制安装，主梁质量易于控制，施工速度快，桥梁部分构件损坏容易修复和更换。肋梁桥大多用于跨径为13～20m的钢筋混凝土简支梁桥或20～40m的预应力混凝土简支梁桥，以及少数跨径不大、正负弯矩绝对值相差不多的悬臂梁桥或连续梁桥。

(3)箱形梁桥。箱形截面是大跨径预应力混凝土梁桥以及弯桥和斜桥普遍采用的截面形式之一。其特点是全截面参与工作，截面抗弯、抗扭刚度大；材料在截面上分布合理，能有效地抵抗正、负弯矩和较大的扭矩；同时又有良好的横向抗弯能力。箱形截面不仅适用于较大跨径的预应力混凝土简支梁桥，还特别适用于大跨径的连续梁桥、悬臂梁桥和T形刚构桥等。

15.【答】横隔梁(板)起着保证各根主梁相互连成整体的作用，它的刚度愈大，桥梁的整体性愈好，在荷载作用下各主梁受力愈均匀，主梁间能更好地协同工作。

16.【答】箱形截面梁中横隔板的基本作用是增加截面的横向刚度，限制畸变变形。在支点截面处的横隔板还担负着承受和分布较大支点反力的作用。由于箱梁具有很大的抗扭刚度，其中间横隔板可比肋梁桥上的少一些，以减轻桥跨结构上的自重，通常只在跨中及支承处设置。

17.【答】桥面简易连续梁式桥是指在多跨的混凝土简支梁桥中，为了改善车辆行驶的平稳舒适性，减少伸缩缝的设置和经常性的维护工作，常将其桥面做成连续的，形成竖向荷载作用下为简支体系，水平力作用下具有一定连续功能的结构，宜适用跨径在50m以下的桥梁。结构连续梁式桥是指对多跨的混凝土简支梁桥两端完全固结处理的桥梁。

18.【答】钢垫板下的间接钢筋包括具有套箍作用的螺旋筋、钢筋网、交叉钢筋网。它们的作用是防止局部承压破坏。

19.【答】在后张法预应力简支梁中，跨中截面为了获得最大的承载能力和较大的预压应力，预应力筋尽可能地靠近梁的下缘布置，在支点附近由于梁体自重弯矩减小，在张拉锚固阶段梁体上缘可能会出现过高的拉应力，可能导致开裂，因此为减小预应力产生的弯矩，所以大部分预应力钢筋在梁端附近都要弯起以减小偏心。同时由于预应力钢筋靠锚具锚固在梁端，锚具和张拉千斤顶需要一定的工作面积，锚具垫板下混凝土具有较高的局部压应力，可能造成锚下混凝土开裂，因此也需要将锚具在梁端分散布置，使得大部分预应力钢筋在梁端附近都要弯起。

20.【答】(1)装配式板桥特点：可在工厂或工地预制，节省模板，无需支架，可与桥梁墩台平行施工，质量有保证；需要吊装机械；整体性较差。整体式板桥特点：整体性好，需要支架；施工质量控制难度大；只能在桥梁墩台完成后施工，养护还需一段时间，施工时间长。

(2)装配式板桥的横向连接方式有：企口混凝土铰连接和钢板焊接连接。

21.【答】梁式桥按静力体系分为简支梁桥、悬臂梁桥、连续梁桥。简支梁桥受力简单，是静定结构，梁中只有正弯矩，体系温变、张拉预应力等均不会在梁中产生附加内力，设计计算方便，是最易设计成各种标准跨径的装配式结构。

将简支梁桥梁体加长，并越过支点就成为悬臂梁桥。悬臂梁利用悬出支点以外的悬臂，使支点产生负弯矩对跨中正弯矩产生有利的卸载作用。悬臂梁桥一般为静定结构，可在地基条件较差条件下使用。但悬臂梁桥由于自身结构上原因，如跨中悬臂与挂梁间牛腿变形大影响行车等，使用性能不佳，目前实际工程中较少采用。

将简支梁梁体在支点上连接形成连续梁，其是超静定结构。连续梁受温度变化及混凝土收缩等影响在结构中产生附加内力。连续梁在恒载和活载作用下，由于中支点负弯矩的卸载作用，跨中正弯矩显著减小。

22.【答】装配式梁桥设计块件划分原则：①根据建桥现场实际可能预制、运输和起重等条件，确定拼装单元的最大尺寸和重量；②块件的划分应满足受力要求，拼装接头应尽量设置在内力较小处；③拼装接头的数量要少，接头形式要牢固可靠，施工要方便；④构件要便于预制、运输和安装；⑤构件的形状和尺寸应力求标准化，增强互换性，构件的种类应尽量减少。

块件划分方式有三种：纵向竖缝划分；纵向水平缝划分；纵、横向竖缝划分。

23.【答】(1)主梁梁肋尺寸：主梁的高度与主梁的间距、跨径以及活载的大小等有关。主梁梁肋的宽度，在满足抗剪需要的前提下，一般都做得较薄，以减轻构件的重量。但从保证梁肋的屈曲稳定以及施工方面考虑，梁肋也不能做得太薄，目前常用的梁肋宽度为150～180mm，具体视梁内钢筋骨架的尺寸而定。

(2)主梁翼缘板尺寸：考虑构件制造上的误差和安装就位，主梁翼缘板的宽度应比主梁中距小20mm。根据受力特点，翼缘板通常都做成变厚度的，即端部较薄，向根部逐渐加厚，以利施工脱模。其悬臂端的厚度不应小于100mm，当主梁之间采用横向整体现浇连接时，其悬臂端厚度不应小于140mm。为保证翼板与梁肋连接的整体性，翼板与梁肋连接处的厚度应不小于主梁高度的1/10。为使翼板和梁肋连接平顺，常在转角处设置钝角或圆角式承托，以减小局部应力和便于脱模。

24.【答】装配式T形梁之间的横向连接常采用四种构造形式：焊接钢板式接头，螺栓接头，扣环式接头以及桥面板的企口铰联结。

25.【答】装配式预应力 T 形梁的预应力筋布置特点是:在保证梁底保护层厚度及使预应力钢筋位于索界内的前提下,尽量使预应力钢筋的重心靠下;在满足构造要求的同时,预应力钢筋尽量相互紧密靠拢,使构件尺寸紧凑。

26.【答】①箍筋。它与弯起的预应力筋以及混凝土共同承受荷载剪力。②水平纵向辅助钢筋。它又称为防裂钢筋,位于腹板内,由于肋梁的下缘"马蹄"内已有密布的纵向钢筋,出现的收缩裂纹比较细而密,如果不在腹板内设置一定数量的水平辅助钢筋进行过渡,势必在腹板内产生较大的收缩差,导致裂缝宽度较大和裂缝间距较稀的后果,这对结构防止锈蚀不利。③局部加强钢筋。在预应力锚固端部应设置螺旋筋,或 3~5 层钢筋网,对于后张法预应力混凝土还应设置钢垫板,用来抵抗对混凝土过大的局部应力。在梁底的支承处,也按同样的道理设置钢垫板和若干层钢筋网。④架立筋和定位钢筋。架立钢筋是用来支撑箍筋的,其一般为直径 12~20mm 圆钢筋。定位钢筋是用于固定预留孔道制孔器位置的钢筋,常做成网格式。

27.【答】(1)实心板桥的优点是:建筑高度小,截面形状简单,结构刚度大,整体性好。缺点是:结构自重大,材料利用不合理。多适用于跨径不超过 8m 的小跨径板桥。

(2)T 梁桥的优点是:外形简单,制造方便,装配式 T 梁有刚劲的钢筋骨架,主梁之间借助间距为 5~8m 的横隔梁连接,整体性好,接头也较方便,利用上部翼缘混凝土受压,下部钢筋受拉,材料利用合理。缺点是:截面在运输安装过程中稳定性差,特别是预应力混凝土 T 形梁,不能斜置、倒置或在安装过程中倾斜;构件在桥面板的跨中接头,对板的受力不利。多适用于中小型桥梁结构。

28.【答】有受弯构件正截面承载力计算、受弯构件斜截面承载力计算、裂缝宽度计算、挠度计算。

29.【答】全预应力混凝土梁是在全部荷载最不利组合作用下,正截面受拉边缘上混凝土不出现拉应力;部分预应力混凝土梁是在全部荷载最不利组合作用下,构件正截面受拉边缘上混凝土允许出现拉应力或出现不超过规定容许值宽度的裂缝。

30.【答】先张法预应力混凝土梁中一些预应力钢筋在端部若不绝缘,则预力筋产生的负弯矩会导致上缘混凝土开裂。绝缘的方法为在预力筋上套塑料管等以实现力筋与混凝土免黏结。

31.【答】管道压浆的作用是防止预应力筋锈蚀,并通过凝结后的浆体将预应力传递至混凝土结构中。封锚作业是为了防止预应力筋回缩造成预应力松弛。

32.【答】单向板为四边弹性固支在主、横梁上,长宽比≥2;悬臂板为三边弹性固支于主、横梁上,另一边为"自由"的桥面板,按一端嵌固于主梁,另一端自由的悬臂板进行受力、配筋计算。工程实践中常见的桥面板受力图式有单向板、悬臂板、铰接悬臂板三种。

33.【答】腹板的作用是承载截面的剪力和主拉应力,腹板的最小厚度应满足剪切极限强度的要求。对侧腹板要满足弯扭剪切极限强度的要求,所以一般侧腹板比中腹板厚,下翼缘也要加宽。

34.【答】横隔梁在装配式 T 形梁中起着保证各根主梁相互连成整体的作用;它的刚度越大,桥梁的整体性越好,在荷载作用下各主梁能更好地协同工作。在箱梁中的基本作用是增加截面的横向刚度,限制畸变。端部横隔板还承受和分散较大支承反力的作用,所以厚度较大。留有方孔为了减轻桥梁的自重。

35.【答】(1)板在局部分布荷载的作用下,不仅直接承压部分的板带参与工作,而且与其相邻的部分板带也会分担一部分荷载共同参与工作,荷载的有效分布宽度也就是板的有效工作宽度。(2)板的有效工作宽度取值与板的支撑情况、荷载性质、荷载位置及板的跨径等因素有关。

36.【答】①力筋类型有:钢绞线、高强度钢丝、精轧螺纹钢筋。②张拉锚固体系有:依靠摩阻力锚固的锚具、依靠承压锚固的锚具、依靠黏结力锚固的锚具。

37.【答】①钢绞线:经过热处理与预拉处理后,不仅可以消除内应力,而且可以提高强度,使结构紧密,切断后不松散,可使应力松弛损失率大大降低。②高强度钢丝,采用冷拔工艺生产的高强钢丝,冷拔后还需经过回火以消除钢丝在冷拔中所存在的内部应力,提高钢丝的比例极限、屈服强度和弹性模量。③精轧螺纹钢筋,在轧制时沿钢筋纵向全部轧有规律性的螺纹肋条,可用螺丝套筒连接和螺帽锚固,因此不需要再加工螺丝,也不需要焊接。

38.【答】先张梁中,常采用的预应力筋有高强钢丝和钢绞线。直线配筋时,力筋端部若不绝缘,则力筋产生的负弯矩会导致梁端附近上缘混凝土开裂。

39.【答】梁是受弯构件,结构抵抗外荷载的能力取决于梁的有效截面高度,若想低高度梁与同跨度普高梁的承载能力相同,则必须提高钢筋拉力合力,相应的钢筋的面积也会增多。

40.【答】①适应弯矩沿桥跨的变化,跨中弯矩大,两端附近弯矩小;②适应剪力的变化,梁端附近剪力大,弯起筋提供预剪力可满足抗剪需要;③便于预应力钢筋锚具的分散布置。

41.【答】保护钢筋防止锈蚀,并保证钢筋与混凝土之间的黏着力充分发挥作用。

42.【答】(1)斜裂缝出现前,支座处剪力由梁全截面抵抗。斜裂缝出现后,剪力仅由剪压面抵抗,后者的面积远小于前者。所以斜裂缝出现后,剪压区的剪应力 τ 显著增大;同时,剪压区的压应力 σ 也要增大。

(2)斜裂缝处,纵向钢筋所承担的弯矩增大,故纵向钢筋应力显著增大。

43.【答】(1)定义:三边弹性固支于主、横梁上,另一边为“自由”的桥面板。

(2)对于边主梁外侧悬臂板或沿纵缝不相连接的悬臂板,在计算根部最大弯矩时,应将车轮荷载靠板的边缘布置。

44.【答】(1)定义:三边弹性固支于主、横梁上,另一边为“铰接”的桥面板。

(2)铰接悬臂板的最大弯矩一般出现在悬臂根部。计算活载弯矩时,最不利的荷载位置是把车轮荷载布置在铰处,由于对称性,铰内的剪力为零,两相邻悬臂板各承受半个车轮荷载;悬臂根部的剪力可以偏安全地按一般悬臂板的图式来计算。

45.【答】①车轮与铺装层的接触面为一矩形 $a_2\times b_2$,其中,a_2 为车轮沿行车方向的着地长度,b_2 为车轮的着地宽度;②车轮压力面按 45°角经铺装面传到桥面板上;③桥面铺装的平均厚度为 H。

46.【答】(1)单向板的有效工作宽度

荷载在跨中: $a=a_1+\frac{l}{3}=a_2+2H+\frac{l}{3}$ 但不小于$\frac{2}{3}l$(单个荷载)

或 $a=a_1+d+\frac{l}{3}=a_2+2H+d+\frac{l}{3}$ 但不小于$\frac{2}{3}l+d$(多个荷载)

荷载在板的支承处: $a'=a+t=a_2+2H+t$ 但不小于$\frac{1}{3}l$

荷载靠近板的支承处:$a_x=a'+2x$

(2)悬臂板有效工作宽度

悬臂板的有效工作宽度接近于 2 倍悬臂长度,也就是说,可近似地按 45°角向悬臂板支承处分布。

47.【答】行车道板的受力情况比较复杂，而且影响的因素也比较多，在工程实用中通常采用简便的近似方法进行计算。例如在计算弯矩时，先算出一个跨度相同的简支板的跨中弯矩 M_0，然后再加以修正。弯矩修正系数可视板厚 t 与主梁梁肋高度 h 的比值大小来选取。

当 $t/h<1/4$ 时(即主梁抗扭能力大)：

$$\left.\begin{array}{ll}\text{跨中弯矩} & M_{中}=+0.5M_0\\ \text{支点弯矩} & M_{支}=-0.7M_0\end{array}\right\}$$

当 $t/h\geqslant 1/4$ 时(即主梁抗扭能力小)：

$$\left.\begin{array}{ll}\text{跨中弯矩} & M_{中}=+0.7M_0\\ \text{支点弯矩} & M_{支}=-0.7M_0\end{array}\right\}$$

式中：M_0——按简支梁计算的跨中弯矩，并由恒载和活载两部分组合而成，即：$M_0=M_{0p}+M_{0g}$；

M_{0p}——每米宽简支板条的跨中活载弯矩；

M_{0g}——每米宽简支板条的跨中恒载弯矩。

48.【答】T 形梁翼缘板作为行车道板有时用铰接的方式连接，最大弯矩一般出现在悬臂根部。计算活载弯矩 M_{AP} 时，最不利的荷载位置是把车轮荷载布置在铰处，由于对称性，铰内的剪力为零，两相邻悬臂板各承受半个车轮荷载，即 $P/4$。

因此每米板宽的恒载弯矩为： $M_{Ag}=-\frac{1}{2}gl_0^2$

每米宽悬臂板在根部的活载弯矩为： $M_{Ap}=-(1+\mu)\frac{P}{4a}\left(l_0-\frac{b_1}{4}\right)$

49.【答】(1)将竖向单位荷载沿桥横向作用在不同位置时，对某梁所分配的荷载比值变化曲线，称作对于某梁的荷载横向分布影响线。

(2)荷载横向分布系数，是指桥上车辆或人群荷载沿横桥向对主梁分配的荷载程度的系数。在桥梁设计中，通常用一个表征荷载分布程度的系数 m 与轴重的乘积来表示这个定值，这个 m 就称为荷载横向分布系数，它表示某根主梁所承担的最大荷载是各个轴重的倍数。

50.【答】桥上荷载横向分布的规律与结构的横向连接刚度有着密切关系，横向连接刚度越大，荷载横向分布作用越显著，各主梁的荷载分布也越趋均匀。因此，荷载横向分数系数的大小随桥梁横截面的构造形式、荷载类型以及荷载在桥梁纵向作用的位置不同而异。

51.【答】简支梁桥的主梁荷载横向分布系数求解时，当荷载作用在支点附近时，由于荷载沿最短路线传递，作用荷载主要传递给相邻的主梁和桥梁墩台，适合以杠杆原理法进行求解。而当荷载作用在跨中时，全桥各主梁均不同程度的受力，适合以其他方法进行求解。所以在跨中与支点取用的荷载横向分布系数是不同的数值。荷载横向分布系数沿梁纵向变化情况是：对于无横隔梁或者仅有一根横隔梁的情况，跨中部分可采用不变的荷载横向分布系数，在离支点 $L/4$ 起至支点的区段内按线性关系过渡；对于有多根横隔梁的情况，跨中部分可采用不变的荷载横向分布系数，在第一根横隔梁起至支点的区段内按线性关系过渡。在实际应用中，当计算主梁弯矩与跨中剪力时，一般可不考虑荷载横向分布系数的变化，均按不变化来处理。而在计算支点剪力时，则需进行剪力修正。

52.【答】(1)基本假定：忽略主梁之间横向结构联系作用，假设桥面板在主梁梁肋处断开；按沿横向支承在主梁上的简支梁或悬臂梁来考虑其荷载分配。

(2)适用范围主要有：用于计算桥梁支点处的荷载横向分布系数；近似计算中间无横梁桥

的荷载横向分布系数；用于计算双主梁桥的荷载横向分布系数。

53.【答】(1)“偏心压力法”的基本假定是：横隔梁刚度无限大，在车辆荷载作用下，横隔梁全长呈直线变形；忽略主梁的抗扭刚度，即不考虑主梁对横隔梁抗扭的贡献。

(2)抗弯刚度指主梁纵向刚度，抗扭刚度主要指横隔梁刚度。

54.【答】(1)偏心压力法不考虑主梁的抗扭刚度，修正偏心压力法考虑主梁的抗扭刚度。

(2)偏心压力法计算步骤：①若需计算 k 号梁的 m_c，利用荷载作用于 i 号主梁对 k 号主梁荷载分配的一般公式 $R_{ki}=\dfrac{I_k}{\sum\limits_{i=1}^{n}I_i}+\dfrac{a_ia_kI_k}{\sum\limits_{i=1}^{n}a_i^2I_i}$ 计算该梁的影响线竖标；②绘影响线图；③布载；④求对应影响线纵坐标；⑤求 m_c。

55.【答】(1)基本假定：在竖向荷载作用下，板间接缝只传递竖向剪力；用理想的半波正弦荷载来分析跨中荷载的横向分布规律。

(2)$\gamma=\dfrac{b}{2}\varphi/w=\dfrac{b}{2}\cdot\left(\dfrac{pbl^2}{2\pi^2GI_T}\right)/\left(\dfrac{pl^4}{\pi^4EI}\right)=\dfrac{\pi^2EI}{4GI_T}\left(\dfrac{b}{l}\right)^2\approx5.8\dfrac{I}{I_T}\left(\dfrac{b}{l}\right)^2$ 称刚度参数，半波正弦荷载峰值的大小不影响 γ 值的计算结果。

56.【答】利用铰接板荷载横向分布影响线竖坐标的计算用表，在刚度参数 γ 区间上按照线性内插的方法求得各位置的刚度系数，在相应刚度系数的位置线性插值求得影响线竖标值，然后按一定比例绘于各板块的轴线下方，连接成光滑曲线后就得到了横向分布影响线。

57.【答】对于无横隔梁或者仅有一根横隔梁的情况，跨中部分可采用不变的荷载横向分布系数，在离支点 $L/4$ 起至支点的区段内按线性关系过渡；对于有多根横隔梁的情况，在第一根横隔梁起至支点的区段内按线性关系过渡。在实际应用中，当计算简支梁的跨中弯矩时，一般可不考虑荷载横向分布系数的变化，均按不变化来处理。

58.【答】主梁内力包络图，是指连接主梁长度方向上各个截面最大内力和最小内力(最大负值)的图形。简支梁的弯矩包络图呈二次抛物线形，剪力包络图为直线段。

59.【答】所有静定结构及整体浇筑一次落架的超静定结构，主梁恒载作用于桥上时结构已是最终体系，主梁恒载内力可根据沿跨长变化的恒载集度计算。

60.【答】(1)简支梁桥活载内力计算的一般公式

汽车荷载作用下的内力计算公式　　$S_q=(1+\mu)\cdot\xi\cdot m_{cq}(q_k\cdot\Omega+P_k\cdot y_i)$

人群荷载作用下的内力计算公式　　$S_r=m_{cr}q_r\cdot\Omega$

(2)简支梁桥活载内力计算的步骤：①求该主梁的荷载横向分布系数；②在该主梁的内力影响线上进行最不利布载；③按上述内力计算公式求主梁的活载内力。

61.【答】按刚性横梁法或比拟正交异性板法计算。比如，在刚性横梁法(即偏心压力法)中，将桥梁的中横隔梁近似地视为竖向支承在多根弹性主梁上的多跨弹性支承连续梁，由于各主梁的荷载横向影响线(也即弹性支承力影响线)在主梁计算中已经求得，可以利用静力平衡条件求解连续梁的内力。鉴于桥上荷载的横向移动性，通常采用绘制横隔梁内力影响线的方法来计算。对于具有多根内横隔梁的桥梁，由于位于跨中的横隔梁受力最大，通常只要计算跨中横隔梁的内力，其他横隔梁可偏安全地仿此设计。

62.【答】(1)挠度是受弯构件在荷载作用下的最大变形。

(2)刚度是指结构或构件产生单位位移所需要的力。

(3)《公路钢筋混凝土及预应力混凝土桥涵设计规范》(JTG D62—2004)对梁式桥的最大竖向挠度规定：钢筋混凝土和预应力混凝土构件的长期挠度值，在消除结构自重产生的长期挠度后，梁式桥主梁的最大竖向挠度不应超过计算跨径的 1/600；梁式桥主梁的悬臂端不应超过悬臂长度的 1/300。

(4)钢筋混凝土受弯构件预拱度可按下列规定设置：①当由荷载短期效应组合并考虑荷载长期效应影响产生的长期挠度不超过计算跨径的 1/1 600 时，可不设预拱度；②当不符合上述规定则应设预拱度，预拱度值按结构自重和 1/2 可变荷载频遇值计算的长期挠度值之和采用。

(5)预应力混凝土受弯构件预拱度可按下列规定设置：①当预加力产生的长期反拱值大于按荷载短期组合计算的长期挠度时，可不设预拱度；②当预加力的长期反拱值小于按荷载短期组合计算的长期挠度时，应设预拱度，其值应按该项荷载的挠度值与预加应力长期反拱值之差采用。

63.【答】扇形弯梁桥在平面上形如扇子，其两端支承边的延长线交汇于一点，对于圆曲线弯桥将交于曲率半径的中心。斜弯梁桥即使其桥轴线也属于圆曲线，且具有曲率半径和曲率中心，但两端支承边的延长线不汇交于曲率中心。

64.【答】(1)弹性模量 E_h 值是用下述方法测定的：试验采用棱柱体试件，取应力上限为 $\sigma=0.5f_c$，然后卸载至零，再重复加载卸荷 5～10 次。由于混凝土的非弹性性质，每次卸荷至零时，变形不能完全恢复，存在残余变形。随着荷载重复次数的增加，残余变形逐渐减小，重复 5～10 次后，变形已基本趋于稳定，应力－应变曲线接近于直线，该直线的斜率即作为混凝土弹性模量的取值。

(2)连接混凝土应力—应变曲线的原点 O 及曲线上某一点 K 作割线，K 点混凝土应力为 $\sigma_c=0.5f_c$，则该割线 OK 的斜率即为变形模量。在某一应力 σ_c 下，混凝土应变 ε_c 由弹性应变 ε_{ce} 和塑性应变 ε_{cp} 组成，于是混凝土的变形模量与原点弹性模量的关系为 $E''_h=\nu E_h$，ν 为弹性特征系数。

65.【答】①混凝土材料的自身特性；②混凝土结构的设计与施工质量；③混凝土结构所处的环境；④混凝土结构的使用条件与防护措施。

66.【答】(1)斜交板桥的受力特点：①支承边的反力是呈不均匀分布的，钝角处的反力最大，锐角处的反力最小，甚至可能出现负反力，使锐角向上翘；②跨中主弯矩，对于宽跨比较大的斜板，其中心处的主弯矩方向接近与支承边正交，但在斜板的两侧，则无论斜板宽跨比的大小，其主弯矩方向均接近平行自由边。并且，弯矩值沿板宽分布也是不均匀的，对于均布荷载，中部弯矩值大于两侧；对于集中荷载，则以荷载点处的最大；③钝角负弯矩，如同连续梁的中支点截面一样，在钝角处产生负主弯矩，有时它的绝对值比跨中主弯矩还要大，其负主弯矩的方向接近于钝角的二等分线相正交；④横向弯矩，斜板的最大纵向弯矩，虽比同等跨径的直桥要小，但横向弯矩却比同等跨径的直桥要大得多，并且沿自由边的横向弯矩还出现反号，靠近锐角处为正，靠钝角处为负。⑤扭矩，在锐角处有起翘的趋势，如果固定这两点，那么将使斜板在两个方向产生扭矩，这也是斜板的一个重要特点。

(2)影响斜交板桥受力的主要因素：斜交角、支承类型、板宽、斜跨径等。

67.【答】斜交板桥的构造特点：①桥梁宽度较大，板中央纵向钢筋垂直于支承边布置，边缘处纵向钢筋平行于自由边布置，横向钢筋平行于支承边布置；②为抵抗自由边的扭矩，可在距自由边 1 倍板厚的范围内设置加强钢筋；③窄斜桥纵向钢筋平行于自由边布置，跨中横向钢筋垂直于自由边布置，两端横向钢筋平行于支承边布置；④在钝角 1/5 范围内，应在角平分线的垂直方向设置抵抗负弯矩的钢筋；⑤为承担很大的支反力，应在钝角底面平行于角平分线方向上设置附加钢筋。

68.【答】斜桥的斜交角过大将使得：①桥梁的跨度增大，提高造价；②结构受力不合理；③增加构造难度。

69.【答】(1)由于悬臂体系梁桥和连续体系梁桥存在支点负弯矩，所以其跨中弯矩比相同跨径、相同荷载的简支梁桥的跨中弯矩显著减小。同时，由于跨中弯矩的减小可以减小跨度内主梁的高度，从而降低混凝土用量和结构自重，而这本身又导致了恒载内力的减小，所以它们具有更大的跨越能力。

(2)由于负弯矩的存在，它们主要的配筋特点是：在支点附近需要配置承受负弯矩的力筋，在跨中附近需要配置承受正弯矩的力筋。

三、其他体系桥梁及桥梁支座

1.【答】①悬臂梁桥属静定结构，连续梁桥属超静定结构；②中间支点处主梁有负弯矩，跨中正弯矩比同跨径简支梁要小。

2.【答】连续梁的内力主要有三个：纵向受弯、受剪以及横向受弯。为了抵抗上述三个内力，需配置三向预应力钢筋。这种在三个方向施加预应力的结构称为三向预应力结构。

3.【答】箱形截面梁当其腹板顶面受对称荷载作用时，其上下翼缘板的正应力呈不均匀分布的现象。即箱形截面梁在自重和对称荷载的作用下挠曲时，由于腹板传递的剪力流在边缘上受拉要大一些，而向板内传递过程中，由于上下板均会发生剪切变形，拉应力会逐渐减小，故实际上上板的拉应力在截面分布是不均匀的，呈现板的中间小而两边大的应力状态。剪力流在横向传递过程有滞后现象，故称之为“剪力滞后现象”或称“剪力滞效应”。

4.【答】预应力筋分为纵向预应力筋、横向预应力筋、竖向预应力筋。各自的作用是：①纵向预应力筋，对梁体结构纵向受弯和部分受剪提供抵抗力；②横向预应力筋，对梁体结构横向受力提供抵抗横向弯曲内力，保证桥梁横向整体性；③竖向预应力筋，对梁体结构受剪提供抵抗力，保证桥梁竖向整体性。

5.【答】预应力混凝土 T 形刚构桥分为跨中带剪力铰和内设挂梁两种基本类型。

(1)带剪力铰的 T 形刚构桥，是一种超静定结构。两个大悬臂在端部借助“剪力铰”相连接，只能传递竖向剪力而不传递纵向水平力和弯矩。当在一个 T 形结构单元上作用有竖向荷载时，相邻的 T 形结构单元通过剪力铰而共同参与受力。因而，从结构受力和牵制悬臂端变形来看，剪力铰起到了有利的作用。

(2)带挂孔的预应力混凝土 T 形刚构桥属静定结构，其受力特点虽然与钢筋混凝土结构一样，然而由于采用预加应力技术的悬臂法施工，消除了钢筋混凝土结构的缺点，而能充分发挥 T 形悬臂在运营和施工中受力一致的独特优点。

6.【答】悬臂体系梁式桥布置方式主要有两大类：①不带挂梁的单孔双臂梁桥，这类悬臂梁桥在桥头两端不设置桥台，而仅设置搭板与路堤相衔接，由于行车时，搭板容易损坏，故多用在跨干线的人行桥梁上；②带挂梁的多孔悬臂梁桥，仅在跨中设置挂梁的称单悬臂梁桥，一般做成三跨，其边孔称锚孔，如需设计成多孔悬臂梁桥时，就可以采用双悬臂梁桥，即从简支梁的两端向外对称各伸出一个悬臂，挂梁每隔一个孔设置。

7.【答】(1)悬臂梁与挂梁的腹板宜一一对应，使结构受力明确，缩短传力路线；接近牛腿部位的腹板应适当加厚，加厚区段的长度不应小于梁高。

(2)设置端横梁加强，端横梁的宽度应将牛腿包含在内，形成整体。

(3)牛腿的凹角线形应和缓，避免尖锐转角，以减缓主拉应力的过分集中。

(4)牛腿处的支座高度应尽量减小，如采用橡胶支座。

(5)按设计计算要求配置密集的钢筋，钢筋布置应与主拉应力的方向协调一致，以防止混凝土开裂。

8.【答】①连续梁桥和连续刚构桥都属超静定结构；②中间支点处主梁有负弯矩，跨中正弯矩比同跨径简支梁要小；③结构整体性好，工作质量高。

9.【答】(1)连续梁桥主梁除了在跨中部分承受正弯矩外，在支点附近还要抵抗较大的负弯矩，因此在进行支点截面设计时往往要加强截面底部的混凝土受压区。常在支点附近加大截面设计，以加大底面混凝土受压区并抵抗支点附近较大的剪力。

(2)连续梁受力主筋的布置要满足正、负两种弯矩的要求。在悬臂部分和支点附近是负弯矩区，要在梁的顶部布置抵抗负弯矩的受力筋；跨中部分承受正弯矩，在梁的底部布置受力筋；在正、负弯矩过渡区段，两个方向的弯矩都可能发生，因此顶部和底部均要布置适量的预应力筋。

10.【答】(1)由于刚构桥的主梁除了在跨中部分承受正弯矩外，在支点附近还要抵抗较大的负弯矩，因此在进行支点截面设计时往往要加强截面底部的混凝土受压区。常用形式有带马蹄形的T形截面和箱形截面。为了适应向支点处逐渐增大的负弯矩，梁高及梁底均可相应地加大。

(2)带挂梁刚构桥的悬臂部分只承受负弯矩，因此将预应力筋布置在梁肋顶部和桥面板内，以获得最大的作用力臂。预应力筋分直筋和弯筋两类。直筋的一部分在接缝处端面上锚固，一部分直通至悬臂端部锚固在牛腿端面上。肋内的弯筋则随着施工的推进逐渐下弯而倾斜锚固在各安装块件(或现浇段)上。为了使位于梁肋外承托内的力筋也能下弯锚固，通常还要使它们在平面内也作适当弯曲。下弯的力筋能增加梁体的抗剪能力。在大跨径桥梁中还可在肋内设置专门的竖向预应力筋来增强梁肋的抗剪作用。

(3)对于带铰刚构桥，悬臂部分也可能出现正负异号的弯矩，梁的底部也应布置适当的纵向预应力筋。

11.【答】结构自重所产生的内力应根据它所采用的施工方法来确定其计算图式。对于桥面铺装等二期恒载，如果它是在成桥以后开始施工，可以按照整桥的结构图式进行，否则也应按其相应施工阶段的计算图式单独地计算，然后进行内力或应力的叠加。

12.【答】(1)按空间结构计算活载内力。计算步骤如下所述。①按最不利布载计算各主梁(肋)的荷载横向分布系数，按平面杆系结构计算绘制该主梁(肋)的纵桥向内力影响线；②将荷载乘以荷载横向分布系数，沿桥梁纵向按最不利位置分别将荷载加至影响线正负效应区，即可求得绝对值最大的正负活载内力。

(2)按平面杆系结构计算活载内力，计算方法与空间结构类同，只是无需计算横向分布系数。

13.【答】预应力混凝土连续梁桥内力包络图有剪力包络图和弯矩包络图两种。在桥梁设计计算中，可以此来确定各截面在活载和恒载共同作用下的最大、最小内力。

14.【答】预应力混凝土连续梁桥次内力引起的外部因素有：预加力、墩台基础沉降、温度变形等。内部因素有：混凝土材料的徐变与收缩、结构布置与配筋形式等。

15.【答】箱形截面的整体性强，它不但在截面的上下部位都能提供足够的混凝土受压面积，而且由于截面的闭合特性，抗弯刚度和抗扭刚度都很大，因而是大跨径连续梁、连续刚构桥常用的截面形式。

16.【答】当连续梁的主跨跨径接近或大于 70m 时，若主梁仍采用等截面布置，在结构自重和活载作用下，主梁支点截面设计负弯矩将比跨中截面设计正弯矩大得多，受力变得不合理。因此采用变截面形式符合受力要求，使得截面高度变化基本上与内力变化相适应，并且外形美观，节省材料，增大桥下净空高度。

17.【答】箱形截面的布置形式首先与桥面宽度有关，其次还与墩台构造形式及施工要求等有关，例如：

(1)单箱单室适用桥宽约为 14m(最宽已达 22m)，若增大桥宽则顶板的横向内力无论在中部或悬臂根部均较大，均需要采取措施来加强抗弯强度。

(2)单箱双室适用桥宽约 18m，单箱三室适用桥宽约 22m，它们均可改善箱梁的横向受力。由于腹板总厚度增加，增加了布置纵向预应力束的空间，也可降低截面的主拉应力值；但增加了结构自重，而且采用悬臂浇筑施工时，宽度及自重均较大，给施工挂篮的设计也带来了困难。

(3)双箱双室或三箱单室适用于桥宽为 22～32m，这种布置给施工带来方便，可以先分开进行悬臂施工，最后用纵缝连接，并且每个箱分别支承在独立的桥墩上；但由于在运营中，各箱的变形不一致，相邻两箱间的桥面板承受着反复内力，易于因疲劳而产生局部纵向裂缝。

(4)分离式双箱，它使全桥形成相毗邻而两个独立的桥梁，各自支承在独立的桥墩上。由于这种形式受力明确且行车安全，高速公路上的桥梁一般均要求做成上下行分离的两座桥，再由于两侧桥均为单行线，荷载横向分布系数较小，施工上较方便，也无须在悬臂施工完毕后进行两箱之间的纵向接缝连接，故工程上较多采用这种形式。

18.【答】变高度连续体系梁桥箱梁的底曲线可采用二次抛物线、折线和介于两者之间的 1.5～1.8 次抛物线形式，具体的选用形式应按照各截面上下缘受力均匀、容易布束确定。根据已建成桥梁资料分析，支点截面的梁高 $H_{支}$ 为(1/16～1/20)L(L 为中间跨跨长)，跨中梁高 $H_{中}$ 为(1/1.6～1/2.5)$H_{支}$。在具体设计中，还要根据边跨与中跨比例、荷载等因素通过几个方案的比较确定。

19.【答】箱梁腹板的主要功能是承受结构的弯曲剪应力和扭转剪应力所引起的主拉应力。墩顶区域剪力大，因而腹板较厚；同理跨中区域的腹板较薄。但腹板的最小厚度应考虑钢束的管道布置、钢筋布置和混凝土浇筑的要求。

20.【答】(1)顶板：一般要考虑两个因素，既满足桥面板横向弯矩的要求，又满足纵向预应力钢束的要求。

(2)底板：箱梁底板厚度随箱梁负弯矩的增大而逐渐加厚至墩顶，以适应箱梁下缘受压的要求。墩顶区域底板不宜过薄，否则压应力过高，由此产生的徐变将使跨中区域梁体下挠较多。墩顶区底板厚度宜为跨径的 1/140～1/170，跨中区的底板厚度宜为 20～25cm。

21.【答】(1)经验估值法：对于箱壁具有一定厚度且有横隔板加劲的箱形梁，忽略弯扭变形的畸变应力，将活载偏心作用引起的约束扭转正应力和扭转剪应力分别估计为活载对称作用下平面弯曲正应力的 15%和剪应力的 5%。当恒载对称作用时，箱形梁任意截面计及扭转影响的总荷载内力可近似估计为：

弯矩

$$M = M_g + 1.15M_p$$

剪力

$$Q = Q_g + 1.05Q_p$$

式中：M_g、Q_g——恒载引起的弯矩和剪力；

M_p、Q_p——全部活载对称于桥中线作用时引起的弯矩和剪力。

(2)用修正偏心压力法求活载内力增大系数:鉴于箱梁截面横向刚度和抗扭刚度大,则荷载作用下梁发生变形时,可以认为横截面保持原来形状不变,即箱梁各个腹板的挠度也呈直线变化。因此,通常可以将箱梁腹板近似看作等截面的梁肋,先按修正偏心压力法求出活载偏心作用下边腹板的荷载分配系数,再乘以腹板总数,这样就得到箱梁截面活载内力的增大系数。

22.【答】(1)当 $x \geqslant 2a_s'$时,x 为受压区高度,a_s'为受压区钢筋合力作用点至截面受压边缘的距离。《公路桥规》规定取 $\sigma_s' = f_{sk}'$,f_{sk}'为钢筋抗压强度标准值。

(2)当 $x < 2a_s'$时,表明受压钢筋 A_s'可能达不到其抗压强度设计值。对于受压钢筋保护层混凝土厚度不大的情况,《公路桥规》规定这时可取 $x = 2a_s'$。

23.【答】进行配筋估算时,应该首先满足三个方面要求:①承载能力;②正常使用应力;③施工阶段应力。然后确定各个状态对应的截面内力,接着确定预应力筋的设计位置,由此两点进行配筋设计计算。

24.【答】两中间支座反力减小,两边支座反力增大;四个支座的合力不变。

25.【答】首先拟定截面尺寸;其次进行结构内力计算,需要同时进行活载与恒载的计算;再次配筋估算,验算截面尺寸及配筋;最后验算结构的抗裂及挠度等。

26.【答】①装配—整体施工法,主要施工设备为起吊安装设备;②悬臂施工法,主要施工设备为挂篮、吊装设备等;③顶推法施工,主要设备为顶推装置。

27.【答】整体升温会使中墩内侧产生负弯矩,外侧产生正弯矩;桥面升温会使中墩内侧产生正弯矩,外侧产生负弯矩。

28.【答】①由于温度变化和混凝土收缩引起的水平位移。特点:半径变化,圆心角不变,属于弧线膨胀性位移;②由于预应力和混凝土徐变引起的水平位移。特点:半径不变,圆心角变化,属于切线位移。

29.【答】基本组成:斜拉桥由主梁、斜拉索、索塔及基础等部分构成,在边跨内可根据需要设置辅助墩。构造类型:斜拉桥是一种桥面体系受压,支承体系受拉的多次超静定结构。结构体系:根据斜拉桥主要组成部分相互结合方式的不同,形成斜拉桥四种结构体系,即漂浮体系、支承体系(包括半漂浮体系)、塔梁固结体系和刚构体系。受力特点:从塔柱上伸出并悬吊起主梁的高强度钢索起着主梁弹性支承的作用,从而大大减小梁内弯矩,使梁截面尺寸减小,减轻了主梁的重量,加大了桥的跨越能力。在这三者中,塔柱以承压为主,有时还要承受较大弯矩;主梁受弯,也受轴向压力或拉力;拉索受拉。

30.【答】按照拉索平面数量和布置形式,斜拉索可分为单索面、竖向双索面、斜向双索面等。

31.【答】从桥梁立面看,索塔有独柱式、A 字形和倒 Y 形等。

32.【答】从桥梁横向看,索塔有独柱式、双柱式、门式、花瓶式、A 式、倒 Y 式、宝塔式和钻石式等。

33.【答】索塔的高度越大,斜索的倾角就越大,拉索垂直分力也就越大,但拉索长度也越长。若不计主梁弯曲刚度的影响,则主梁的支承刚度来自于索和塔两方面。

34.【答】可以增强结构体系的刚度、改善边跨内力和减少挠度,特别是对辅助墩附近的断面内力有明显的改善。设置辅助墩后大大减少了活载引起的梁端转角,使伸缩缝不易受损。当索塔刚度不够大时,还可以约束塔身的变形,从而改善中跨的内力及挠度。

35.【答】①在钢梁上锚固:散索鞍座+锚固梁、锚固梁、支架、钢管、节点板;②在混凝土梁上锚固:顶板锚固、箱内锚固、斜隔板锚固、梁体两侧锚固、梁底锚固。

36.【答】①在实体塔上交错锚固；②在空心塔上非交错锚固；③采用钢锚固梁来锚固；④利用钢锚箱锚固。

37.【答】在梁体上常采用的抗风构件有翼板、倒流器、倒风角、分流板、裙板及扰流器等。

38.【答】一般采用以下措施：气动控制法，阻尼减震法，改变拉索动力特性法。

39.【答】(1)矮塔部分斜拉桥由于拉索不能提供足够的支承刚度，故要求主梁的刚度较大。因拉索只提供部分刚度，所以命名其为部分斜拉桥。其受力性能介于梁式桥和斜拉桥之间，梁高位于两种桥型之间，斜拉索较正规斜拉桥少，且主塔较矮，所以叫矮塔部分斜拉桥。

(2)特点：塔较矮；梁的无索区较长，没有端锚索；边跨与主跨比值较大，一般大于0.5；梁高较大；受力以梁为主，索为辅；斜拉索的应力变幅较小，可按体外预应力索设计。

40.【答】(1)悬索桥是由鞍座、主缆、桥塔、锚碇、吊索、加劲梁等组成。

(2)结构体系为利用主缆和吊索作为加劲梁的悬挂体系，受力特点是在吊索的悬吊下，加劲梁相当于多个弹性支承连续梁，弯矩显著减小。

(3)悬索桥的活载和恒载通过吊索和索夹传递至主缆，再通过鞍座传至桥塔顶，经桥塔传递到下部的桥墩和基础；主缆除承受活载和加劲梁的恒载外，还分担一部分横向风荷载并将它直接传到塔顶。

41.【答】悬索桥的垂跨比(f/l)是指中跨主缆的矢高 f 与其跨长 l 之比。从力学分析得知，垂跨比变大，主缆中的拉力就变小，相应地用钢量便减少，但这样做桥塔需要增高，而且加劲梁容易挠曲，因此工程设计中需要通过多个方案的比较后，从中选出最优的垂跨比。

42.【答】(1)美国式悬索桥。美国式悬索桥的基本特征是采用竖直吊索，并用钢桁架作为加劲梁。这种形式的悬索桥绝大部分为三跨地锚式，加劲梁是不连续的，在主塔处有伸缩缝，桥面为钢筋混凝土桥面，主塔为钢结构。优点：可以通过增加桁架高度来保证梁有足够的刚度，且便于实现双层通车。

(2)英国式悬索桥。英国式悬索桥的基本特征是采用呈三角形的斜吊索和高度较小的流线型扁平翼状钢箱梁作为加劲梁。除此之外，这种形式的悬索桥采用连续的钢箱梁作为加劲梁，桥塔处设有伸缩缝，用混凝土桥塔代替钢桥塔；有的还将主缆与加劲梁在主跨中点处固结。优点：钢箱加劲梁可减轻恒载，减小了主缆的截面，降低了用钢量和造价；钢箱梁抗扭刚度大，受到的横向风力小，有利于抗风，并大大减小了桥塔所承受的横向力；三角形布置的斜吊索可以提高桥梁刚度。缺点：斜吊索在吊点处构造复杂。

(3)混合式悬索桥。其特征是采用竖直吊索和流线型钢箱梁作为加劲梁。优点：显示了钢箱加劲梁的优越性，同时避免了采用有争议的斜吊索。中国目前修建的悬索桥大多数属于这种类型。

43.【答】悬索桥最主要的承重构件是主缆。散索鞍主要起支承转向和分散大缆束股使之便于锚固的作用。

44.【答】吊桥的索夹有鞍挂式和销连接式。

(1)鞍挂式优点：①结构简单；②索夹应力不直接受吊杆拉力的影响。缺点：①对应于主缆倾斜角的变化，吊索槽的角度要随之变化，导致铸造形式变多；②鞍挂式索夹的吊索要产生弯曲应力，将成为吊杆强度下降的原因。

(2)销连接式优点：①销与销孔之间有摩擦力；②吊杆的拉力会影响索夹的应力分布。

(3)设计中注意：①索夹上的螺栓应具有足够的长度，才能有效防止螺栓上紧力的松动。在确定螺杆长度时还应考虑孔隙率产生的误差；②在两个半索夹之间要留有一定空隙，当索夹套装在主缆之上后，依靠高强螺栓拧紧的拉力供索夹与主缆的接触面产生一定的摩阻力，以保证索夹位置的稳定。

45.【答】(1)吊杆材料：吊杆可以用圆钢，眼杆或钢绞索做成。

(2)连接构造：当采用柔性吊杆时，为了便于连接，便把钢丝绳或钢绞线的断头散开和伸入到连接套筒内，然后浇入合金，使之与套筒结成整体而形成锚头，吊索的上端通过套筒与索夹的吊耳连接，吊索下端通过套筒与加劲梁的连接件相连。

46.【答】为了防止主缆被空气腐蚀，主缆必须采用镀锌的钢丝。当主缆架设完毕后，经过对垂度的检查和调整后，便用紧缆机将它挤压成圆形，并每隔 1m 用软钢带将主缆捆紧，使其孔隙率降至 20%左右。然后，在主缆上涂防锈漆，待漆干燥后便用缠丝机将 $\phi4$ 的镀锌软钢丝将主缆加以紧紧地缠绕，最后在缠丝的外表表面还要涂上多层防腐的材料。国外的实践证明，这种方法的长期效果十分良好。

47.【答】悬索桥的锚碇有重力式锚碇和隧道式锚碇两种形式。重力式锚碇一般由锚碇基础、锚块、主缆的锚碇架及固定装置、遮棚等部分构成；当主缆需要改变方向时，锚碇中还应包括主缆支架和锚固鞍座(扩展鞍座)。隧道式锚碇由洞室结构、拉杆的支架、钢拉杆、锚体和散索鞍等部分组成。

48.【答】(1)斜拉桥中斜拉索起到将桥梁结构的全部或绝大部分重力和桥上活载传递到索塔上的传力的作用。特别是现代密索体系斜拉桥中的斜拉索，对主梁提供了多点弹性连续支承，使得斜拉桥主梁的跨径较之同跨径的梁桥大大减小，从而显著降低了斜拉桥主梁中的弯矩峰值，使得梁高显著减小，从而减小了梁体自重，显著增大了跨径，也使得悬臂施工等现代大跨度桥梁的施工方法得以应用和发展。

(2)确定拉索面积需要考虑以下几个问题：①拉索垂度效应对拉索弹性模量的影响并进行修正；②大跨度斜拉桥体系的二阶效应及大变形因素对刚度矩阵进行修正；③某种优化规则下的合力成桥状态与合理索力；④施工过程，采用正装法或结合法得到各个施工阶段的索力；⑤拉索的主动张拉对于调节恒载的作用；⑥成桥后在索梁分配下的拉索受力情况；综合以上各点可以得到拉索索力，再依据拉索应力、内力、变形、垂度等控制要求，计算拉索需要的面积。

49.【答】把重度效应的影响按斜拉索的有效弹性模量来考虑。

50.【答】(1)主梁各截面一般以拉应力控制，当截面上下缘的最大应力满足拉压应力控制条件时最理想，用这种方法确定的预应力和主梁成桥恒载弯矩称为理想值，其成桥状态称为理想状态。

(2)确定斜拉桥成桥索力通常采用弯曲能量最小法。基本思路是使结构的弯曲应变能最小，即令其对索力的偏导为零，求解方程得到对应的索力，拉索作用等效为相应的力。

(3)确定斜拉桥施工初始索力通常采用倒退分析法。即以设计成桥状态为基础，以实际施工顺序为准逆向地逐次拆除同一施工阶段中拼装上去的杆件，将其杆端内力反向作用于剩余的结构上，以解除杆件对结构的原有约束，从而得到各施工阶段的施工张拉索力、结构内力和位移。

51.【答】(1)确定的方法：主要有刚性支承连续梁法、五(四)点为零法、零弯矩悬拼法等。主要是预先设想要得到的某种成桥状态，然后就可计算出该状态下的内力。

(2)关系：成桥状态内力初步确定的索力为施工时张拉索力与后期施工对前期施工后的拉索影响索力。

52.【答】(1)影响：常年温差使得桥墩出现弯矩，在梁体内出现轴力。

(2)措施：可以采用柔性高墩以及减少约束的办法。

53.【答】(1)梁式桥的支座一般分成固定支座和活动支座两种。

(2)固定支座既要将主梁固定在墩台的位置上，传递竖向力，又要保证主梁发生挠曲时在支承处能自由转动。活动支座只传递竖向压力，并保证主梁在支承处既能自由转动又能水平移动。

54.【答】(1)传递上部结构的支承反力，包括恒载和活载引起的竖向力和水平力。

(2)保证结构在活载、温度变化、混凝土收缩和徐变等因素作用下按设计要求自由变形，以使上、下部结构的实际受力情况符合结构的静力图式。

55.【答】(1)原则：有利于墩台传递纵向水平力，有利于梁体的自由变形。

(2)要求：对于简支梁桥，每跨宜布置一个固定支座，一个活动支座；对于多跨简支梁，一般把固定支座布置在桥台上，每个桥墩上布置一个(组)活动支座与一个(组)固定支座；若个别墩较高，也可在高墩上布置两个(组)活动支座；对于连续梁桥，一般在每一联设置一个固定支座，并宜将固定支座设置在靠近温度中心处，以使全梁的纵向变形分散在梁的两端，其余墩台上均设置活动支座；对于悬臂梁桥，锚固孔一侧布置固定支座，一侧布置活动支座；挂孔支座布置与简支梁相同；在坡桥处，宜将固定支座布置在高程低的墩台上，同时为了避免整个桥跨下滑，影响车辆的行驶及安全，通常在设置支座的梁底面，增设局部的楔形构造。

56.【答】板式橡胶支座由几层橡胶和薄钢片叠合而成，它的活动机理是利用橡胶的不均匀弹性压缩实现转角 θ；利用其剪切变形实现微量水平位移 Δ。因此板式橡胶支座一般无固定支座与活动支座之分，必要时可采用高度不同的橡胶来调节各支座传递的水平力及其位移。

57.【答】视跨度与荷载的大小，钢支座有平板支座、弧形支座、摇轴支座、辊轴支座等几种形式。①弧形支座：由上下垫板组成。上垫板是平的矩形钢板，下垫板是弧形钢板，利用上下接触面的相对滑动和转动实现活动支座的功能要求。只适用于小跨度(10～20m)的梁。②摇轴支座：由上摆、底板和两者之间的辊子组成。将圆辊多余部分削去成扇形，就是所谓摇轴。支承反力越大，支座高度越大。适用于跨度大于 20m 的梁。③辊轴支座：当遇到跨度更大的梁时，可以采用辊轴支座。辊子的直径可以随其个数的增多而减小，反力也可分散而均匀地分布到墩台垫石面上。辊轴支座适用于各种大型桥梁。

58.【答】(1)盆式橡胶支座具有承载能力大、水平位移量大、转动灵活等优点。

(2)将橡胶块放在凹形金属槽内，使橡胶处于有侧限受压状态，提高了它的承载力。利用嵌放在金属盆顶面的填充聚四氟乙烯板与不锈钢板的相对摩擦系数小的特性，保证了活动支座能满足梁的水平移动要求；同时，通过橡胶的不均匀压缩使得梁体能够自由进行转动。

59.【答】一般在每一联设置一个固定支座，并宜将固定支座设置在靠近温度中心处，以使全梁的纵向变形分散在梁的两端，其余墩台上均设置活动支座。在设置固定支座的桥墩(台)上，一般采用一个固定支座，其余为横桥向的单向活动支座；在设置活动支座的所有桥墩台(台)上，一般沿设置固定支座的一侧，均布置顺桥向的单向活动支座，其余均布置双向活动支座。

四、拱桥

1.【答】①在竖向荷载作用下，拱脚支承处存在水平推力；②由于水平推力使拱桥截面弯矩比同跨径的梁桥小；③主拱承受弯压内力，并以受压为主。

2.【答】根据拱肋和系杆(梁)相对刚度的大小及吊杆的布置形式可以分为：具有竖直吊杆的柔性系杆刚性拱称为系杆拱；具有竖直吊杆的刚性系杆柔性拱称为蓝格尔拱；具有竖直吊杆的刚性系杆刚性拱称为洛泽拱。以上三种拱，当用斜吊杆来代替竖直吊杆时，称为尼尔森拱。

3.【答】(1)钢管混凝土拱桥属于肋拱桥的一种，它是在薄壁圆形钢管内填充混凝土而形成的一种组合结构，它借助内填混凝土增强钢管壁的稳定性。

(2)同时又利用钢管对核心混凝土的套箍作用，使核心混凝土处于三向受压状态，从而使其具有更高的抗压强度和抗变形能力。

(3)钢管混凝土拱桥的缺点是在阳光照射下钢管会膨胀，容易造成钢管与内填混凝土之间出现脱空现象；泵送管内混凝土也常出现不能完全饱满的情况，这都将引起拱圈受力不够明确，从而降低钢管混凝土结构的安全度。

4.【答】拱桥按拱上建筑的形式可分为：实腹式拱桥和空腹式拱桥。

5.【答】拱桥按结构受力图式可分为：

(1)简单体系拱桥。其受力特点是：①不考虑车行道系结构参与主拱圈一起共同受力，主拱圈以裸拱作为主要的承重结构；②水平推力由桥墩直接承受。

(2)组合体系拱桥。其受力特点是：①由车行道梁和主拱圈共同承受桥跨上的全部荷载作用；②水平推力的传递受组合方式的制约。对于无推力的组合体系拱桥，拱的推力由系杆承受，所谓系杆是将两拱脚相互联系在一起的水平构件，因而墩台不承受水平推力；对于有推力的组合体系拱桥，由于没有系杆，拱的推力仍由墩台承受。

6.【答】板拱是指主拱圈的横截面是整块的矩形实体截面的拱桥。

7.【答】肋拱桥是由两条或多条分离的平行拱肋，以及在拱肋上设置的立柱和横梁支承桥面板组成的拱桥；其上部结构由拱肋、横系梁、立柱、横梁、纵梁及桥面系组成。

8.【答】箱形拱的主要特点是：

(1)截面挖空率大，挖空率可达全截面的50%～60%，与板拱相比，可节省大量圬工体积，减轻重量。

(2)箱形截面的中性轴大致居中，对于抵抗正负弯矩具有几乎相等的能力，能较好地适应主拱圈各截面正负弯矩变化的需要。

(3)由于是闭合空心截面，抗弯和抗扭刚度大，拱圈的整体性好，应力分布较均匀。

(4)单条箱肋刚度较大，稳定较好，能单箱肋成拱，便于无支架吊装。

(5)制作要求较高，吊装设备较多，主要用于大跨径拱桥。

9.【答】：(1)采用U形肋组成的多室箱形截面：将底板和箱壁预制成U形拱肋(内有横隔板)，纵向分段，吊装合龙后，安装预制盖板，再现浇接缝混凝土，组成箱形截面。

(2)采用工字形肋组成的多室箱形截面：将工字形拱肋(内有横隔板)吊装合龙后，翼缘直接用连接钢板焊接，形成箱形截面。

(3)采用闭合箱组成的多室箱形截面：先将预制好的箱侧壁及横隔板按拱箱尺寸拼装起来，再浇筑底板混凝土及接头混凝土，组合形成开口的U形箱，最后在U形箱内立支架及顶板的底模板，再浇筑顶板混凝土形成闭合箱肋。

(4)单箱多室截面：即外形为一个箱，箱内有多个室。单箱多室截面主要用于不能采用预制吊装的特大型拱桥。单箱多室截面的形成与施工方法有关，当采用转体施工时，截面可在拱胎(支架)上组装或现浇形成；当采用悬臂施工时，可采用与悬臂浇筑梁桥相似的方法在空中逐块浇筑并合龙，也可以预制拼装成拱。

10.【答】实腹式拱上建筑的特点是构造简单，施工方便，填料数量较多，恒载大。一般仅适用于小跨径的板拱桥。

11.【答】拱上侧墙作用是：围护拱腹上的散粒填料，并承受拱腹填料及车辆荷载所产生的侧压力(推力)。护拱的作用是：加强拱脚段的主拱圈，方便防水层和泄水管的设置。

12.【答】空腹式拱上建筑的最大特点是：除了具有实腹拱上建筑相同构造外，还具有腹孔和腹孔墩，在洪水期有利泄洪，也减轻了拱桥恒重，同时增加了桥梁的美观性。

13.【答】①应对称布置在靠拱脚侧的一定区段内；②一般为奇数孔；③腹孔构造宜统一，以便于施工和有利于腹孔墩的受力；④腹拱高度应布置在主拱圈允许的高度内；⑤应尽量减轻拱上建筑恒重，不使腹孔墩过分集中或者过分分散。

14.【答】①梁式腹孔结构有简支的、连续的和连续框架式等多种形式。②腹孔墩可分为横墙（立墙）式和排架（立柱）式。

15.【答】①避免含水率的增大，确保路面强度；②防止雨水渗到主要结构内，使其发生冻胀破坏。

16.【答】拱桥中铰按性质可分为永久性拱铰和临时性拱铰。

17.【答】(1)拱桥中需要设置铰的情况有四种：①按两铰拱或三铰拱设计的主拱圈；②按构造要求需要采用两铰拱或三铰拱的腹拱圈；③需设置铰的矮小腹孔墩，即将铰设置在墩上端与顶梁和下端与底梁的连接处；④在施工过程中，为消除或减小主拱圈的部分附加内力，以及对主拱圈内力作适当调整，需要在拱脚处设置临时铰。

(2)常用的拱铰形式有：弧形铰、铅垫铰、平铰、不完全铰和钢铰等。

18.【答】三铰拱只有在地质条件不良和跨径不大的情况下或在腹拱上才采用，目前大跨径拱桥一般不采用这种体系，原因有三点：①由于铰的存在，使其构造复杂，施工困难，维护费用高；②由于铰的存在，降低了抗震能力；③拱的挠度曲线在顶铰处有转折，致使拱顶铰处的桥面下沉，当车辆通过时，会发生较大的冲击，对行车不利。

19.【答】净矢高是指从拱桥拱顶截面下缘至相邻两拱脚下缘最低点之连线的垂直距离，通常以 f_0 表示；计算矢高是指拱顶截面形心至相邻两拱脚截面形心之连线的垂直距离，以 f 表示；矢跨比是拱桥主拱圈（或拱肋）的计算矢高 f 与其计算跨径 l 之比，以 f/l 表示。

20.【答】拱桥的设计高程主要有：桥面高程、拱顶底面高程、起拱线高程和基础底面高程。

21.【答】拱桥主拱的矢跨比是拱轴设计中的主要参数之一，原因有四点：①拱桥的水平推力与垂直反力之比值，随矢跨比的减小而增大，当矢跨比减小时，拱的推力增大，反之则水平推力减小；②拱的水平推力大，相应的主拱圈内产生的轴向力也大，对主拱圈本身的受力状况是有利的，但对墩台和基础的受力不力，同时当矢跨比减小时，则弹性压缩、混凝土收缩和温度等附加内力均较大，对主拱圈也不利；③矢跨比小却能增加桥下的净空，降低桥面纵坡，施工时对拱圈的砌筑和混凝土的浇筑都比较方便；④矢跨比对拱桥的外形及周围景观的协调产生影响。

22.【答】不等跨拱桥的主要受力特点是：在恒载作用下，由于相邻孔的水平推力不相等，使得桥墩和基础受了由两侧主拱圈传来的不平衡推力。

23.【答】①处理不等跨分孔时应注意控制的实质性问题是：尽量减小因恒载引起的不平衡推力对桥墩基底的偏心作用。②处理不等跨分孔的方法：采用不同的矢跨比；采取不同的起拱线高程；调整拱上建筑的重力；采取不同类型的拱跨结构等等。

24.【答】①拱圈各横向截面（或换算截面）的形心连线为拱轴线。②最理想的拱轴线是与拱上各种荷载作用下的压力线相吻合，这时主拱截面上只有轴向压力，而无弯矩及剪力作用，应力均匀，能充分利用材料强度和圬工材料的良好抗压性能，这样的拱轴线称为合理拱轴线。

25.【答】拱轴线分为圆弧线、悬链线和抛物线。①圆弧形拱轴线是对应于均布径向荷载作用下的压力线；②二次抛物线是对应于竖向均匀荷载作用下拱的压力线；③悬链线对应于实腹式拱桥的恒载集度（单位长度上的恒载）自拱顶向拱脚连续分布、逐渐增大时作用下的压力线。

26.【答】根据构造方式不同，拱上建筑的形式一般分为实腹式和空腹式两种。实腹式拱上建筑的构造简单，施工方便，而填料的数量较多，恒载较重。一般情况下，小跨径拱桥多采用实腹式，大、中跨径拱桥多采用空腹式，以利于减小恒载，并使桥梁显得轻巧美观。拱轴线的形式与拱上建筑的布置一般按以下四点考虑：①小跨径实腹式拱桥采用圆弧线拱轴线；②小跨径空腹式拱桥采用悬链线拱轴线；③大、中跨径可采用空腹式近似悬链线拱轴线；④轻型拱桥或全透空的大跨径拱桥可采用抛物线拱轴线。

27.【答】拱桥通常为多次超静定的空间结构，当活载作用于桥跨结构时，拱上建筑参与主拱圈的受力，共同承担活载的作用，这种现象称为"拱上建筑与主拱的联合作用"，或简称"联合作用"。其大小与拱上建筑结构类型的关系：①当拱上建筑为腹拱时，联合作用较大；当拱上建筑为梁板时，联合作用较小；②当腹拱圈、腹拱墩对主拱的相对刚度越大，联合作用越大；③腹拱越坦，其抗推刚度越大，联合作用越大；④拱脚与四分之一跨的截面联合作用较拱顶大。

28.【答】对于空腹式拱桥，在求其拱轴系数时要求主拱圈的五个控制截面，即拱顶、两拱脚和两个四分点达到压力线和拱轴线必须重合，这样做可保证各拱圈截面不产生过大的弯矩峰值，这种设计方法称为五点重合法。

29.【答】假载法主要是通过调整拱轴系数 m 来改变拱轴线形状，使得拱顶、拱脚两截面的控制内力绝对值接近相等，以达到改变主拱圈受力性能的目的。m 的调整幅度，一般为半级或一级（$y_{1/4}/f$ 相差 0.01 称为一级）。

30.【答】拱的弹性压缩是指拱圈在结构自重作用下产生弹性压缩，使拱轴线缩短的现象。弹性压缩会在无铰拱中产生弯矩和剪力，这就是所谓弹性压缩的影响。

31.【答】拱桥在荷载作用下其拱圈的内力计算可分为：①不考虑弹性压缩的内力（纯压）计算；②有弹性压缩引起的内力（弹压）计算。然后再进行叠加，得到恒载作用下拱的总内力。

32.【答】①不考虑弹性压缩的内力（纯压）S_1；②有弹性压缩引起的内力（弹压）S_2；③叠加求得总内力 S。恒载作用下内力计算图见图 1。

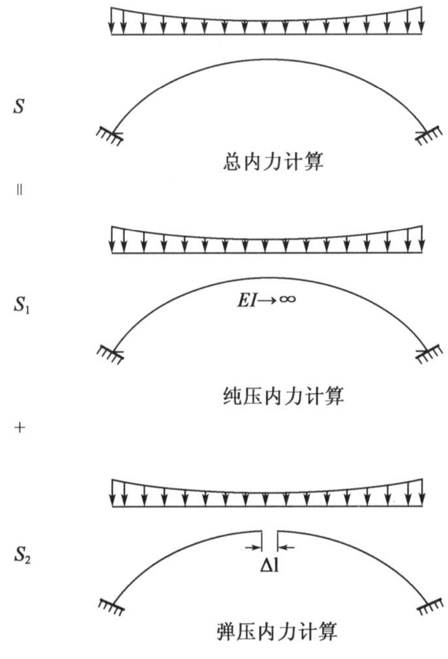

图 1　恒载作用下内力计算图

33.【答】合龙温度是指主拱圈合龙时的温度。

34.【答】①桥位平均温度大于施工合龙温度时，拱轴线伸长，拱内产生压力，拱顶出现负弯矩，拱脚出现正弯矩，与外荷载引起的内力相反，对拱受力是有利的；②桥位平均温度小于施工合龙温度时，拱轴线缩短，拱内产生拉力，拱顶出现正弯矩，拱脚出现负弯矩，与外荷载引起的内力相同，对拱受力不利。

35.【答】拱脚相对水平位移；拱脚相对垂直位移(拱脚不均匀沉降)；拱脚截面相对转动。

36.【答】主拱圈高度拟定与主拱跨径大小、荷载等级、主拱圈材料规格等因素有关。

37.【答】选择拱轴线的原则就是要尽可能降低由于荷载产生的弯矩值。最理想的拱轴线是与拱上各种荷载作用下的压力线相吻合的，这时主拱圈截面只有轴向压力，而无弯矩和剪力作用，应力均匀，能充分利用圬工材料的强度和抗压性能。

38.【答】实腹式悬链线拱确定拱轴线一般采用无矩法，即认为主拱圈截面仅承受轴向压力而无弯矩。

拱轴系数

$$m=\frac{g_j}{g_d} \tag{1}$$

拱顶恒载分布集度 g_d

$$g_d=\gamma_1 h_d+\gamma_2 d \tag{2}$$

拱脚恒载分布集度 g_x

$$g_j=\gamma_1 h_d+\frac{\gamma_2 d}{\cos\varphi_j}+\gamma_3 h \tag{3}$$

式中：γ_1、γ_2、γ_3——分别为拱顶填料、拱圈材料及拱腹填料的重度；

h_d——拱顶填料厚度，一般为 300～500mm；

d——主拱圈厚度；

φ_j——拱脚处拱轴线的水平倾角。

由几何关系有：

$$h=f+\frac{d}{2}-\frac{d}{2\cos\varphi_j} \tag{4}$$

采用试算法计算 m 值，步骤如下：

(1)先根据拱的跨径和矢高假设 m，再由《拱桥》附录表(Ⅲ)-20 查得拱脚处的 $\cos\varphi_j$ 值。

(2)将 $\cos\varphi_j$ 值代入式(3)计算出 g_j 后，再与 g_d 一同代入式(1)，即可求得 m 值。

(3)再与假设的 m 值比较，如两者相符，即假定的 m 为真实值；如两者相差较大(差值大于半级，即相邻 m 值的差值的一半)，则以计算出的 m 值作为假设值，重新计算，直到两者接近为止。

39.【答】拱轴系数 m 是拱轴线(压力线)方程的主要参数。当拱的矢跨比确定后，拱轴线各点的纵坐标将取决于拱轴系数 m，而 m 则取决于拱脚与拱顶处的恒载集度比。各种 m 值的拱轴线坐标一般不必按公式计算，可直接由《拱桥》附录表(Ⅲ)-1 查出。

40.【答】空腹式拱桥的恒载自拱顶向拱脚不再是连续分布的，其空腹部分的荷载由两部分组成，即拱圈自重的分布荷载和拱上立柱(或横墙)传来的集中荷载。其相应的恒载压力线，也不再是一条平滑的悬链线，而是一条在腹孔墩处有转折的多段曲线，虽然采用悬链线作为拱轴线和恒载压力线有偏离，但此对拱圈控制截面的内力是有利的，因此空腹式拱桥也广泛采用悬链线作为拱轴线。用五点重合法计算确定的空腹式无铰拱桥的拱轴线，仅保证了全拱有五点与三铰拱的恒载压力线(不计弹性压缩)相重合,在其他截面点上都有不同程度的偏离。计算表明,从拱顶到 $l/4$ 点,一般压力线在拱轴线之上;而从 $l/4$ 点到拱脚,压力线却大多在拱轴线之下。拱轴线与相应的三铰拱恒载压力线的偏离类似于一个正弦波,见图 2。

41.【答】实腹式拱桥的伸缩缝通常设在两拱脚上方,并需在横桥方向贯通全宽和侧墙的全高以及人行道;空腹式拱桥一般在紧靠桥墩(台)的第一个腹拱圈做成三铰拱,并在靠墩台的拱铰上方的侧墙上也设置伸缩缝,其余两铰上方的侧墙上可设变形缝。

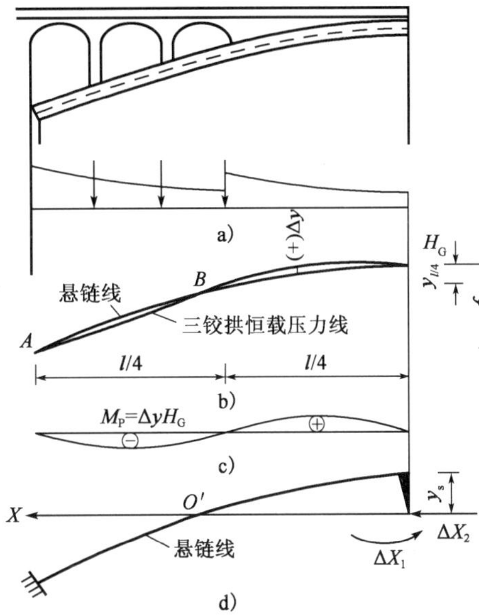

图 2 空腹式悬链线拱轴计算图式

42.【答】对称无铰拱若从拱顶切开取为基本结构,则:多余力 X_1(弯矩)、X_2(轴力)为正对称,而 X_3(剪力)是反对称的。故知副系数:$\delta_{13}=\delta_{31}=0$、$\delta_{23}=\delta_{32}=0$。但仍有 $\delta_{12}=\delta_{21}\neq0$,为了使 $\delta_{12}=\delta_{21}=0$,通过引入"刚臂"的办法得到。现以悬臂曲梁为基本结构,如图 3 所示。

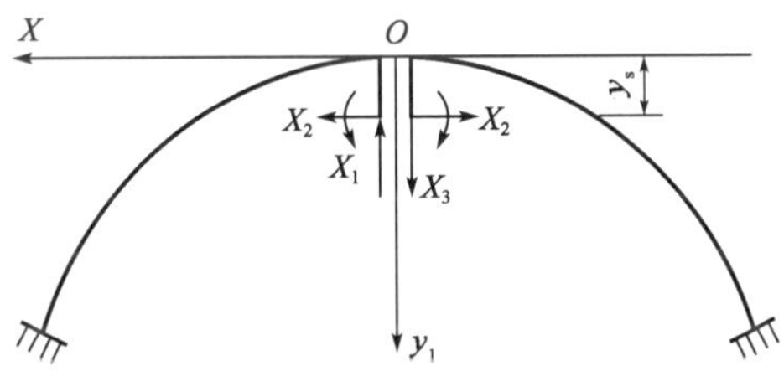

图 3 拱的弹性中心

令:$\delta_{12}=\delta_{21}=0$,可得拱的弹性中心坐标为:

$$y_s=\frac{\int_s\frac{y_1\,\mathrm{d}s}{EI}}{\int_s\frac{\mathrm{d}s}{EI}} \tag{5}$$

式中:$y_1=\dfrac{f}{m-1}(\mathrm{ch}k\xi-1)$;$x=l_1\xi=\dfrac{l}{2}\xi$;$\mathrm{d}s=\dfrac{\mathrm{d}x}{\cos\varphi}=\dfrac{l}{2}\cdot\dfrac{1}{\cos\varphi}\mathrm{d}\xi$。

其中:$\cos\varphi=\dfrac{1}{\sqrt{1+\tan^2\varphi}}=\dfrac{1}{\sqrt{1+\eta^2\mathrm{sh}^2k\xi}}$。

则:

$$\mathrm{d}s=\frac{l}{2}\sqrt{1+\eta^2\mathrm{sh}^2k\xi} \tag{6}$$

以 y_1 及 $\mathrm{d}s$ 代入式(6)中,并考虑等截面拱的 I 为常数,则有:

$$y_s=\frac{\int_s y_1\,\mathrm{d}s}{\int_s\mathrm{d}s}=\frac{f}{m-1}\frac{\int_0^1(\mathrm{ch}k\xi-1)\sqrt{1+\eta^2\mathrm{sh}^2k\xi}\,\mathrm{d}\xi}{\int_0^1\sqrt{1+\eta^2\mathrm{sh}^2k\xi}\,\mathrm{d}\xi}=\alpha_1 f \tag{7}$$

系数 α_1 可由《拱桥》附录表(Ⅲ)-3 查得。

43.【答】拱的弹性压缩是指拱圈在结构自重作用下产生弹性压缩，使拱轴线缩短的现象。

44.【答】活载弹性压缩在弹性中心产生赘余水平力 ΔH(拉力)，如图 4 所示，其大小为：

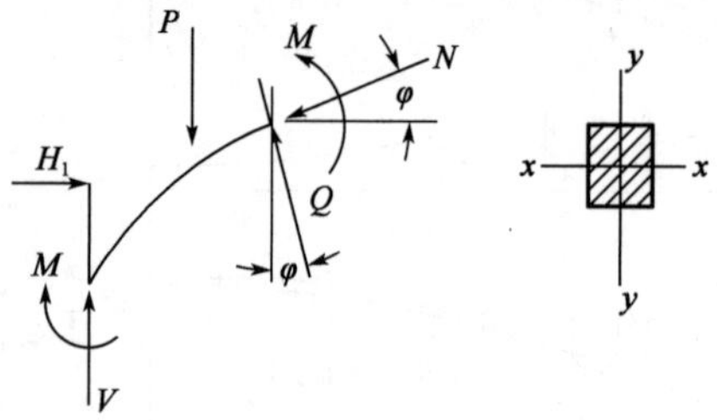

图 4　活载弹性压缩引起的内力

$$\Delta H=\frac{\Delta l}{\delta'_{22}}=\frac{\int_s \frac{N\mathrm{d}s}{EA}\cos\varphi}{\delta'_{22}} \tag{8}$$

将拱脚的三个已知力投影到水平方向上得：

$$N=\frac{H_1-Q\sin\varphi}{\cos\varphi}=\frac{H_1}{\cos\varphi}\left(1-\frac{Q}{H_1}\sin\varphi\right) \tag{9}$$

式(9)中，由于$\frac{Q\sin\varphi}{H_1}$相对较小，可近似忽略，则有：$N=\frac{H_1}{\cos\varphi}$。

于是：

$$\Delta l=\int_s \frac{N\mathrm{d}s}{EA}\cos\varphi=H_1\int_0^1 \frac{\mathrm{d}x}{EA\cos\varphi} \tag{10}$$

将式(10)代入式(8)，即得：

$$\Delta H=-\frac{H_1\int_0^l \frac{\mathrm{d}x}{EA\cos\varphi}}{\delta'_{22}}=-\frac{H_1\int_0^l \frac{\mathrm{d}x}{EA\cos\varphi}}{(1+\mu)\int_s \frac{y^2\mathrm{d}s}{EI}}=-H_1\frac{\mu_1}{1+\mu} \tag{11}$$

所以，考虑弹性压缩后，由活载产生的总推力为：

$$H=H_1+\Delta H=H_1-H_1\frac{\mu_1}{1+\mu}=H_1\frac{1+\mu-\mu_1}{1+\mu}\approx\frac{H_1}{1+\mu_1} \tag{12}$$

则活载作用下，由弹性压缩引起的内力为：

弯矩：

$$\Delta M=-\Delta H\cdot y=\frac{\mu_1}{1+\mu}\cdot H_1\cdot y \tag{13}$$

轴向力：

$$\Delta N=\Delta H\cdot\cos\varphi=-\frac{\mu_1}{1+\mu}\cdot H_1\cdot\cos\varphi \tag{14}$$

剪力：

$$\Delta Q=\pm\Delta H\cdot\sin\varphi=\mp\frac{\mu_1}{1+\mu}\cdot H_1\cdot\sin\varphi \tag{15}$$

45.【答】有了赘余力的影响线后，主拱圈中任意截面的内力影响线都可以利用静力平衡条件和叠加原理求得。主要截面的内力影响线形式及计算有以下四点：

(1)拱中任意截面水平推力 H_1 的影响线

由$\sum X=0$ 可知，主拱圈中任意截面水平推力 $H_1=X_2$，因此，H_1 的影响线与赘余力 X_2 的影响线完全相同，各点的影响线竖标可由《拱桥》附录表(Ⅲ)-12 查得。

(2)拱脚竖向反力 V 的影响线

将赘余力 X_3 移至两支点后，由$\sum Y=0$ 得：

$$V=V_0\mu X_3$$

式中：V_0——简支梁的反力影响线，上边符号适用于左半跨，下边符号适用于右半跨。

叠加 V_0 和 X_3 两条影响线就得到拱脚处竖向反力 V 的影响线。显然，拱脚处竖向反力的

影响线的总面积 $\omega=l/2$。

(3)任意截面的弯矩影响线

由图 5 可得主拱圈任意截面的弯矩为:

$$M_i = M_0 - H_1 y \pm X_3 x + X_1 \tag{16}$$

式中:M_0——简支梁的弯矩,上边符号适用于左半跨,下边符号适用于右半跨。

对于拱顶截面 $x=0$ 且 $X_3 x=0$,则由式(16)得拱顶截面的弯矩为:

$$M_d = M_0 - H_1 y + X_1 \tag{17}$$

图 5b)、c)示出了拱顶截面弯矩影响线的叠加过程,图 5d)、e)示出了拱顶截面和任意截面的弯矩影响线图形。

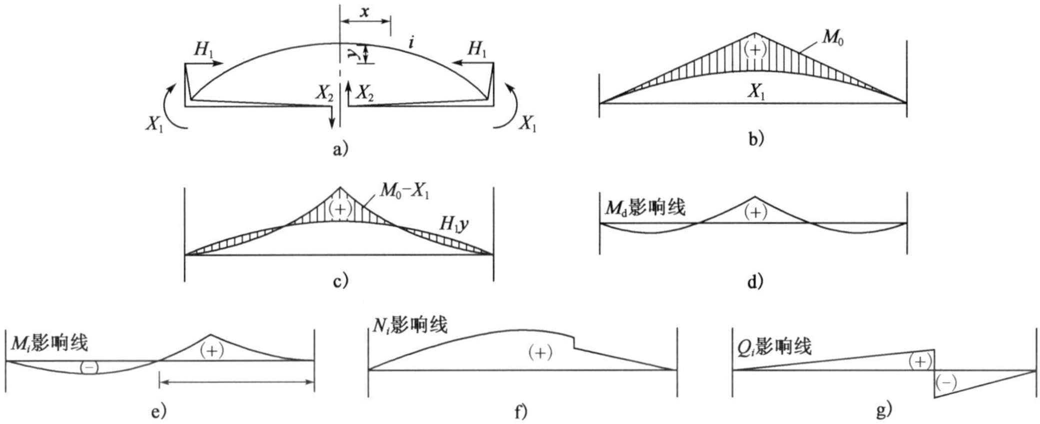

图 5 拱中内力影响线

(4)任意截面的轴力和剪力影响线

主拱圈中任意截面的轴力和剪力影响线,在其截面处都有突变,比较复杂,不便于编制等代荷载,一般也不利用轴力和剪力的影响线计算其内力。通常,可先算出拱中该截面的水平推力 H_1 和拱脚的竖向反力 V,再按下列计算式计算轴向力 N 和 Q。

①轴向力

拱顶:

$$N=H_1$$

拱脚:

$$N=H_1\cos\varphi_j+V\sin\varphi_j$$

其他截面:

$$N\approx\frac{H_1}{\cos\varphi}$$

②剪力

拱顶:

数值很小,一般不计算

拱脚:

$$Q=H_1\sin\varphi_j-V\cos\varphi_j$$

其他截面:

数值较小,一般不计算

46.【答】(1)计算集中荷载

①首先画出计算截面的弯矩影响线、水平推力和支座竖向反力影响线；

②根据弯矩影响线确定集中力荷载 P_k 最不利(最大、最小)的加载位置；

③以荷载 P_k 值乘以相应位置的影响线坐标，求得最大弯矩(最小弯矩)及相应的水平推力和支座竖向反力[《公路工程技术标准》(JTG B01—2014)第 7.0.3 条规定：计算剪力效应时，集中荷载标准值应乘以 1.2 的系数]。

(2)计算均布荷载

①图 6 是某等截面悬链线无铰拱桥左拱脚处的弯矩 M_j、水平推力 H_1 及支座竖向反力 V 影响线，首先将均布荷载布置在影响线的正弯矩区段。

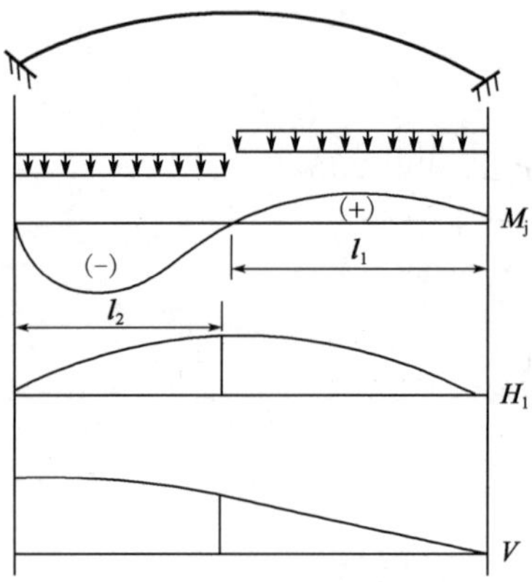

图 6 拱脚截面内力影响线

②根据设计荷载等级中的均布荷载 q_k 和正弯矩区影响线的面积(可由《拱桥》手册查出相应的影响线面积 ω_M、ω_H 和 ω_V)，以 q_k 分别乘以最大正弯矩及相应水平推力和竖向反力的面积，即可求得拱脚截面的内力。同理，再将荷载布置在影响线的负弯矩区段，可求得最大负弯矩及相应水平推力、竖向反力和拱脚截面的轴向力。

《公路圬工桥涵设计规范》(JTG D61—2005)第 5.1.1 条中规定，计算由汽车荷载产生的拱的各截面正弯矩时，拱顶至拱跨 1/4 点应乘以折减系数 0.7，拱脚应乘 0.9，拱跨 1/4 点至拱脚，用直线插入法确定。

47.【答】采用早脱架施工(拱圈合龙后达到一定强度后就卸掉拱架)及无支架施工的拱桥，需进行裸拱的内力计算。

48.【答】温度变化产生的附加内力计算公式：

$$H_t = \frac{\Delta l_t}{\delta'_{22}} = \frac{\Delta l_t}{(1+\mu)\int_s \frac{y^2 ds}{EI}}$$

$$\Delta l_t = \alpha \cdot l \cdot \Delta t$$

式中：Δt——温度变化值，即最高(或最低)温度与合龙温度之差。当温度上升时，Δt 和 H_t 均为正；当温度下降时，均为负；

α——材料的线膨胀系数，混凝土或钢筋混凝土结构 $\alpha=1\times10^{-5}$，混凝土预制块砌体 $\alpha=0.9\times10^{-5}$，石砌体 $\alpha=0.8\times10^{-5}$。

由温度变化引起拱中任意截面的附加内力为：

弯矩：

$$M_t = -H_t \cdot y = -H_t \cdot (y_s - y_1)$$

轴向力：

$$N_t = H_t \cdot \cos\varphi$$

剪力：

$$Q_t = \pm H_t \cdot \sin\varphi$$

混凝土收缩产生的附加内力计算通常将混凝土收缩影响折算为温度的额外降低。《公路圬工桥涵设计规范》(JTG D61—2005)建议：

(1)整体浇筑的混凝土结构的收缩影响，对于一般地区相当于降低温度 20℃，干燥地区为

30℃；整体浇筑的钢筋混凝土结构的收缩影响，相当于降低温度 15～20℃。

(2)分段浇筑的混凝土或钢筋混凝土结构的收缩影响，相当于降低温度 10～15℃。

(3)装配式钢筋混凝土结构的收缩影响，相当于降低温度 5～10℃。

拱脚变位引起的内力计算：

(1)拱脚相对水平位移引起的内力(X_2)

设两拱脚发生的相对水平位移为：

$$\Delta_h = \Delta_{hB} - \Delta_{hA}$$

式中：Δ_{hA}、Δ_{hB}——分别为左、右拱脚的水平位移，自原位置向右移为正，左移为负。

由于两拱脚发生相对水平位移 Δ_h，在弹性中心产生的赘余力为：

$$X_2 = -\frac{\Delta_h}{\delta_{22}} = -\frac{\Delta_h}{\int_s \frac{y^2 ds}{EI}}$$

如两拱脚相对靠拢(Δ_h 为负)，X_2 为正，反之为负。

(2)拱脚相对垂直位移引起的内力(X_3)

设拱脚的垂直相对位移为：

$$\Delta_V = \Delta_{VB} - \Delta_{VA}$$

式中：Δ_{VB}、Δ_{VA}——分别为左、右拱脚的垂直位移，均以自原位置向下移为正，上移为负。

由于两拱脚产生相对垂直位移 Δ_V，在弹性中心产生的赘余力为：

$$X_3 = -\frac{\Delta_V}{\delta_{33}} = -\frac{\Delta_V}{\int_s \frac{x^2 ds}{EI}}$$

(3)拱脚相对角变引起的内力 X_1、X_2 和 X_3：

如图 7 中右拱脚 B 发生转角 θ_B(θ_B 顺时针为正)之后，在弹性中心除产生相同的转脚 θ_B 之外，还会引起水平位移 Δ_h 和垂直位移 Δ_V。

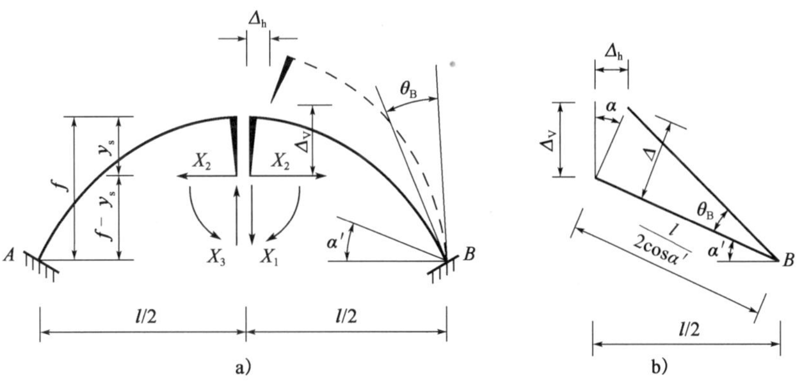

图 7　拱脚相对角变引起的赘余力

$$X_1 = \frac{\theta_A}{\delta_{11}}, X_2 = \frac{\theta_A(f - y_s)}{\int_s \frac{y^2 ds}{EI}}, X_3 = \frac{\theta_A l}{2\int_s \frac{x^2 ds}{EI}}$$

49.【答】①主拱圈强度内容：正截面小偏心受压、正截面大偏心受压、正截面直接受剪。②稳定性验算的内容：纵向稳定性验算、横向稳定性验算。

50.【答】①考虑各孔拱跨结构与桥墩一起的共同作用称为连拱作用。②多跨拱桥连拱受力特点为多跨拱桥在荷载作用下，各拱墩结点会产生水平位移和转角。③当桥墩抗推刚度与拱圈抗推刚度之比小于 37 时，考虑连拱作用，影响程度距加载孔越远越小，根据精度要求，确定计算孔数，一般为 3～5 孔。

51.【答】按连拱计算，拱中水平力比按固定拱计算的小，而控制设计的拱脚负弯矩和拱顶正弯矩要比固定拱计算的大；按连拱计算，桥墩承受的水平力比按固定拱计算的小。

52.【答】按拱墩抗推刚度比简化计算法；$\sum$法；换算刚度法。

53.【答】拱桥有支架施工的方法有：满布式拱架法、拱式拱架法、混合式拱架法、支架横移法和刚性骨架法等。无支架施工的方法有：缆索吊装法、斜吊式悬臂法、转体施工法等。

54.【答】(1)拱桥有支架施工的设备是常备式设备，由角钢制成的杆件、节点板和螺栓等。

(2)拱架有木拱架和钢拱架等。

(3)预拱度的设置需考虑：①拱圈自重产生的拱顶弹性下沉；②拱圈温度变化产生的拱顶弹性下沉；③桥墩、桥台水平位移产生的拱顶下沉；④拱架在承重后的弹性及非弹性变形；⑤支架基础在受载后的非弹性下沉量。

(4)拱圈达到一定强度后，按照一定程序卸落拱架。

55.【答】(1)缆索吊装施工特点：①由于是工厂制作，构件质量好，有利于确保构件的质量和尺寸精度，并尽可能多的采用机械化施工；②上下部结构可以平行作业，因而可缩短现场工期；③能有效地利用劳动力，并由此而降低了工程造价；④由于施工速度快，可适用于紧急施工工程；⑤将构件预制后由于要存放一段时间，因此在安装时已有一定龄期，可减少混凝土收缩、徐变引起的变形。

(2)主要设备和吊装设备有：主索、工作索、塔架和锚固装置等。

56.【答】(1)转体施工的主要特点是：①可以利用地形，方便预制构件；②施工期间不断航，不影响桥下交通，并可在跨越通车线路上进行桥梁施工；③施工设备少，装置简单，容易制作便于掌握；④节省木材，节省施工用料，采用转体施工与缆索无支架施工比较，可节省木材 80%，节省施工用钢 60%；⑤减少高空作业，施工工序简单，施工迅速，当主要构件先期合龙后，给以后施工带来方便；⑥转体施工适合于单跨和三跨桥梁，可在深水、峡谷中建桥采用，同时也适应在平原区以及用于城市跨线桥；⑦大跨径桥梁采用转体施工将会取得较好的技术经济效益，转体重量轻型化、多种工艺综合利用，是大跨径及特大跨径桥梁施工的可选方案。

(2)主要施工设备有：转盘、扣索、锚梁、顶梁、尾索、平衡重、转盘上板和环道等。

57.【答】(1)由于主拱圈是曲线形，一般情况下车辆无法直接在弧面上行驶，所以在行车道系与主拱圈之间需要有传递荷载的构件和填充物，这些主拱圈以上的行车道系和传载构件或填充物统称为拱上建筑。

(2)实腹式拱上建筑：由拱腔填料、侧墙、护拱和桥面系等部分组成，一般适用于小跨径拱桥。

(3)空腹式拱上建筑：除与实腹式相同者外，还有腹孔和腹孔墩。腹孔有拱式腹孔、梁(板)式腹孔两种形式。腹孔跨径不宜过大，腹孔的构造应统一。

58.【答】(1)双曲拱桥的特点：将主拱圈以化整为零的方法按先后顺序进行施工，再以集零为整的组合式整体结构承重。

(2)桁架拱桥的特点：兼顾了桁架和拱式结构的有利因素，可以充分发挥材料的受力性能；具有整体性好的特点，施工工期短，并且易于质量控制，但对浇筑和吊运的要求高。

(3)刚架拱桥的特点：是一种具有刚架特点的拱桥，属于有推力的高次超静定结构，具有构件少，质量轻，整体性好，刚度大，施工简单，造价低，造型美观等特点。

59.【答】(1)实际工程中最常遇到的是长柱，由于其最终破坏是材料破坏，因此，在设计计算中需要考虑构件侧向变形而引起的二阶弯矩的影响。偏心受压构件控制截面的实际弯矩为 $M=N\cdot\eta e$。

(2)《公路桥规》规定，计算偏心受压构件正截面承载力时，对长细比 $l_0/r>17.5$(r 为构件截面回转半径)的构件或长细比 l_0/h(矩形截面)>5、长细比 l_0/d_1(圆形截面)>4.4 的构件，应考虑构件在弯矩作用平面内的变形(变位)对轴向偏心距的影响。此时，应将轴向力对截面重心轴的偏心距 e_0 乘以偏心距增大系数 η。若构件长细比不满足上述比值，则可不计 η。

60.【答】(1)偏心受压短柱中，虽然偏心作用将产生一定的侧向变形，但是 μ 值很小，一般可忽略不计。弯矩 M 与轴向力 N 呈线性关系，当短柱达到极限承载力时，柱的截面由于材料达到其极限强度而破坏。当 $8<l_0/h\leqslant 30$ 时即为长柱。长柱受偏心力作用时的侧向变形 μ 较大，二阶弯矩影响已不可忽视，因此实际偏心距随荷载的增大而非线性增大，构件控制截面最终仍然是由于截面中材料达到其强度极限而破坏，属材料破坏。

(2)对于长柱，在设计计算中需考虑由于构件侧向变形而引起的二阶弯矩的影响，偏心受压构件控制截面的实际弯矩为 $M=N\cdot\eta e_0$，η 称为偏心受压构件考虑纵向挠曲影响的轴向力偏心距增大系数。《公路桥规》规定，计算偏心受压构件正截面承载力时，对长细比 $l_0/r>17.5$(r 为构件截面回转半径)的构件或长细比 l_0/h(矩形截面)>5、长细比 l_0/d_1(圆形截面)>4.4 的构件，应考虑构件在弯矩作用平面内的变形(变位)对轴向偏心距的影响。此时，应将轴向力对截面重心轴的偏心距 e_0 乘以偏心距增大系数 η。

五、桥梁墩台

1.【答】在桥梁结构中，天然地基上的浅基础主要有以下两种类型。

(1)刚性扩大基础：这是在重力式桥墩上最常见的基础形式，其平面形状常为矩形，其横断面一般做成台阶型。为了保证刚性基础在荷载作用下台阶不致发生断裂现象，要求台阶线对竖直线的夹角(扩散角)θ 不得大于规范的容许值[θ]。对于片石、块石砌体用 M5 以上砂浆浇筑时，$[\theta]=35°$；对于混凝土基础 $[\theta]=45°$。

(2)条形基础：它多用在桥两端引道路堤的挡土墙基础上。其横断面可以是矩形，也可以将其一侧筑成台阶形。如果挡土墙较长，则根据地质和地形予以分段，设置沉降缝，以避免因地基产生不均匀沉陷而导致挡墙开裂。

2.【答】(1)梁桥墩台有重力式墩台和轻型墩台两种。

(2)重力式墩台主要靠自身重力来平衡外力。其特点为自身刚度大，具有较强的防撞能力，适合修建在地基承载力较高、覆盖层较薄、基岩埋深较浅的地基上。当地基土质条件较差时，为减轻地基的负担，或者为了减轻墩身重量，节约圬工材料，常常采用各种形式的轻型墩桥。

3.【答】拱桥桥墩：①重力式桥墩：此种桥墩自身刚度大，具有较强的防撞能力，但同时存在阻水面积大的缺陷，比较适合于修建在地基承载力较高、覆盖层较薄、基岩埋深较浅的地基上。②轻型桥墩：当地基土质条件较差时，或为了减轻墩身自重，常采用各种形式的轻型桥墩。

拱桥桥台：①重力式桥台：它适用于填土高度在 8～10m 以下或跨度稍大的桥梁；缺点是桥台体积和自重较大，也增加了对地基的要求。②轻型桥台：适用于地基承载力较小、路堤填土较低的地基上。③组合式桥台：适用于以桩基或沉井作为基础的中、小跨径拱桥。

4.【答】第一种组合，按在桥墩各截面上可能产生的最大竖向力的情况进行组合，它是用来验算墩身强度和基底最大应力。因此，除了有关的永久作用外，应在相邻两跨布置汽车车道荷载和人群荷载。

第二种组合，按桥墩各截面在顺桥方向上可能产生的最大偏心和最大弯矩的情况进行组合，它是用来验算墩身强度、基底应力、偏心以及桥墩的稳定性。属于这一组合的除了有关的永久作用外，应在相邻两孔的一孔上（当为不等跨桥梁时则在跨径较大的一孔上）布置汽车车道荷载和人群荷载，以及可能产生的其他可变作用，例如纵向风力、汽车制动力和支座摩阻力等。

第三种组合，按桥墩各截面在横桥方向上可能产生最大偏心和最大弯矩的情况进行组合。它是用来验算在横桥方向上的墩身强度、基底应力、偏心以及桥墩的稳定性。属于这一组合的除了有关的永久作用以外，要注意将可变作用的一种或几种偏于桥面的一侧布置，此外还应考虑偶然荷载中的船只或漂浮物的撞击力等。

5.【答】第一种组合，顺桥方向的作用及其效应组合，顺桥方向的最不利组合是相邻两孔全部恒载，在一孔或跨径较大的一孔满布汽车车道荷载和人群荷载，其他可变荷载中的汽车制动力、纵向风力、温度作用等，并计及由此对桥墩产生的不平衡水平推力、竖向力和弯矩。

第二种组合，横桥方向的荷载及其组合，横桥方向的验算一般不控制设计，仅在地震力、冰压力或漂浮物撞击时才给予考虑。求得以上各力大小和作用点后，可分别对墩身截面及基底进行应力和偏心验算，以及桥墩的稳定性验算。其验算方法与梁桥桥墩相同。

6.【答】拱桥桥墩计算方法与梁桥桥墩计算方法基本相同，只是在受力上，由于拱桥上部结构是拱跨结构，因此在拱座上除了作用有竖向力以外还有水平推力和弯矩，同时还要考虑受温度变化及拱圈材料的收缩的影响。

7.【答】重力式桥墩是一实体圬工墩，主要靠自身的重量（包括桥跨结构重力）平衡外力，从而保证桥墩的强度和稳定。此种桥墩自身刚度大，具有较强的防撞能力，但同时存在阻水面积大的缺陷，比较适合于修建在地基承载力较高、覆盖层较薄、基岩埋深较浅的地基上。

8.【答】轻型桥墩是利用钢筋混凝土结构的抗弯能力来减少圬工体积而使桥墩轻型化的桥墩。主要类型有：钢筋混凝土薄壁式桥墩，薄壁空心式桥墩，柱式桥墩，柔性排架桥墩，框架墩。

9.【答】《公路桥涵设计通用规范》(JTG D60—2004)对梁式桥的墩帽尺寸做了下述规定。

(1)墩帽的厚度：对于大跨径桥梁不得小于 40cm；对于中小跨径不得小于 30cm。

(2)顺桥向的墩帽宽度 b(图 8)：$b \geqslant f + a + 2c_1 + 2c_2$。

(3)横桥向墩帽的最小宽度 B：

$$B = \text{两侧主梁间距} + \text{支座横向宽度} + 2c_1 + 2c_2$$

式中：f——顺桥向相邻两支座的距离；

a——支座垫板的顺桥向宽度；

c_1——出檐宽度，一般为 5～10cm；

c_2——支座边缘至墩(台)身边的最小距离(图 8、表 1)。

支座边缘至墩(台)身边缘的最小距离 c_2(cm) 表 1

跨　径	顺　桥　向	横　桥　向	
		圆弧形端头(自支座边缘量起)	矩形端头
大桥	25	25	40
中桥	20	20	30
小桥	15	15	20

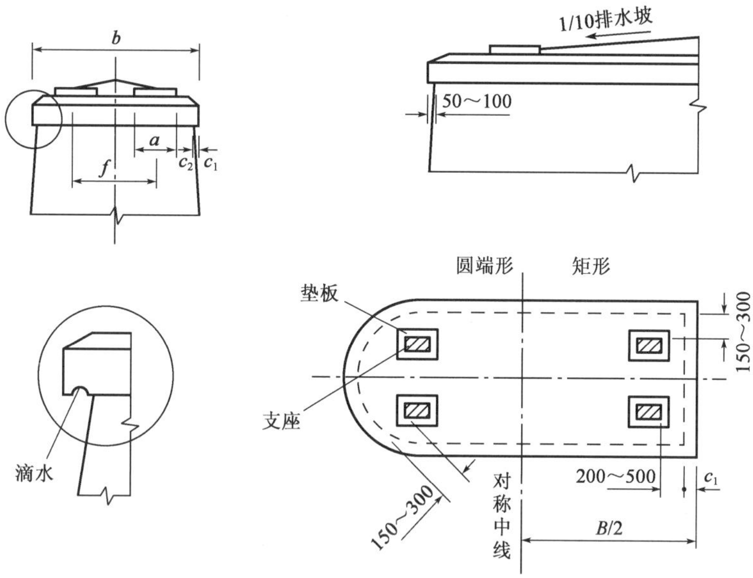

图8　支座边缘到墩、台边缘最小距离示意图(尺寸单位:mm)

10.【答】(1)普通箍筋的作用是,防止纵向钢筋局部压屈,并与纵向钢筋形成钢筋骨架,便于施工。螺旋箍筋的作用是使截面核心混凝土成为约束混凝土,从而提高构件的承载力和延性。

(2)由螺旋箍筋柱混凝土轴力—压应变曲线可见,在混凝土压应变 $\varepsilon_c=0.002$ 以前,螺旋箍筋柱的混凝土轴力—压应变曲线与普通混凝土柱基本相同。当轴力继续增加,直到混凝土和纵向钢筋的压应变 ε 达到 0.003～0.003 5,纵向钢筋已经屈服,箍筋外面的混凝土保护层开始崩裂剥落,混凝土的截面积减小,轴力略有下降。这时,核心部分混凝土由于受到螺旋箍筋的约束,仍能继续受压。核心混凝土处于三向受压状态,其抗压强度超过了轴心抗压强度 f_c,补偿了剥落的外围混凝土,压力轴线逐渐回升。随着轴力不断增大,螺旋箍筋中环向拉力也不断增大,直到螺旋箍筋达到屈服,不能再约束核心混凝土横向变形,混凝土被压碎,构件即告破坏,这时荷载达到第二次峰值,柱的纵向压应变可达到 0.01 以上。

11.【答】流向桥墩的水流受到桥墩阻挡,桥墩周围的水流结构发生急剧变化,从而造成了对桥梁墩台的冲刷,这种冲刷是对桥梁墩台的一种损害现象。

12.【答】①结构受力、土质构造、地质条件、水文、流速以及河床的埋置深度;②满足交通、安全耐久、造价合理、施工方便,与周围环境协调和造型美观。

13.【答】为了使恒载基底应力分布比较均匀,防止基底最大应力和最小应力相差过大,导致基底产生不均匀沉降和影响桥墩的正常使用,故在设计时应对基底合力偏心距加以限制。桥墩承受偏心受压荷载时,各验算截面在各种组合下的偏心距 $e=\sum M/\sum N$ 不得超过《公路圬工桥涵设计规范》(JTG D61—2005)表 4.0.9 中规定的允许值。如果超过时,可按下式确定截面尺寸:

$$\gamma_0 N_d \leqslant \varphi \frac{A f_{tmd}}{\frac{Ae}{w}-1}$$

式中各符号的意义及取值见《公路圬工桥涵设计规范》(JTG D61—2005)第 4.0.10 条。

14.【答】这种桥墩具有截面积小、截面模量大、自重轻、结构刚度和强度较好的优点，多用于高桥。但是薄壁空心桥墩施工较复杂，又费钢材，应用较少。

15.【答】主要的处理办法是调整支座垫石的高度使得桥面处于连续状态的方法来解决。另外，也可通过设计桥墩的结构构造来解决。

16.【答】桥墩计算中考虑的永久作用有：①上部构造的恒重对墩帽或拱座产生的支承反力，包括上部构造混凝土收缩、徐变影响；②桥墩自重，包括在基础襟边上的土重；③预应力，例如对装配式预应力空心桥墩所施加的预应力；④基础变位影响力，对基于非岩石地基上的超静定结构，应当考虑由于地基压密等引起的支座长期变位的影响，并根据最终位移量按弹性理论计算构件截面的附加内力；⑤水的浮力。

桥墩计算中考虑的可变作用有：①作用在上部构造上的汽车荷载，对于钢筋混凝土柱式墩台应计入冲击力，对于重力式墩台则不计冲击力；②人群荷载；③作用在上部构造和墩身上的纵、横向风力；④汽车荷载引起的制动力；⑤作用在墩身上的流水压力；⑥作用在墩身上的冰压力；⑦上部构造因温度变化对桥墩产生的水平力；⑧支座摩阻力。

桥墩计算中考虑的偶然荷载有：①地震作用；②作用在墩身上的船只或漂浮物的撞击作用。

17.【答】(1)基底强度验算：基底应力验算一般按顺桥方向和横桥方向分别进行。当偏心荷载的合力作用在基底截面的核心半径 ρ 以内时，应验算偏心向的基底应力。当设置在基岩上的墩基底的合力偏心距 e_0 超出核心半径 ρ 时，其基底的一边将会出现拉应力，由于不考虑基底承受拉应力，故需按基底应力重分布，如图 9 所示，重新验算基底最大压应力，其验算公式见式(18)和式(19)：

顺桥方向：

$$\sigma_{\max}=\frac{2N}{ac_x}\leqslant[\sigma_0] \tag{18}$$

横桥方向：

$$\sigma_{\max}=\frac{2N}{bc_y}\leqslant[\sigma_0] \tag{19}$$

式中：$\sigma_{\max}$——重新分布后基底最大压应力；

N——作用于基础底面合力的竖向分力；

a、b——横桥方向和顺桥方向基础底面积边长；

$[\sigma_0]$——地基土的容许承载力；

c_x——顺桥方向验算时，基底受压面积在顺桥方向的长度，即 $c_x=3(b/2-e_x)$；

c_y——横桥方向验算时，基底受压面积在横桥方向的长度，即 $c_y=3(a/2-e_y)$；

e_x、e_y——合力在 x 轴和 y 轴方向的偏心距。

(2)倾覆稳定性验算：抵抗倾覆的稳定系数 K_0 按式(20)验算，如图 10 所示。

$$K_0=\frac{M_{稳}}{M_{倾}}=\frac{x\sum P_i}{\sum P_ie_i+\sum T_ih_i}=\frac{x}{e_0} \tag{20}$$

式中：$M_{稳}$——稳定力矩；

$M_{倾}$——倾覆力矩；

$\sum P_i$——作用于基底竖向力的总和；

P_ie_i——作用在桥墩上各竖向力与它们到基底重心轴距离的乘积；

T_ih_i——作用在桥墩上各水平力与它们到基底距离的乘积；

x——基底截面重心 O 至偏心方向截面边缘距离；

e_0——所有外力的合力 R（包括水浮力）的竖向分力对基底重心的偏心距。

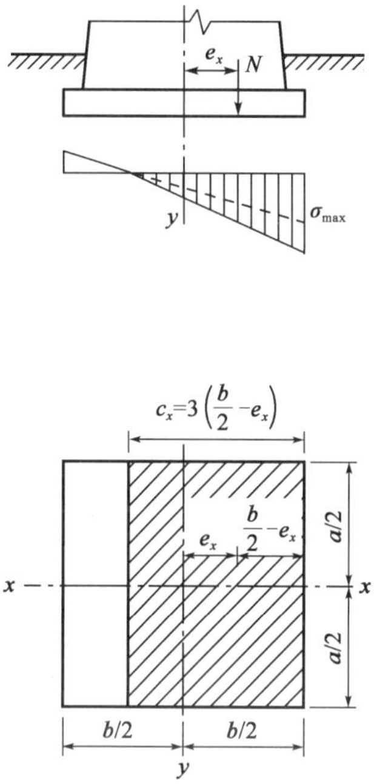

图 9　基底强度验算

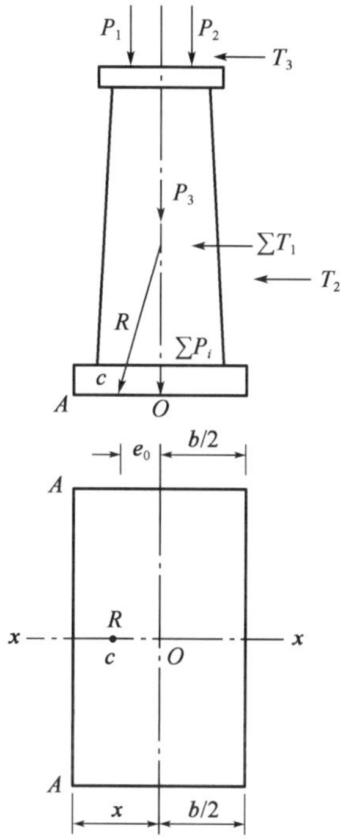

图 10　基底倾覆稳定性验算

（3）滑动稳定性验算：抵抗滑动的稳定系数 K_c，按式（21）验算：

$$K_c = \frac{f\sum P_i}{\sum T_i} \tag{21}$$

式中：$\sum P_i$——各竖向力的总和（包括水的浮力）；

$\sum T_i$——各水平力的总和；

f——基础底面与地基土之间的摩擦系数，其值为 0.25～0.70，可根据土质情况参照《公路桥涵地基与基础设计规范》（JTG D63—2007）取值。

18.【答】主要由台帽、台身和基础三部分组成。

19.【答】重力式桥台的宽度主要是根据两主边梁的距离确定。

20.【答】桥台计算中考虑的永久作用有：①上部构造的恒重对台帽或拱座产生的支承反力，包括上部构造混凝土收缩、徐变影响；②桥台自重，包括在基础襟边上的土重；③预应力，例如对装配式预应力空心桥台所施加的预应力；④基础变位影响力，对基于非岩石地基上的超静定结构，应当考虑由于地基压密等引起的支座长期变位的影响，并根据最终位移量按弹性理论计算构件截面的附加内力；⑤水的浮力。

桥台计算中考虑的可变作用有：①作用在上部构造上的汽车荷载，对于钢筋混凝土柱式桥台应计入冲击力，对于重力式桥台则不计冲击力；②人群荷载；③汽车荷载引起的制动力；④上部构造因温度变化对桥台产生的水平力；⑤支座摩阻力。

桥台计算中考虑的偶然荷载有：①地震作用；②作用在台身上的船只或漂浮物的撞击作用（相对桥墩出现的几率要小）。

21.【答】梁桥和拱桥重力式桥台主要为U形桥墩。受力特点:靠自身的重力来平衡外力保持稳定。构造特点:比较厚实可以不用钢筋,而仅用天然石材或片石混凝土砌筑,圬工体积大,自重大且阻水面积也大。

22.【答】①梁桥轻型桥墩有:钢筋混凝土薄壁桥墩、柱式桥墩和柔性排架桥墩。②拱桥轻型桥墩主要是桩柱式桥墩。③梁桥柔性墩的受力特点:将上部结构传来的水平力(制动力、温度影响力等)传递到全桥的各个柔性墩台或相邻的刚性墩台上,以减少单个柔性墩所受到的水平力,从而达到减小桩墩截面的目的。④梁桥柱式墩的构造特点:由分离的两根或多个立柱或者桩柱组成。

23.【答】常用的轻型桥台分为设有支撑梁的轻型桥台、钢筋混凝土薄壁桥台和埋置式桥台等几种类型。轻型桥台的体积轻巧、自重较小,一般由钢筋混凝土材料建造,它借助结构物的整体刚度和材料强度承受外力,从而可节省材料,降低对地基强度的要求和扩大应用范围,为在软土地基上修建桥台开辟了经济可行的途径。

24.【答】组合式桥台是由前台和后座两部分构成。前台与一般桥台相似,由台身、台帽(或拱座)和基础组成,前台基础一般采用桩基或沉井基础。当采用多排桩(或双排桩)时宜采用斜直桩相结合。前直后斜,且斜桩多于直桩;当采用多排直桩时宜增加后排桩长或桩数,以提高桩基础抵抗前台向后转动和向岸水平位移的能力。后座由摩阻板和挡土墙组成,借挡土墙后土体水平抗力和摩阻板底下土的剪切抗力,以及前台桩基础所承受的水平力来平衡水平力(或拱推力)。挡土墙也可设置在前台,即为前台的背墙。

25.【答】轻型桥台验算内容:桥台作为竖梁时的强度验算(验算桥台截面强度);桥台在本身平面内的弯曲验算(验算桥台的抗弯强度);基地应力验算(复核地基)。重力式桥台验算内容有:桥台只作纵桥向的验算,U形桥台验算项目与实体式桥墩基本相同,需验算台身强度、截面偏心距、桥台整体稳定性(抗倾覆稳定和抗滑动稳定)及台顶水平位移。验算方法与公式均与实体式桥墩相同。当验算台身砌体强度时,如桥台截面各部尺寸满足上述构造要求,则把桥台的翼墙和前墙作为整体来考虑受力;否则前墙应按独立的挡土墙计算。

26.【答】柱式桥墩验算内容和目的:盖梁验算(计算盖梁的强度);墩身验算(验算桥墩的强度、刚度、稳定性等)。重力式桥墩的验算内容及目的:墩身截面的强度验算(验算尺寸及强度);墩顶水平位移验算(满足变形要求);基底应力和偏心验算(满足基底应力要求)。

27.【答】(1)基础底面位于透水性地基上的桥梁墩台,当验算稳定时,应考虑设计水位的浮力;当验算地基应力时,可仅考虑低水位的浮力,或不考虑水的浮力。

(2)基础嵌入不透水性地基的桥梁墩台不考虑水的浮力。

(3)作用在桩基承台底面的浮力,应考虑全部底面积。对桩嵌入不透水地基并灌注混凝土封闭时,不应考虑桩的浮力,在计算承台底面浮力时应扣除桩的截面面积。

(4)当不能确定地基是否透水时,应以透水或不透水两种情况与其他作用组合,取其最不利者。

28.【答】桩柱式桥墩计算包括盖梁和桩身两部分。桩柱式桥墩通常按钢筋混凝土构件设计,在构造上,桩柱的钢筋伸入盖梁内,与盖梁的钢筋绑扎成整体,因此盖梁与桩柱刚接呈刚构结构。双柱式墩台,当盖梁的刚度与桩柱的线刚度(EI/H)比大于5时,为简化计算可以忽略节点不均衡弯矩的分配及传递,一般可按简支梁或悬臂梁进行计算和配筋,多根桩柱的盖梁可按连续梁计算。桩墩一般分为刚性和柔性两种。刚性桩墩计算方法与重力式桥墩相仿;柔性桩墩的计算特点是需要从整个桥梁体系的分析来确定各桥墩的受力。

29.【答】第一种组合,按在桥墩各截面上可能产生的最大竖向力的情况进行组合,它是用来验算墩身强度和基底最大应力。因此，除了有关的永久作用外，应在相邻两跨布置汽车车道荷载和人群荷载。

第二种组合，按桥墩各截面在顺桥方向上可能产生的最大偏心和最大弯矩的情况进行组合，它是用来验算墩身强度、基底应力、偏心以及桥墩的稳定性。属于这一组合的除了有关的永久作用外，应在相邻两孔的一孔上（当为不等跨桥梁时则在跨径较大的一孔上）布置汽车车道荷载和人群荷载，以及可能产生的其他可变作用，例如纵向风力、汽车制动力和支座摩阻力等。

第三种组合，按桥墩各截面在横桥方向上可能产生最大偏心和最大弯矩的情况进行组合。它是用来验算在横桥方向上的墩身强度、基底应力、偏心以及桥墩的稳定性。属于这一组合的除了有关的永久作用以外，要注意将可变作用的一种或几种偏于桥面的一侧布置，此外还应考虑偶然荷载中的船只或漂浮物的撞击力等。

30.【答】柔性排架桩墩的组合抗推刚度是指使墩顶产生单位水平位移所需施加的水平力。

31.【答】这种桥台是在两桥台之间或台与墩间设置3～5根支撑梁，使上部桥跨结构与支撑梁共同支撑桥台，承受台后填土侧向压力，从而使台身受力较小，减小台身尺寸。一般台身以混凝土筑成，支撑梁为钢筋混凝土构件。按翼墙的形式和布置方式，可分为一字形轻型桥台、八字形轻型桥台和耳墙式轻型桥台。这种桥台比实体式桥台可节约大量圬工材料，仅用很少的钢材，结构简单，施工方便，是适用于单跨或少跨的小跨径桥梁。

32.【答】根据汽车荷载沿纵桥向不同的布置形式，按各种可能出现的荷载进行最不利荷载组合，梁桥桥台验算时车辆荷载可按以下三种情况布置：①车辆荷载仅布置在台后填土的破坏棱体上；②车辆荷载仅布置在桥跨结构上；③车辆荷载同时布置在桥跨和台后填土的破坏棱体上。

33.【答】(1)梁桥轻型桥台是按四铰刚构的理论进行计算的。

(2)计算内容主要有三个方面：①桥台（顺桥向）在侧向土压力作用下台身作为竖梁进行截面承载能力极限状态验算；②桥台（包括基础）在竖向荷载作用下横桥向作为一根弹性地基短梁进行截面承载能力极限状态验算；③基础底面地基应力验算。

34.【答】①双柱式墩台，当盖梁与桩身的刚度比大于5时，按简支梁或双悬臂梁计算；②双柱式墩台，当盖梁与桩身的刚度比小于5时，按刚构计算；③多柱式墩台，按连续梁计算。

35.【答】墩顶抗推刚度指使墩顶产生单位水平位移所需施加的水平反力。

36.【答】在多孔连拱桥中，当一侧桥孔因某种原因遭到毁坏时，能承受住单侧拱的恒载水平推力，以保证其另一侧的拱桥不致遭到倾坍。而且当施工时为了拱架的多次周转，或者当缆索吊装施工的工作跨径受到限制时，为了能按桥台与某墩之间或者按某两个桥墩之间作为一个施工段进行分段施工，在此情况下也要设置能承受部分恒载的单向推力墩。常用的推力墩有斜撑式桥墩、悬臂式单向推力墩等。

六、桥梁施工

1.【答】(1)支架施工：在支架上安装模板就地浇筑混凝土的方法，一般仅在小跨径桥或交通不便的边缘地区采用。

(2)悬臂施工：在已建成的桥墩上，沿桥梁跨径方向对称逐段施工。

(3)逐孔施工：从桥梁一端开始，采用一孔或二孔施工支架逐孔施工，周期循环，直到全部完成。

(4)顶推施工：从桥梁一端将预制梁体向前顶推，然后继续预制下一节段梁体，直至施工完成。

(5)转体施工，在河流两岸或适当位置，利用地形或使用简便的支架先将半桥预制完成，之后以桥梁结构本身为转体，使用机械分别将两个半桥转体到桥位轴线上。

2.【答】梁桥的施工方法有：就地浇筑法和预制安装法两大类。

(1)就地浇筑法的优缺点。优点：它不需要大型的吊装设备和开辟专门的预制场地，梁体结构中横桥向的主筋不用中断，故其结构的整体性能好。缺点：支架需要多次转移，使工期加长，全桥多跨一次性立架，则投入的支架费用又将大大增高。

(2)预制安装法的优缺点。优点：桥梁的上、下部结构可以平行施工，使工期大大缩短；无需在高空进行构件制作，质量容易控制，可以集中在一处成批生产，从而降低工程成本。缺点：需要大型的起吊运输设备，此项费用较高。由于在构件与构件之间存在拼接纵缝；显然，拼接构件的整体工作性能就不如就地浇筑法的好。

3.【答】混凝土简支梁的制作工艺流程分五步：立支架模板；钢筋骨架成型和安装；浇筑及振捣混凝土；混凝土的养护；养护及拆除模板。

4.【答】(1)模板拆除应按设计的顺序进行，设计无规定时，应遵循先支后拆，后支先拆的顺序，拆时严禁抛扔。

(2)卸落支架应按拟定的卸落程序进行，分几个循环卸完，卸落量开始宜小，以后逐渐增大。在纵向应对称均衡卸落，在横向应同时一起卸落。在拟定卸落程序时应注意以下几点：①满布式拱架卸落时可从拱顶向拱脚依次循环卸落，拱式拱架可在两支座处同时均匀卸落；②简支梁、连续梁宜从跨中向支座依次循环卸落，悬臂梁应先卸挂梁及悬臂的支架，再卸无铰跨内的支架。

5.【答】先在台座上张拉预应力钢材，然后浇筑混凝土以形成预应力混凝土构件的施工方法称为先张法，适用于直线配筋梁。先制作留有预应力筋孔道的梁体，待梁达到规定强度后，再在孔道内穿入预应力筋进行张拉并锚固，最后进行孔道压浆并浇灌梁端封头混凝土称为后张法，适用于曲线配筋梁。施工要求：预应力张拉时，混凝土强度不应低于强度标准值的75%；无黏结筋的长度大于25m时，宜采用两端张拉。张拉前应对机具、设备和仪表进行校核和标定，所用张拉设备应配套校验。对预应力工艺，应从材料、制束、张拉的全过程进行质量控制。

6.【答】结构体系转换是指在施工过程中，当某一施工程序完成后，桥梁结构的受力体系发生了变化，如简支体系变化为悬臂体系或连续体系等等，这种变化过程简称体系转换。

7.【答】用悬臂施工法来建造悬臂梁桥，要比建造T形刚构桥复杂一些。因为在施工中需要采取临时措施使梁体与墩柱保持固结，而待梁体自身达到稳定状态时，又要恢复梁体与墩柱的铰接性质，对此尚需调整所施加的预应力以适应这种体系的转换。悬臂施工法可分为悬浇和悬拼两种，在悬浇或悬拼过程中亦需采用使上、下部结构临时固结的措施。待悬臂施工结束、相邻悬臂端联结成整体并张拉承受正弯矩的下缘预应力筋后，再卸除固结措施，使悬臂体系转换成连续体系。

8.【答】(1)楔形垫块措施：在浇筑零号块件之前，在墩顶靠两侧先浇筑C50混凝土楔形垫块，待零号块件达到设计强度75%以上时，在桥墩两侧各用10根ϕ32mm预应力粗钢筋从块件顶部张拉固定，待全部块件拼装完毕后，即可卸去临时固结措施，使悬臂梁的永久支座发生作用，施工过程中的T形刚构受力图式将转化为悬臂梁的受力图式。

(2)支架式固结措施：适合于桥不高、水不深而易于搭设临时支架的情况。拼装中的不平衡力矩完全靠梁段的自重来保持稳定。

(3)锚固式固结措施：利用临时立柱和预应力筋来锚固上下部结构的构造，预应力筋的下端埋固在基础承台内，上端在箱梁底板上张拉并锚固，使立柱在施工过程中始终受压，以维持稳定。

(4)临时支承式固结措施：适用于桥高水深的情况。可采用围建在墩身上部的三角形撑架来设置梁段的临时支承，并用砂筒作为悬臂拼装完毕后转换体系的卸架设备。

9.【答】(1)初应力：要求预应力筋张拉时，应先调整到初应力值，该初应力宜为张拉控制应力 σ_{con} 的 10%～25%。伸长值应从初应力时开始量测。目的为保证成组张拉时，每根钢筋(钢丝、钢绞线)应力均匀。

(2)超张拉：要求一般设置为控制应力 σ_{con} 的 1.03～1.05 倍，持荷 2～5min。目的为了减少预应力损失，提高跨中截面的预加应力。

10.【答】预应力单控指的是只控制其张拉伸长率。预应力双控指的是不仅控制其张拉伸长率，还要控制其应力。

11.【答】桥梁的悬臂施工法也称为分段施工法。悬臂施工法是以桥墩为中心向两侧对称进行现浇梁段或将预制节段对称进行拼装。前者称悬臂浇筑施工，后者称悬臂拼装施工。

悬臂浇筑法简称悬浇法，指的是在桥墩两侧设置工作平台，平衡地逐段向跨中悬臂浇筑水泥混凝土梁体，并逐段施加预应力的方法。该方法无须建立落地支架，无需大型起重与运输机具，主要设备是一对能行走的挂篮。挂篮可在已经张拉锚固并与墩身连成整体的梁段上移动，绑扎钢筋、立模、浇筑混凝土、预施应力都在挂篮上进行。完成本段施工后，挂篮对称向前各移动一节段，进行下一对梁段施工，如此循序前进，直至悬臂梁段浇筑完成。该方法适用于大跨径的预应力混凝土悬臂梁桥、连续梁桥、T 形刚构桥、连续刚构桥。

悬臂拼装法指的是在桥墩两侧设置吊架，平衡地逐段向跨中悬臂拼装混凝土梁体预制构件，并逐段施加预应力的施工方法。其核心是梁的吊拼，基础是梁段的预制。施工流程为：梁段预制；梁段吊拼；梁段接缝。该方法适用于预制场地及运吊条件较好，特别是工程量大和工期较短的梁桥工程。

12.【答】(1)悬臂浇筑施工：以桥墩为中心，对称地向两岸利用挂篮浇筑梁节段的混凝土，待混凝土达到要求强度后，并张拉预应力束，然后移动挂篮，进行下一段的施工。

(2)悬臂拼装施工：悬臂拼装是将预制好的梁段，用驳船运到桥墩两侧，然后通过悬臂梁上的起吊机械，对称吊装梁段，待就位后再施加预应力，如此逐渐接长。

(3)比较：施工进度上悬拼比悬浇快；施工质量上悬浇优于悬拼；施工变形的控制上悬浇易于逐梁段调整高差；悬拼比悬浇应用广。

13.【答】①顶推施工的方式有：单向单点顶推；多点顶推；双向顶推。②顶推施工的工艺有：推头式、拉杆式以及梁体预留推杆孔式等。

14.【答】顶推过程是：水平千斤顶通过传力架固定在桥墩(台)顶部靠近主梁的外侧，装配式的拉杆用连接器接长后与埋固在箱梁腹板上的锚固器相连接，驱动水平千斤顶后活塞杆拉动拉杆，使梁借助梁底滑板装置向前滑移。水平顶走完一个行程后，就卸下一节拉杆，然后水平顶回油后活塞杆退回，再连接拉杆并进行下一顶推循环。此时，拉杆的一端固定在梁的锚固器上，另一端穿过水平顶后用夹具锚固在活塞杆尾端，水平顶每走完一个行程，松开夹具，活塞杆退回，然后重新用夹具锚固拉杆进行下一顶推循环。

15.【答】(1)模架由承载梁(其前端为导梁)、模架梁、模架、前端横梁和支承平车、后端横梁和悬吊平车以及模架梁支承托架等组成的整套施工设备。

(2)图 11a)表示模架就位后浇筑混凝土和张拉预应力筋。此时梁体新浇混凝土的重量传至承载梁和模架梁，后者通过前、后端的平车分别支承在承载梁和已经完成的梁上。待混凝土达到规定强度并脱模后，由前端支承平车和后端悬吊平车将模架梁连同模架前移至新的浇筑，见图 11b)。模架到位后，用设置在模架梁上的托架将模架梁临时支承在桥墩两侧，用牵引绞车将导梁移至前孔并使承载梁就位，见图 11c)，最后松开托架而使前端平车承重并固定位置后，即开始新的浇筑循环。

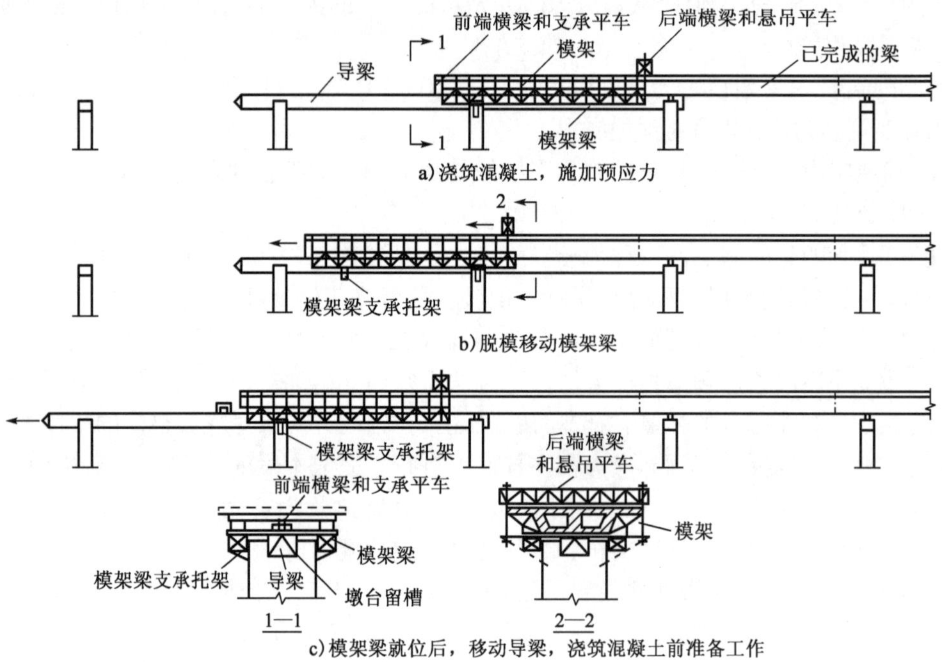

图 11　移动式模架逐孔施工

16.【答】拱架按其构造形式有：①满布式拱架，包括立柱式与撑架式；②拱式拱架。

特点：满布式拱架由拱架上部（拱盔）、卸架设备、拱架下部（支架）三部分组成，在施工中要求各连接处应精密制作，连接紧密。拱式拱架不受洪水、漂流物的影响，在施工期间能维持通航，适用于墩高、水深、流急或要求通航的河流。

卸架时间：在正常施工条件下，拱圈合龙后，拱架应保留的最短时间，对石拱桥一般当跨径在 20m 以内时为 20d，大于 20m 时为 30d；对混凝土拱桥，应按设计强度要求，经混凝土试件抗压试验后，视具体情况确定。

如何卸架：对满布式拱架的中小跨径拱桥，可以从拱顶开始，逐次向拱脚对称卸落；对于大跨径的悬链线拱圈，也可从两边 $l/4$ 处逐次对称地向拱脚和拱顶均衡地卸落，以避免发生拱圈出现"M"变形。卸架时间宜在白天气温较高时进行。多孔连续拱桥施工时，应考虑相邻孔间的影响。若桥墩设计容许承受单孔施工荷载，则可单孔卸架，否则应多孔同时卸架。

17.【答】①凿除老混凝土表层的水泥浆和较弱层，将接缝面凿毛，用水冲洗干净。②如为垂直缝应刷一层净水泥浆，如为水平缝应在接缝面上铺一层与混凝土相同而水灰比略小的、厚度为 1～2cm 的水泥砂浆。③斜面接缝应将斜面凿毛呈台阶状。④接缝处于重要部位或结构物位于地震区者，在灌注时应加锚固钢筋。⑤振捣器工作时应离先浇混凝土 5～10cm。

18.【答】①严格控制氯盐的掺量，控制水泥质量。②适当掺用防冻剂、减水剂、早强剂、引气剂等外加剂，减小水比，采用重复振动，提高结构致密性。③适当控制外加剂的用量，充分溶解后适当延长搅拌时间。混凝土浇灌后，立即在其表面覆盖 1～2 层薄膜塑料，严防混凝土水分外移。

19.【答】先浇底板混凝土，后浇肋板及顶板混凝土，工艺流程为：移挂篮→装底、侧模→装底、肋板钢筋和预留管道→装内模→装顶板钢筋和预留管道→浇筑混凝土→养生→穿预应力筋、张拉和锚固→管道压浆。

20.【答】就地浇筑法;预制安装法;转体施工法。

21.【答】①材料准备(包括桥梁建材和支架模板材料);②拱圈、拱架放样(应按 1∶1 放样);③拱架的制作、试拼和安装;④拱圈浇筑施工;⑤拱上建筑的施工;⑥脱架。

22.【答】①作用:在施工中起临时结构的作用;施工期间支承全部或部分拱圈和拱上建筑的重量;保证建成后的拱圈形状符合设计要求;②要求:对于小跨径拱桥,应从拱顶开始向两拱脚逐步卸架;对于大跨径拱桥,可从两个四分点开始向拱顶和拱脚逐步卸架;对于多跨拱桥应考虑连拱作用,从中间向两端对称卸架。

23.【答】①分环分段,对称均衡;②先下后上,作业平稳;③控时控温,以利封顶;④加载程序,切实执行。

24.【答】连续浇砌筑法(适用于小跨径 $l\leqslant16$m);分段浇砌筑法(适用于中等跨径 16m$<l<$25m);分环分段浇砌筑法(适用于大跨径 $l\geqslant25$m)。

25.【答】大跨径或多跨拱桥;不便搭设支架;搭设支架不经济。

26.【答】在施工各阶段使全拱变形均匀;减少工序,加快施工进度。

27.【答】①对于中小跨径拱桥,当拱肋截面尺寸满足一定要求时,可不做施工加载程序设计;②对于大、中跨径的箱形或双曲拱桥,一般按分环、分段、均匀对称加载的总原则进行设计;③对于多孔拱桥,应考虑连拱作用,进行加载程序设计。

28.【答】斜拉桥主梁的施工方法主要有悬臂拼装法和悬臂浇筑法。

(1)悬臂拼装法:悬臂拼装法主要用在钢主梁(桁架梁或箱形梁)的斜拉桥上。钢主梁一般先在工厂加工制作,再运至桥位处吊装就位。钢梁预制节段长度应从起吊方便施工考虑,一般以布置 1～2 根斜拉索和 2～4 根横梁为宜,节段与节段之间的连接分全断面焊接和全断面高强螺栓连接两种,连接之后必须严格按照设计精度进行预拼装和校正。常用的起重设备有悬臂吊机、大型浮吊以及各种自制吊机。这种方法的优点是钢主梁和索塔可以同时在不同的场地进行施工,因此具有施工快捷和方便的特点。

(2)悬臂浇筑法:悬臂浇筑法主要用在预应力混凝土斜拉桥上,其主梁混凝土悬臂浇筑与一般预应力混凝土梁式桥的基本相同。这种方法的优点是结构的整体性好,施工中不需用大吨位悬臂吊机和运输预制节段块件的驳船;不足之处是在整个施工过程中必须严格控制挂篮的变形和混凝土收缩、徐变的影响,相对于悬臂拼装法而言其施工周期较长。

29.【答】斜拉桥施工控制方法主要有参数识别法。参数识别法是在斜拉桥施工过程中根据实测主梁的内力和挠度、塔柱的水平位移、斜拉索的索力以及支座反力等信息运用数学方法,识别和修正设计时采用的参数,如构件截面特性、混凝土自重、徐变系数和斜拉索索力等,对结构进行实时分析,对原有设计值进行校核和调整,重新给出高程、内力和索力的施工控制值。参数识别法在施工计算时采用修正的考虑了混凝土收缩徐变影响的倒拆法,是一种比较完善的斜拉桥施工控制方法。

斜拉桥施工控制方法要点是:首先确定误差范围,对需控制的因素进行高精度的量测,把量测结果输入计算机进行误差分析、温度修正;然后确定是否要进行索力调整,对下一施工阶段进行预测。索力调整的方法主要有线性规划法和最小二乘法。

30.【答】地锚式悬索桥缆索的施工步骤如图 12 所示。具体步骤为:架设导索(浮子法或自由悬挂法)→猫道索架设→猫道床组架设→防风索架及缆索钢丝床铺设→索夹安装→防风索撤除、安装吊索。

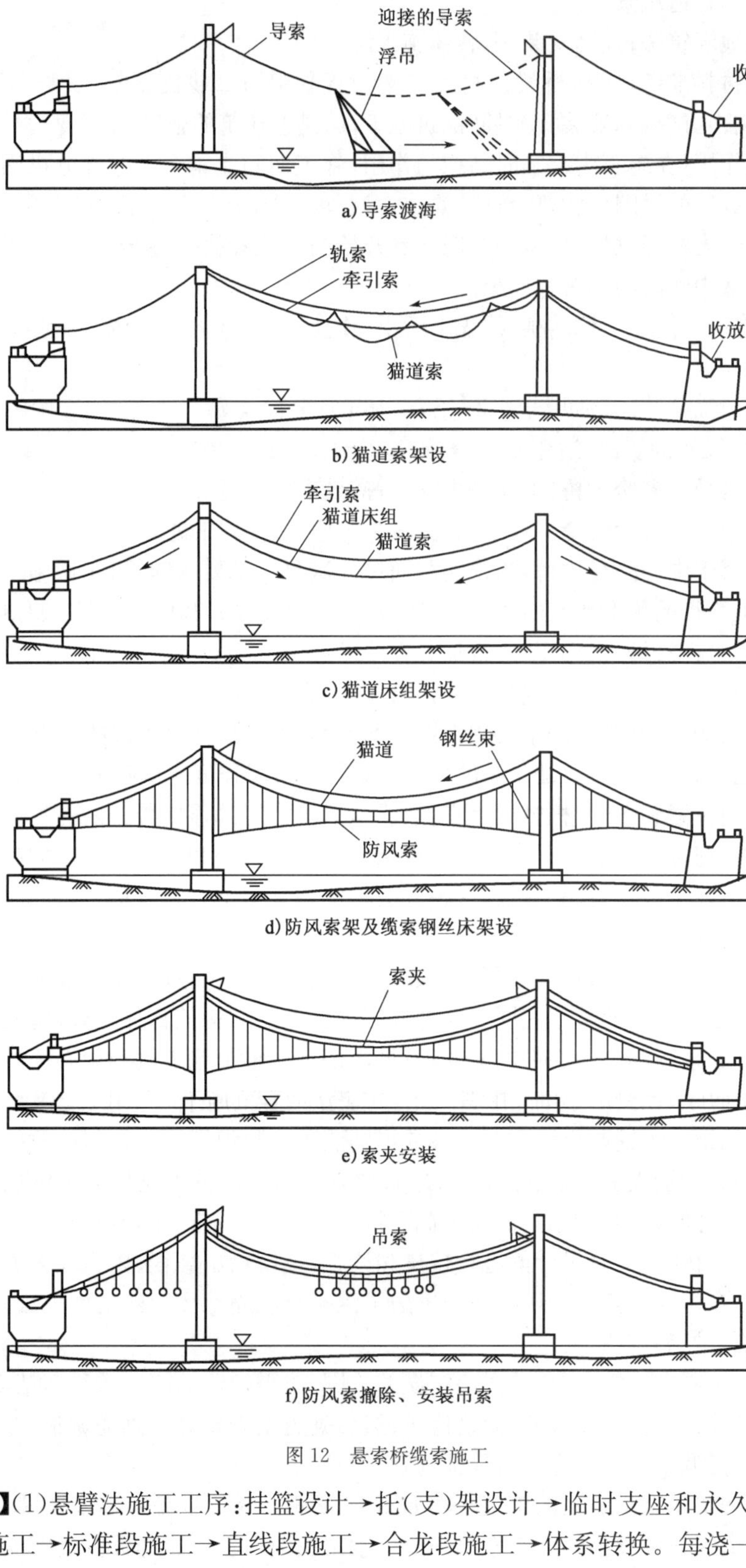

图 12　悬索桥缆索施工

31.【答】(1)悬臂法施工工序:挂篮设计→托(支)架设计→临时支座和永久支座的安装→"0"号块的施工→标准段施工→直线段施工→合龙段施工→体系转换。每浇一个梁段的工艺流程为:移挂篮→装底、侧模→装底、肋板钢筋和预留管道→装内模→装顶板钢筋和预留管道→浇筑混凝土→养护→穿预应力筋、张拉和锚固→管道压浆。

(2)关键施工问题的技术处理。

①线形控制:线形控制工作贯穿于悬浇施工过程的始末,梁体线形变化与混凝土质量、预应力张拉、挂篮变形、温度、混凝土徐变等多种因素有关,故悬浇梁的线形控制是一项内容复杂、技术含量较高的工作。对此采取了施工——→量测——→分析——→预告——→施工的循环过程来进行控制。利用桥梁计算机软件进行仿真计算分析、识别和调整,对下一未浇筑梁段的立模高程做出预测。测定的内容有节段的挠度变化值、应力与温度变化值、挂篮自身的弹性变形及下一节段的恒载。挠度观测点对称布置在每个施工块段前端 5m 处的腹板正上方。在施工过程中,对每一截面进行立模、混凝土浇筑前后、预应力张拉前后的高程观测,以便掌握各点的挠度及箱梁曲线的变换历程。为了减小温度对挠度观测的影响,观测时间定在早 7 点之前和晚 6 点之后。应力及温度观测点布置在梁前端 1.5m 的顶板和底板,内埋 8 只 EM-4 型振弦式传感器,并分别在距承台顶及梁底 1m 的桥墩表面布置测点,每个截面布置 4 只 4000 型振弦式传感器,用来随测桥墩在连续悬臂梁灌注期间的稳定性和梁段施工时的不均衡影响。根据设计悬浇中因梁体自振、徐变、温度、预应力等因素造成的理论线形变化数据及特殊断面的应力数据,在施工过程中加强进行相应测试与设计数据对比分析。为施工提供资料,全桥随时从理论上调整、控制线形。

②挂篮移位走行:悬浇施工中,挂篮走行移位是一关键环节。如走行过程中挂篮的位移量或两侧挂篮距墩中心的距离差值过大将造成 T 构两端的受力不平衡,使预测的立模高程与实际参数出入较大,直接影响到梁体线形的控制,同时存在着挂篮的稳定和安全问题。对此应采取如下措施:

a. 在梁上做位移量准确标记,来控制挂篮的同步走行。

b. 在外滑梁尾部焊接限位角钢和走行反向设倒链辅助控制来防止挂篮脱落,以箱梁底板预留的后吊带孔与底板后托梁吊带孔对齐限定,解决了挂篮走行的限位。

c. 利用梁体本身的竖向精轧螺纹钢与走道梁连接。

d. 挂篮主梁走行时,滑槽内应保持清洁,安装的四氟聚乙烯滑板不要脱节也不得重复。

e. 挂篮分步走行时,速度不宜太快,且应保持一同滑行的各部件尽量同步,避免结构受扭变形。

f. 挂篮在既有行车线上走行时,在满足界限和设计荷载的条件下,采取挂篮底板满铺竹胶板及花纹钢板、四周挂设钢丝防护网封闭挂篮。

g. 挂篮每次前移应统一指挥,严格按工艺操作,并采取一定的安全防范措施。

③体系转换:通常体系转换的过程是先边跨合龙由 T 构转向单悬臂,然后解除连续梁的临时固定支座,后合龙中跨完成全桥体系转换,最后形成刚构—连续组合体系。在体系转化过程中,如何确保结构内力的调整分配满足设计要求、消除混凝土收缩徐变次内力、合龙段悬臂端的变形协调、如何解决连续梁墩梁临时固结和锁定的技术问题,成为体系转换的关键因素。根据以上施工难题,应采取以下措施:

a. 合龙边跨及中跨时,焊接劲性骨架,再利用永久的 4 束预应力束临时张拉,以抵抗温差产生的收缩徐变,保证合龙前后结构变形协调。

b. 中跨合龙段浇筑混凝土前,在两悬臂端配置与混凝土重量相当的水箱作为压重,浇筑过程中放水卸载,使合龙段始终处于稳定状态。

c. 连续梁墩梁固结的措施为在永久支座四周设置由混凝土与硫黄砂浆制作的临时支座来承受梁体在体系转换前的压力，并在墩内预埋精轧螺纹钢与梁体连接，以承受悬臂施工产生的拉应力，合龙段施工时在完成劲性骨架安装后拆除临时固结，切断螺纹钢，转换到永久支座上，并临时锁定墩顶支座，张拉预应力筋，完成体系转换，临时锁定的结构为分别在 0 号块梁底和墩顶上预埋钢板，用型钢施焊连接，将梁体与墩身临时锁定。

第 6 部分计算题答案

一、总论

1.【解】(1)该桥单孔标准跨径为25m,根据《公路工程技术标准》(JTG B01—2014)第6.0.2条表6.0.2可知:该桥梁按规模分类属中桥。

(2)该桥梁属二级公路大桥,根据《公路工程技术标准》(JTG B01—2014)第6.0.11条表6.0.11可知:桥梁的设计使用年限是50年。

(3)该桥的行车道宽度为8m,根据《公路工程技术标准》(JTG B01—2014)第7.0.6条表7.0.6-1可知:设计车道数取2。

(4)该桥的设计车道数取2,根据《公路工程技术标准》(JTG B01—2014)第7.0.6条表7.0.6-2可知:横向车道布载系数为1.0。

(5)根据《公路工程技术标准》(JTG B01—2014)第7.0.3条规定,在计算主梁的剪力和弯矩时,车道荷载的均布荷载标准值均为$q_k=10.5\text{kN/m}$。集中荷载标准值,当桥梁计算跨径小于或者等于5m时,$P_k=270\text{kN}$;当桥梁计算跨径等于或大于50m时,$P_k=360\text{kN}$;当桥梁计算跨径在5~50m之间时,P_k值采用直线内插求得。计算剪力时,集中荷载标准值P_k乘以1.2的系数。本题中,计算跨径$l_0=24\text{m}$。

所以,计算弯矩时车道荷载的集中荷载标准值:

$$P_k = 270 + \frac{(360-270)\times(24-5)}{50-5} = 308(\text{kN})$$

计算剪力时车道荷载的集中荷载标准值:

$$P_k = 308 \times 1.2 = 369.6(\text{kN})$$

2.【解】(1)该桥的单幅行车道宽度为16m,根据《公路工程技术标准》(JTG B01—2014)第7.0.6条表7.0.6-1可知:设计车道数取4。

(2)该桥的设计车道数是4,根据《公路工程技术标准》(JTG B01—2014)第7.0.6条表7.0.6-2可知:横向车道布载系数为0.67。

(3)根据《公路工程技术标准》(JTG B01—2014)第7.0.3条规定,在计算主梁的剪力和弯矩时,车道荷载的均布荷载标准值均取为$q_k=10.5\text{kN/m}$。

计算弯矩时车道荷载的集中荷载标准值:

$$P_k = 270 + \frac{(360-270)\times(40-5)}{50-5} = 340(\text{kN})$$

计算剪力时车道荷载的集中荷载标准值:

$$P_k = 340 \times 1.2 = 408(\text{kN})$$

3.【解】已知:$l=40\text{m}$,$A=9.6\text{m}^2$,$E_c=3.45\times10^4\text{MPa}$,$\gamma=26.0\text{kN/m}^3$,$I_c=7.75\text{m}^4$

结构跨中处每延米结构重力:

$$G = \gamma A = 26\times10^3\times9.6 = 249\,600(\text{N/m})$$

结构跨中处的单位长度质量:

$$m_c = \frac{G}{g} = \frac{249\,600}{9.81} = 25\,443(\text{kg/m})$$

根据《公路桥涵设计通用规范》(JTG D60—2004)第4.3.2条条文说明中建议,本桥作为简支梁桥可按下式估算桥梁结构基频:

$$f = \frac{\pi}{2l^2}\sqrt{\frac{E_cI_c}{m_c}} = \frac{3.141\,6}{2\times40^2}\sqrt{\frac{3.45\times10^{10}\times7.75}{25\,443}} = 3.182\,6(\text{Hz})$$

冲击系数：

$$\mu = 0.1767\ln f - 0.0157 = 0.1767 \times \ln 3.1826 - 0.0157 = 0.189$$

4.【解】结构跨中处每延米结构重力：

$$G = \gamma A = 26 \times 10^3 \times 9.5 = 247\,000(\mathrm{N/m})$$

结构跨中处的单位长度质量：

$$m_c = \frac{G}{g} = \frac{247\,000}{9.81} = 25\,178.4(\mathrm{kg/m})$$

根据《公路桥涵设计通用规范》(JTG D60—2004)第4.3.2条条文说明中建议，本桥作为简支梁桥可按下式估算桥梁结构基频：

$$f = \frac{\pi}{2l^2}\sqrt{\frac{E_c I_c}{m_c}} = \frac{3.1416}{2 \times 35^2}\sqrt{\frac{3.45 \times 10^{10} \times 7.5}{25\,178.4}} = 3.9216(\mathrm{Hz})$$

因为 $1.5\mathrm{Hz} \leqslant f \leqslant 14\mathrm{Hz}$，该桥汽车荷载冲击系数为：

$$\mu = 0.1767\ln f - 0.0157 = 0.1767 \times \ln 3.9216 - 0.0157 = 0.2258$$

5.【解】根据《公路工程技术标准》(JTG B01—2014)第7.0.3条规定，车道荷载标准值在加载长度上计算的总重力的10%为：

$$\begin{aligned} T_1 &= (q_k \cdot l + P_k) \times 10\% \\ &= \left[10.5 \times 20 + 270 + \frac{(360-270) \times (19.5-5)}{50-5}\right] \times 10\% \\ &= 50.9(\mathrm{kN}) \end{aligned}$$

《公路桥涵设计通用规范》(JTG D60—2004)第4.3.6条要求公路—Ⅰ级汽车荷载的制动力标准值不得小于165kN，故取一个车道汽车荷载产生的制动力标准值为 $T=165\mathrm{kN}$。

同向行驶三车道的汽车荷载制动力标准值为：$T_3 = 2.34 \times 165 = 386.1(\mathrm{kN})$。

6.【解】根据《公路桥涵设计通用规范》(JTG D60—2004)第1.0.9条的表1.0.9及第4.1.6条，公路设计安全等级为二级；结构重要性系数 $\gamma_0 = 1.0$，按承载能力极限状态设计时，其基本组合为：

$$\begin{aligned} \gamma_0 S_{ud} &= \gamma_0 (\sum_{i=1}^{m} S_{Gid} + S_{Q1d} + \psi_c \sum_{j=2}^{n} S_{Qjd}) \\ &= 1.0 \times (65\,000 + 25\,000 + 0.7 \times 9\,600) \\ &= 96\,720(\mathrm{kN \cdot m}) \end{aligned}$$

7.【解】该桥单孔跨径为40m，根据《公路工程技术标准》(JTG B01—2014)第6.0.2条表6.0.2可知，该桥属大桥，根据《公路桥涵设计通用规范》(JTG D60—2004)第1.0.9条表1.0.9可知，该桥梁的设计安全等级为二级，$\gamma_0 = 1.0$。

根据《公路桥涵设计通用规范》(JTG D60—2004)第4.1.6条，在持久状况下按承载能力极限状态计算，该桥箱形梁支点截面在永久作用、汽车车道荷载及人群荷载共同作用产生的剪力组合设计值为：

$$\begin{aligned} \gamma_0 S_{ud} &= \gamma_0 (\sum_{i=1}^{m} S_{Gid} + S_{Q1d} + \psi_c \sum_{j=2}^{n} S_{Qjd}) \\ &= \gamma_0 (\sum_{i=1}^{m} \gamma_{Gi} V_{Gik} + V_{Q1d} + \psi_c \sum_{j=2}^{n} \gamma_{Qj} V_{Qjk}) \\ &= 1.0 \times (1.2 \times 2\,000 + 1\,120 + 0.8 \times 1.4 \times 150) \\ &= 3\,688(\mathrm{kN}) \end{aligned}$$

8.【解】根据《公路桥涵设计通用规范》(JTG D60—2004)第4.1.7条，作用长期效应组合为：

$$\begin{aligned}S_{ld} &= \sum_{i=1}^{m} S_{Gik} + \sum_{j=2}^{n} \psi_{2j} S_{Qik} \\ &= M_{Gik} + 0.4\frac{M_{Qik}}{1+\mu} + 0.4M_{Qik} \\ &= 11\,000 + 0.4 \times \frac{5\,000}{1+0.25} + 0.4 \times 500 \\ &= 12\,800(\mathrm{kN \cdot m})\end{aligned}$$

9.【解】根据《公路工程技术标准》(JTG B01—2014)第 7.0.3 条规定，车道荷载标准值在加载长度上计算的总重力的 10%为：

$$\begin{aligned}T &= (q_k \cdot \sum l + P_k) \times 10\% \\ &= \left[10.5 \times 40 + 270 + \frac{(360-270)\times(19.5-5)}{50-5}\right] \times 10\% \\ &= 71.9(\mathrm{kN})\end{aligned}$$

《公路桥涵设计通用规范》(JTG D60—2004)第 4.3.6 条要求公路—Ⅰ级汽车荷载的制动力标准值不得小于 165kN，故取汽车荷载产生的制动力标准值为 T=165kN。

桥台所分配的汽车荷载的制动力标准值为：

$$T_t = \frac{k_t}{\sum k} T = \frac{7\,000}{15\,000 + 2 \times 7\,000} \times 165 = 39.8(\mathrm{kN})$$

桥墩所分配的汽车荷载的制动力标准值为：

$$T_d = \frac{k_d}{\sum k} T = \frac{15\,000}{15\,000 + 2 \times 7\,000} \times 165 = 85.3(\mathrm{kN})$$

10.【解】根据题意，计算伸缩装置伸缩量所采用的梁体长度 l=80m+48m=128m，按照《公路钢筋混凝土及预应力混凝土桥涵设计规范》(JTG D62—2004)第 8.6.2 条进行以下计算：

(1)由温度变化引起的伸缩缝量

温度上升引起的梁体伸长量：

$$\Delta l_t^+ = \alpha_c l (T_{max} - T_{set,l}) = 1.0 \times 10^{-5} \times 128 \times 1\,000 \times (34-15) = 24.3(\mathrm{mm})$$

温度下降引起的梁体缩短量：

$$\Delta l_t^- = \alpha_c l (T_{set,u} - T_{min}) = 1.0 \times 10^{-5} \times 128 \times 1\,000 \times [20-(-10)] = 38.4(\mathrm{mm})$$

(2)由混凝土收缩引起的梁体缩短量

$$\Delta l_s^- = \varepsilon_{cs}(t_u, t_0) l = 0.21 \times 10^{-3} \times 128 \times 1\,000 = 26.9(\mathrm{mm})$$

(3)由混凝土徐变引桥的梁端缩短量

$$\Delta l_c^- = \frac{\sigma_{pc}}{E_c} \phi(t_u, t_0) l = \frac{8}{3.45 \times 10^4} \times 1.46 \times 128 \times 1\,000 = 43.3(\mathrm{mm})$$

(4)伸缩装置型号选择

伸缩装置在安装后的闭口量：

$$C^+ = \beta \Delta l_t^+ = 1.3 \times 24.3 = 31.6(\mathrm{mm})$$

伸缩装置在安装后的开口量：

$$C^- = \beta(\Delta l_t^- + \Delta l_s^- + \Delta l_c^-) = 1.3 \times (38.4 + 26.9 + 43.3) = 141.2(\mathrm{mm})$$

伸缩装置的伸缩量 $C \geqslant C^+ + C^-$=31.6+141.2=172.8(mm)，可选择 240 型伸缩装置。

二、梁桥

1.【解】根据现行《公路钢筋混凝土及预应力混凝土桥涵设计规范》(JTG D62—2004)第4.2.2条，T形截面梁的翼缘有效宽度 b_f' 采用下列计算结果的最小值：

(1)计算跨径的1/3，即 $l/3=19.5/3=6.5$(m)；

(2)相邻两梁的平均间距，即1.6m；

(3)$b+2b_h+12h_f'=0.18+2\times0+12\times(0.10+0.14)/2=1.74$(m)。

即T形截面梁的翼缘有效宽度 $b_f'=1.6$m。

2.【解】根据《公路钢筋混凝土及预应力混凝土桥涵设计规范》(JTG D62—2004)第4.2.2条，T形截面梁的翼缘有效宽度 b_f' 采用下列计算结果的最小值：

(1)计算跨径的0.2倍，即 $0.2l=0.2\times19.5=3.9$(m)；

(2)相邻两梁的平均间距即1.6m；

(3)$b+2b_h+12h_f'=0.18+2\times0+12\times(0.10+0.14)/2=1.74$(m)。

即中间跨正弯矩区段T形截面梁的翼缘有效宽度 $b_f'=1.6$m。

3.【解】(1)车轮荷载在桥面板上的分布

行车方向长度：

$$a_1=a_2+2H=0.2+2\times0.12=0.44(\text{m})$$

垂直行车方向长度：

$$b_1=b_2+2H=0.6+2\times0.12=0.84(\text{m})$$

(2)板的有效工作宽度

悬臂边缘：

$$a_0=a_1=0.44\text{m}$$

悬臂根部：

$$a=a_1+2l_0=0.44+1.42=1.86(\text{m})>1.4\text{m}(\text{两后轮轴距})$$

两后轮有效分布宽度发生重叠，铰缝处纵向考虑2个车轮对悬臂根部的有效分布宽度为：

$$a=a_1+d+2l_0=0.44+1.4+1.42=3.26(\text{m})$$

(3)悬臂根部内力

将车轮荷载布置在铰缝处(图13)，由于对称，铰缝处剪力为零。

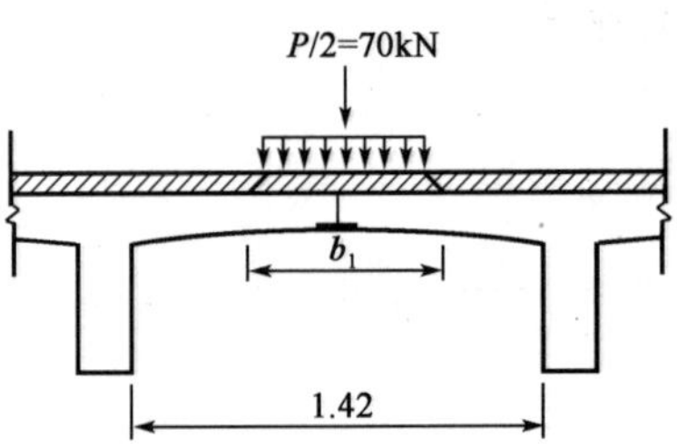

图13 车轮荷载布置于胶缝处

每米宽悬臂板在根部的活载弯矩：

$$M=-(1+\mu)\frac{P}{2a}\left(l_0-\frac{b_1}{4}\right)=-1.3\times\frac{140}{2\times3.26}\times\left(0.71-\frac{0.84}{4}\right)=-13.96(\text{kN}\cdot\text{m})$$

每米宽悬臂板在根部的活载剪力：

$$Q=(1+\mu)\frac{P}{2a}=1.3\times\frac{140}{2\times3.26}=27.91(\mathrm{kN})$$

4.【解】(1)当为悬臂板时，将车辆荷载的后轮作用在悬臂端部[图 6-4a)]，已知后轴作用力为 140kN，两后轮轴距为 1.4m，车辆后轮的着地长度为 0.2m，着地宽度为 0.60m。

车轮荷载在桥面板上的分布为：

行车方向长度：

$$a_1=a_2+2H=0.20+2\times0.15=0.5(\mathrm{m})$$

垂直行车方向长度：

$$b_1=b_2+H=0.60+0.15=0.75(\mathrm{m})$$

悬臂板根部：

$$a=a_1+2l_0=0.5+2\times0.9=2.3(\mathrm{m})>1.4\mathrm{m}(\text{两后轮轴距})$$

两后轮有效分布宽度发生重叠，铰缝处纵向考虑 2 个车轮对悬臂板根部的有效分布宽度为：

$$a=a_1+d+2l_0=0.5+1.4+2\times0.9=3.7(\mathrm{m})$$

冲击系数取 1.3，作用在悬臂板根部每米宽板条上的弯矩为：

$$M=-(1+\mu)\frac{P}{a}\left(l_0-\frac{b_1}{2}\right)=-1.3\times\frac{140}{3.7}\times\left(0.9-\frac{0.75}{2}\right)=-25.82(\mathrm{kN\cdot m})$$

作用在悬臂板根部每米宽板条上的剪力为：

$$Q=(1+\mu)\frac{P}{a}=1.3\times\frac{140}{3.7}=49.19(\mathrm{kN})$$

(2)当为铰接悬臂板时，将车辆荷载的后轮作用在铰接缝上[图 6-4b)]，除垂直行车方向长度外，其他参数不变。垂直行车方向长度为：$b_1=b_2+2H=0.60+2\times0.15=0.9(\mathrm{m})$，冲击系数取 1.3，作用在悬臂板根部每米宽板条上的弯矩为：

$$M=-(1+\mu)\frac{P}{2a}\left(l_0-\frac{b_1}{4}\right)=-1.3\times\frac{140}{2\times3.7}\times\left(0.9-\frac{0.9}{4}\right)=-16.60(\mathrm{kN\cdot m})$$

作用在悬臂板根部每米宽板条上的剪力为：

$$Q=(1+\mu)\frac{P}{2a}=1.3\times\frac{140}{2\times3.7}=24.59(\mathrm{kN})$$

5.【解】利用杠杆原理法求得 1 号主梁的荷载横向影响线，见图 14。

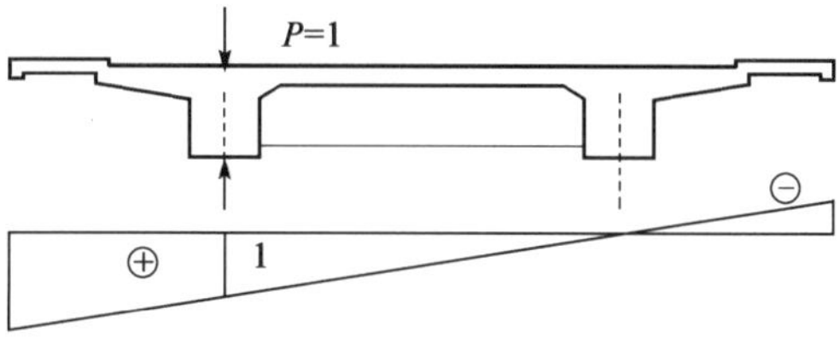

图 14　1 号主梁的荷载横向影响线

根据《公路工程技术标准》(JTG B01—2014)第 7.0.5 条规定的车轮距离路缘石的间距要求，将 2 个车道荷载布置在双主梁的横截面上，并根据几何关系计算出汽车轮轴在相应位置对应的竖标值，见图 15。

由于对称，任意主梁在车道荷载作用下的荷载横向分布系数均为：

$$m_c=\frac{1}{2}(\eta_{q1}+\eta_{q2}+\eta_{q3}+\eta_{q4})=\frac{1}{2}\times(1.167+0.867+0.650+0.350)=1.517$$

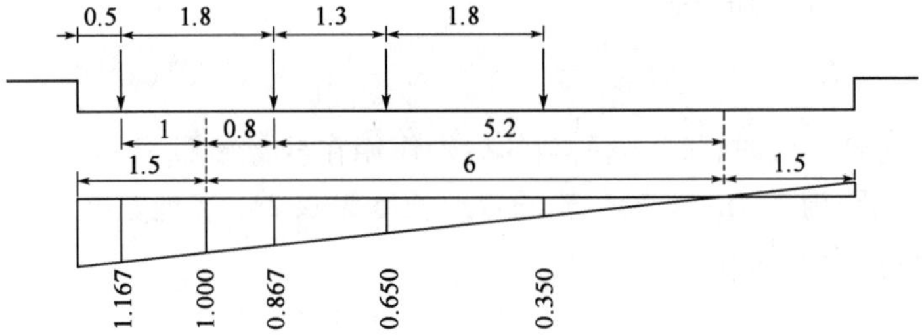

图 15　车辆横向布载及影响线竖标值(尺寸单位:m)

6.【解】(1)2 号梁荷载横向分布影响线

布载方案 1[布载情况及相应的竖标值见图 16a)]:

车道荷载横向分布系数:

$$m_{oq}=\frac{1}{2}\sum\eta_{iq}=\frac{1}{2}\times(0.125+0.750)=0.438$$

布载方案 2[布载情况及相应的竖标值见图 16b)]:

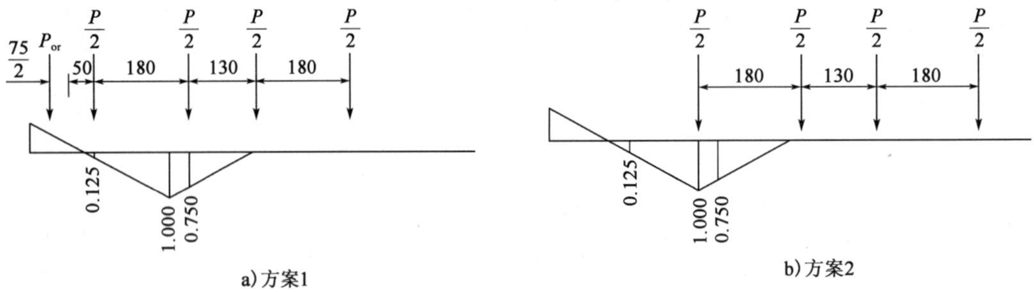

图 16　2 号梁布载方案及影响线竖标值(尺寸单位:cm)

车道荷载横向分布系数:

$$m_{oq}=\frac{1}{2}\sum\eta_{iq}=\frac{1}{2}\times1.0=0.5$$

所以,2 号梁荷载横向分布系数:车道荷载 $m_{oq}=0.5$;人群荷载 $m_{or}=0$。

(2)3 号梁荷载横向分布影响线

3 号梁布载情况及相应的竖标值见图 17:

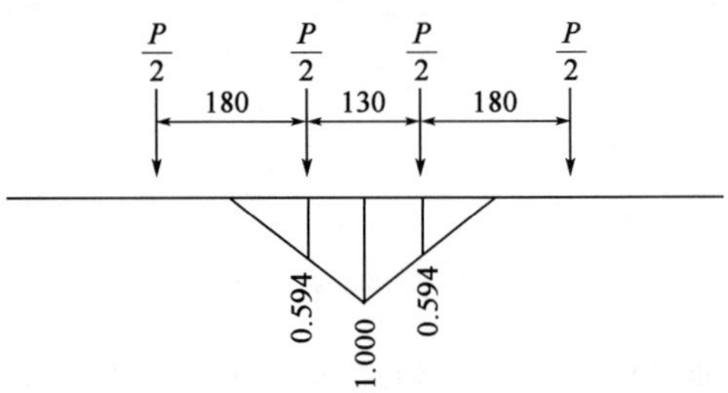

图 17　3 号梁布载情况及影响线竖标值(尺寸单位:cm)

3 号梁荷载横向分布系数:

车道荷载:

$$m_{oq}=\frac{1}{2}\sum\eta_{iq}=\frac{1}{2}\times(0.594+0.594)=0.594$$

人群荷载：

$$m_{or}=0$$

7.【解】偏心压力法：$\sum_{i=1}^{5}a_i^2=(2\times1.6)^2+1.6^2+0^2+(-1.6)^2+(-2\times1.6)^2=25.6(\text{m}^2)$。

2 号梁：$\eta_{21}=\frac{1}{5}+\frac{2\times1.6\times1.6}{25.6}=0.4$，$\eta_{25}=\frac{1}{5}-\frac{2\times1.6\times1.6}{25.6}=0$。

2 号梁布载情况及相应的竖标值见图 18。

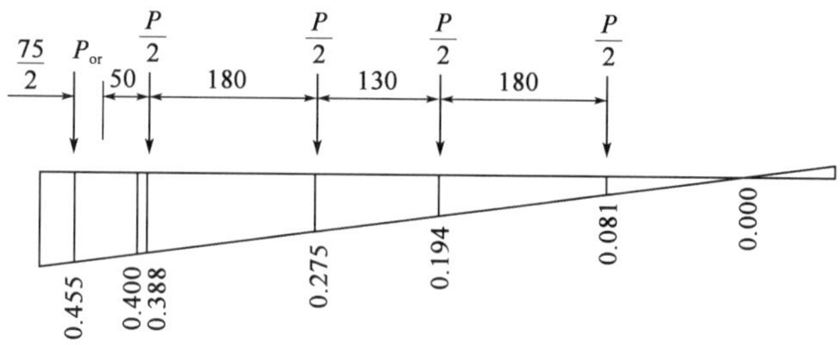

图 18　2 号梁布载情况及影响线竖标值(尺寸单位：cm)

2 号梁荷载横向分布系数：

人群荷载：

$$m_{cr}=0.455$$

车道荷载：

$$\begin{aligned}m_{cq}&=\frac{1}{2}\sum\eta_{qi}=\frac{1}{2}(\eta_{q1}+\eta_{q2}+\eta_{q3}+\eta_{q4})\\&=\frac{1}{2}\times\frac{0.4}{6.4}\times(6.2+4.4+3.1+1.3)\\&=\frac{1}{2}\times(0.388+0.275+0.194+0.081)\\&=0.469\end{aligned}$$

3 号梁：

$$\eta_{31}=\eta_{35}=0.2$$

3 号梁布载情况及相应的竖标值见图 19。

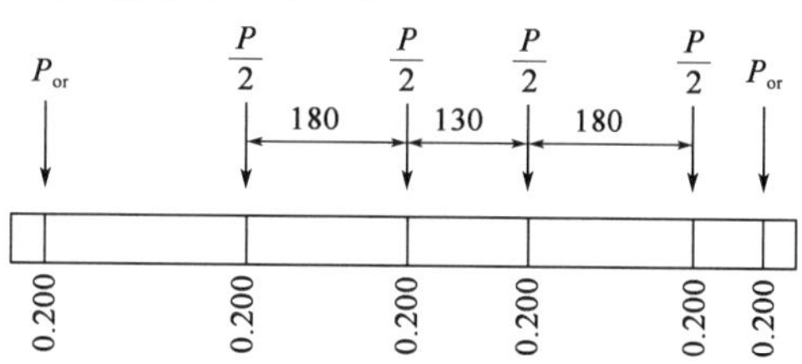

图 19　3 号梁布载情况及影响线竖标值(尺寸单位：cm)

3 号梁荷载横向分布系数：

人群荷载：

$$m_{cr}=0.2+0.2=0.4$$

车道荷载：

$$m_{cq}=0.5\times(0.2+0.2+0.2+0.2)=0.4$$

8.【解】1 号梁荷载横向影响线见图 20。

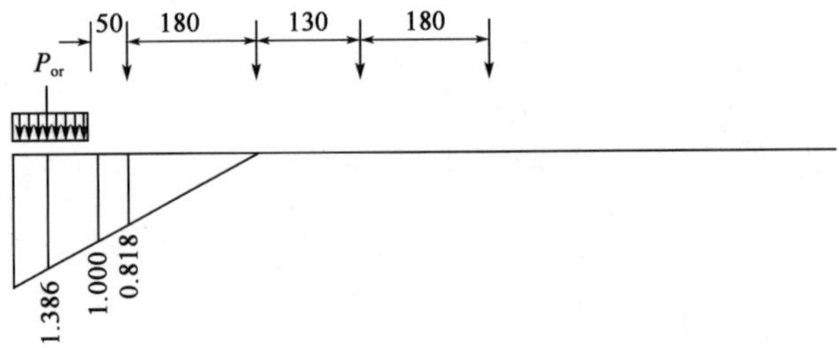

图 20　1 号梁荷载横向影响线及竖标值(尺寸单位:cm)

按最不利位置布载,求出相应于荷载位置的影响线竖标值,1 号梁的最大荷载值为:

车道荷载:

$$\max R_q=\sum\frac{P}{2}\cdot\eta_{qi}=\frac{p}{2}\times0.818=0.409P$$

人群荷载:

$$\max R_r=\eta_r\cdot P_{or}\cdot1.5=1.386P_{or}$$

1 号梁在车道荷载作用下的最不利荷载横向分布系数为 $m_{oq}=0.409$;

1 号梁在人群荷载作用下的最不利荷载横向分布系数为 $m_{or}=1.386$。

9.【解】由车道荷载标准值线性内插得到弯矩计算时集中荷载标准值为:

$$P_k=0.75\times\left[270+\frac{(360-270)\times(19.5-5)}{50-5}\right]=224.25(\text{kN})$$

均布荷载标准值为:

$$q_k=10.5\times0.75=7.875(\text{kN})$$

取出边梁,在车道荷载作用下,弯矩和剪力计算图式如图 21 所示。

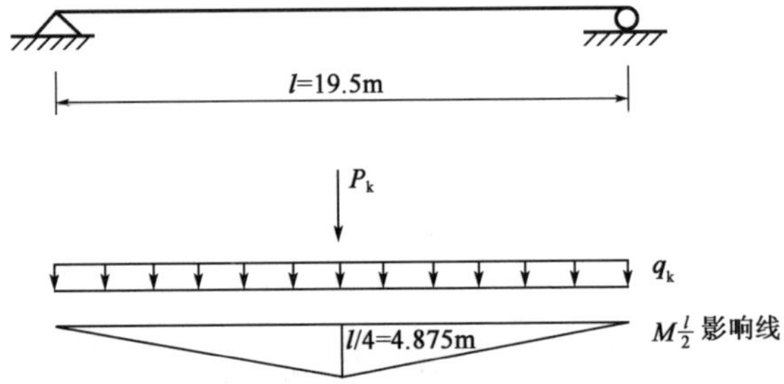

a)弯矩计算图式

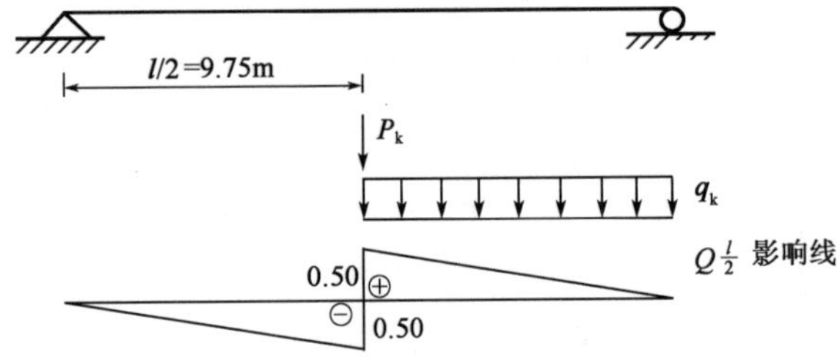

b)剪力计算图式

图 21　弯矩和剪力计算图

(1)边梁在公路—Ⅱ级荷载下的跨中弯矩计算

影响线面积：

$$\Omega=\frac{1}{2}\cdot l\cdot\frac{l}{4}=\frac{1}{2}\times 19.5\times 4.875=47.53(\mathrm{m}^2)$$

跨中弯矩：

$$\begin{aligned}M_{\frac{l}{2},\mathrm{q}}&=(1+\mu)\xi m_{\mathrm{cq}}(P_{\mathrm{k}}y_{\mathrm{k}}+q_{\mathrm{k}}\Omega)\\&=1.303\times 1\times 0.538\times(224.25\times 4.875+7.875\times 47.53)\\&=1\,028.75(\mathrm{kN\cdot m})\end{aligned}$$

(2)边梁在公路—Ⅱ级荷载下的跨中剪力计算

计算剪力时集中荷载标准值为：

$$P_{\mathrm{k}}=1.2\times 224.25=269.10(\mathrm{kN})$$

影响线面积：

$$\Omega=\frac{1}{2}\times\frac{l}{2}\times 0.5=\frac{1}{2}\times\frac{19.5}{2}\times 0.5=2.44(\mathrm{m}^2)$$

跨中剪力：

$$\begin{aligned}Q_{\frac{l}{2},\mathrm{q}}&=(1+\mu)\xi m_{\mathrm{cq}}(P_{\mathrm{k}}y_{\mathrm{k}}+q_{\mathrm{k}}\Omega)\\&=1.303\times 1\times 0.538\times(269.10\times 0.5+7.875\times 2.44)\\&=107.79(\mathrm{kN})\end{aligned}$$

10.【解】在车道荷载作用下，支点剪力计算图式如图 22 所示。

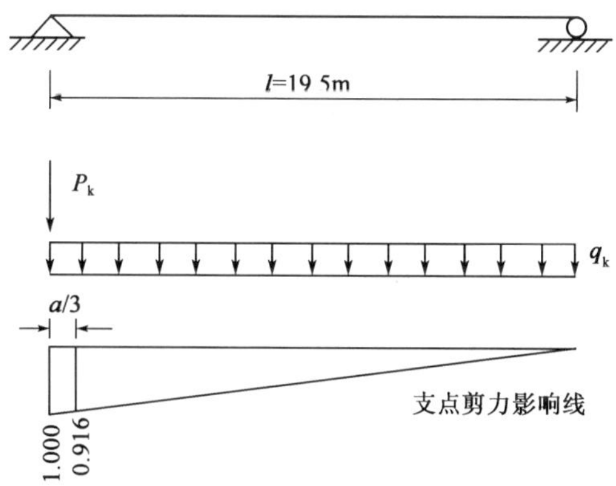

图 22　支点剪力计算图

计算剪力时均布荷载标准值为：

$$q_{\mathrm{k}}=10.5\times 0.75=7.875(\mathrm{kN})$$

计算剪力时集中荷载标准值为：

$$P_{\mathrm{k}}=1.2\times 224.25=269.10(\mathrm{kN})$$

影响线面积：

$$\Omega=\frac{1}{2}\times l\times 1=\frac{1}{2}\times 19.5\times 1=9.75(\mathrm{m})$$

支点剪力：

$$Q_{支,q}=(1+\mu)\xi\left[m_{oq}P_k y_k+m_{cq}q_k\Omega+\frac{1}{2}q_k(m_{oq}-m_{cq})ay_c\right]$$

$$=1.303\times1\times\left[0.409\times269.10\times1+0.538\times7.875\times9.75+\frac{1}{2}\times7.875\times(0.409-0.538)\times4.9\times0.916\right]$$

$$=194.26(\text{kN})$$

11.【解】

$$I_k=\frac{4\Omega^2}{\oint\frac{ds}{t}}+\sum c_ib_it_i^3=\frac{4\times(4\times2)^2}{\frac{4}{0.25}+\frac{4}{0.2}+2\times\frac{2}{0.25}}+0.307\times2\times2\times0.25^3=4.942(\text{m}^4)$$

12.【解】(1)求荷载横向分布影响线竖标

由于各根主梁的横截面均相等,主梁根数 $n=5$,梁间距 1.6m,则:

$$\sum_{i=1}^{5}a_i^2=a_1^2+a_2^2+a_3^2+a_4^2+a_5^2=2\times[(2\times1.6)^2+1.6^2]=25.6(\text{m}^2)$$

则 1 号主梁在两个边主梁处的横向影响线竖标值为:

$$\eta_{11}=\frac{1}{5}+\frac{(2\times1.6)^2}{25.6}=0.2+0.4=0.6$$

$$\eta_{15}=\frac{1}{5}-\frac{(2\times1.6)^2}{25.6}=0.2-0.4=-0.2$$

1 号主梁的反力影响线如图 23a)所示。

$P=1$ 作用在 1 号梁上时:

$$\eta_{(1\text{-}2)1}^{M}=\eta_{11}\times0.5d-1\times0.5d=0.6\times0.5\times1.6-1\times0.5\times1.6=-0.32$$

$P=1$ 作用在 5 号梁上时:

$$\eta_{(1\text{-}2)5}^{M}=\eta_{15}\times0.5d=-0.2\times0.5\times1.6=-0.16$$

$P=1$ 作用在 3 号梁上时:

$$\eta_{(1\text{-}2)3}^{M}=\eta_{13}\times0.5d=0.2\times0.5\times1.6=0.16$$

由三个竖标值和已知影响线折点位置,可以绘制出 $M_{1\text{-}2}$ 影响线如图 23b)所示。

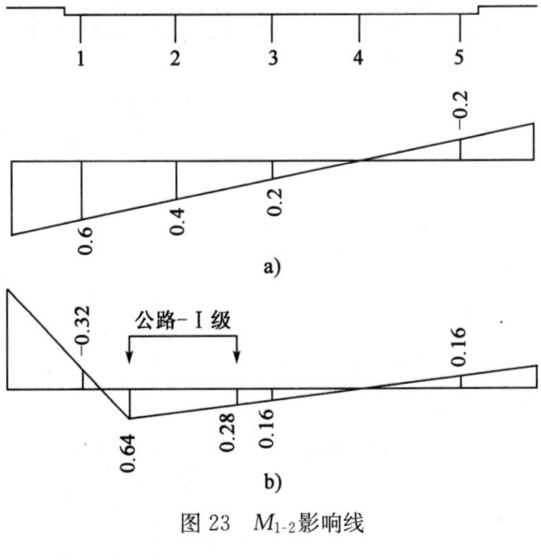

图 23 $M_{1\text{-}2}$影响线

(2)确定跨中梁上的计算荷载

对于跨中横隔梁的最不利荷载布置如图 24 所示。

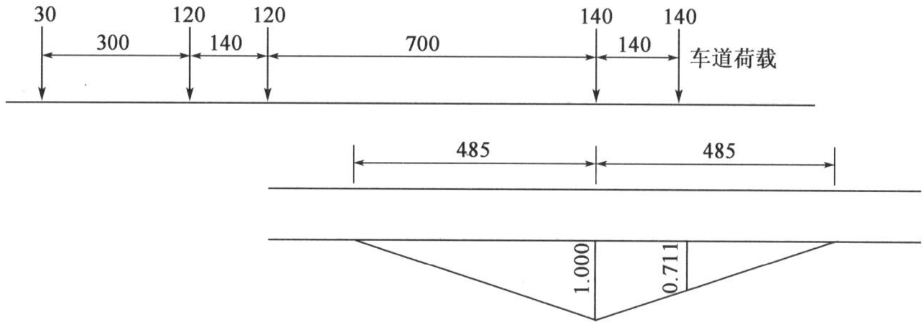

图 24　跨中横隔梁最不利荷载布置(尺寸单位:cm;荷载单位:kN)

$$P_{oq}=\frac{1}{2}\sum_{i}P_{i}y_{i}=\frac{1}{2}\times(140\times1+140\times0.711)=119.80(\text{kN})$$

$$M_{1\text{-}2}=(1+\mu)\xi P_{oq}\sum\eta=1.3\times1\times119.80\times(0.64+0.28)=143.28(\text{kN}\cdot\text{m})$$

13.【解】(1)支点荷载分布宽度计算(取重车的轴重为 140kN 的两排轮子)

车轮在顶板的跨中处时:

①取板的计算跨径 $l_1=4.266$m,垂直于板的跨径方向的荷载分布宽度为:

$$a=a_1+2h+L/3=0.2+2\times0.18+4.266/3=1.982(\text{m})$$

$$2L/3=2\times4.266/3=2.844(\text{m})$$

根据《公路钢筋混凝土及预应力混凝土桥涵设计规范》(JTG D62—2004)第 4.1.3 条,取其中最大值,取 $a=2.844\text{m}>1.4\text{m}$(需考虑车轮分布有重叠)。

$$a=2.844+1.4=4.244(\text{m})$$

②取板的计算跨径 $l_2=4.100$m,垂直于板的跨径方向的荷载分布宽度为:

$$a=a_1+2h+L/3=0.2+2\times0.18+4.100/3=1.927(\text{m})$$

$$2L/3=2\times4.10/3=2.733(\text{m})$$

根据《公路钢筋混凝土及预应力混凝土桥涵设计规范》(JTG D62—2004)第 4.1.3 条,取其中最大值,取 $a=2.733\text{m}>1.4\text{m}$(需考虑车轮分布有重叠)。

则
$$a=2.733+1.4=4.133(\text{m})$$

车轮在顶板的支承处时:

$$a=a_1+2h+t=0.2+2\times0.18+0.25=0.81(\text{m})$$

车轮在顶板的支承附近时(距支点的距离为 x 时):

$$a_x=a_1+2h+t+2x=0.81+2x$$

当 $a_x=1.4$m 时 ,$x=0.295$m;

当 $a_x=4.244$m 时,$x=1.717$m;

当 $a_x=4.100$m 时,$x=1.645$m。

车轮在悬臂板上的荷载有效分布宽度:

$$a=a_1+2h+2c$$

其中 $c=h+x$ 或者最不利情况下为悬臂长,见《公路钢筋混凝土及预应力混凝土桥涵设计规范》(JTG D62—2004)第 4.1.5 条。

当 $x=1.0$m(护栏及路缘带宽度)时,$a=0.2+2\times0.18+2\times(0.18+1)=2.92(\text{m})>1.4\text{m}$(需考虑车轮分布有重叠),因此取 $a=2.92+1.4=4.32(\text{m})$。

当 $x=0.24$ 时,$a=a_1+2h+2(h+x)=0.2+2\times0.18+2\times(0.18+0.24)=1.4(\text{m})$

当 $x=0$ 时，$a=0.92\text{m}$

荷载分布宽度如图 25 所示。

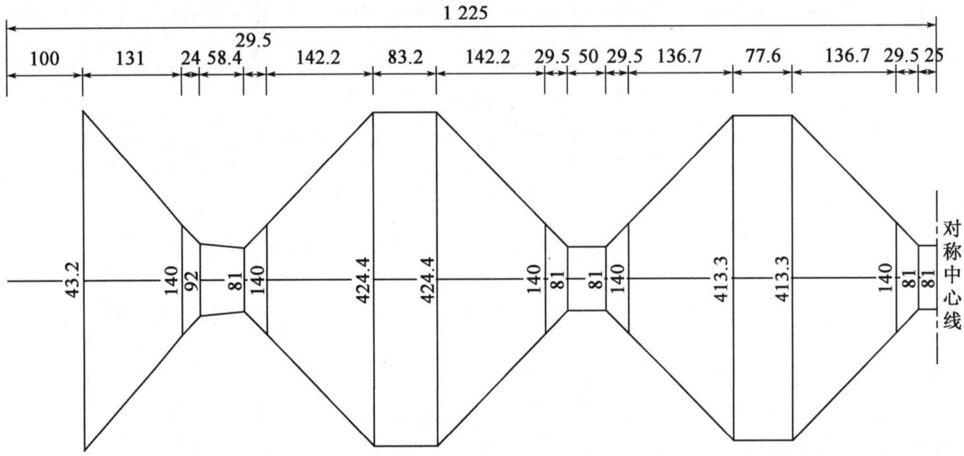

图 25　车轮荷载在桥面板上的分布宽度(尺寸单位:cm)

(2)荷载集度横向分布图计算

悬臂处：

$a=4.32\text{m}$ 时

$$q_1=\frac{P}{a}=\frac{140\times2}{4.32}=64.81(\text{kN/m})$$

$a=1.4\text{m}$ 时

$$q_1=\frac{P}{a}=\frac{140}{1.4}=100(\text{kN/m})$$

依次类推，当 $a>1.4\text{m}$ 时，取 $P=280\text{kN}$，当 $a\leqslant1.4\text{m}$ 时，取 $P=140\text{kN}$。

汽车加载有效区域 [1m,23.5m]内的汽车荷载集度横向分布如图 26 所示。

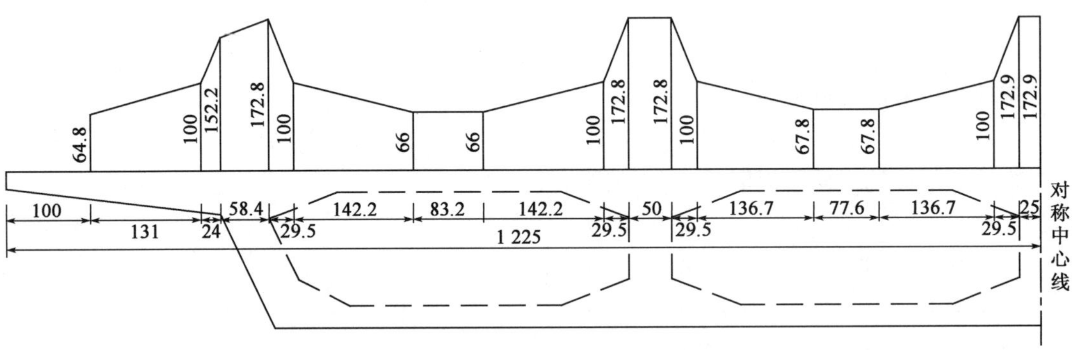

图 26　汽车荷载集度横向分布图(尺寸单位:cm)

三、其他体系桥梁及桥梁支座

1.【解】根据《公路工程技术标准》(JTG B01—2014)第 7.0.3 条规定，公路—Ⅰ级汽车荷载包括：

均布荷载标准值 $q_k=10.5\text{kN/m}$；

集中荷载标准值，当桥梁计算跨径小于或者等于 5m 时，$P_k=270\text{kN}$；当桥梁计算跨径等于或大于 50m 时，$P_k=360\text{kN}$；当桥梁计算跨径在 5～50m 之间时，P_k 值采用直线内插求得。计算剪力时，荷载标准值 P_k 乘以 1.2 的系数。

本题中，计算跨径 $l_0=40\text{m}$ 时，$P_k=270+(360-270)\times(40-5)/(50-5)=340(\text{kN})$，按四车道横向车道布载系数 $\xi=0.67$，计入冲击系数 $\mu=0.215$ 和扭转影响对箱梁内力的不均匀系数 $k=1.2$ 后，跨中弯矩作用标准值为：

$$
\begin{aligned}
M &= n\xi k(1+\mu)\left(\frac{1}{8}q_k l_0^2+\frac{1}{4}P_k l_0\right)\\
&=4\times0.67\times1.2\times(1+0.215)\times\left(\frac{1}{8}\times10.5\times40^2+\frac{1}{4}\times340\times40\right)\\
&=21\,490.92(\text{kN}\cdot\text{m})
\end{aligned}
$$

2.【解】根据《公路钢筋混凝土及预应力混凝土桥涵设计规范》(JTG D62—2004)第 4.1.6 条规定，因承托下缘与板底面夹角的正切值 $\tan\alpha=30/30=1>\frac{1}{3}$，取该正切值 $\tan\alpha=1/3$，则梁肋中心线处板的计算高度为：

$$h_e=h_f'+s\cdot\tan\alpha=28+(50/2+30)\times\frac{1}{3}=46.3(\text{cm})$$

3.【解】根据《公路钢筋混凝土及预应力混凝土桥涵设计规范》(JTG D62—2004)第 6.3.1 条规定，对于全预应力构件，在正常使用极限状态短期效应组合作用下，所求得的跨中断面所需永久有效最小预应力值应满足：

$$\sigma_{st}-0.85\sigma_{pc}=0,\quad \sigma_{st}=\frac{S_{sd}}{W_n}$$

由《公路钢筋混凝土及预应力混凝土桥涵设计规范》(JTG D62—2004)第 6.1.5 条：

$$\sigma_{pc}=\frac{N_p}{A_n}+\frac{N_p e_{pn}}{I_n}y_n$$

因此

$$0.85\times\left(\frac{N_p}{A_n}+\frac{N_p e_{pn}}{I_n}y_n\right)=\frac{S_{sd}}{I_n}y_n$$

$$N_p=\frac{1}{0.85}\times\frac{S_{sd}y_n}{I_n\left(\frac{1}{A_n}+\frac{e_{pn}y_n}{I_n}\right)}=\frac{1}{0.85}\times\frac{85\,000\times1.3}{7.75\times\left[\frac{1}{9.6}+\frac{(1.3-0.3)\times1.3}{7.75}\right]}=61\,690(\text{kN})$$

4.【解】根据《公路钢筋混凝土及预应力混凝土桥涵设计规范》(JTG D62—2004)第 6.3.1 条规定，对于 A 类预应力混凝土构件，在正常使用极限状态短期效应组合作用下，预制构件应满足：$\sigma_{st}-\sigma_{pc}\leqslant0.7f_{tk}$，但在荷载长期效应组合下：$\sigma_{lt}-\sigma_{pc}\leqslant0$，所求得的永久有效预应力值应同时满足上述两式。因此，当取 $\sigma_{st}-\sigma_{pc}=0.7f_{tk}$ 时：

$$\frac{N_p}{A_n}+\frac{N_p e_{pn}}{I_n}y_n=\frac{S_{sd}}{I_n}y_n-0.7f_{tk}$$

$$N_p=\frac{\frac{S_{sd}y_n}{I_n}-0.7f_{tk}}{\frac{1}{A_n}+\frac{e_{pn}y_n}{I_n}}=\frac{\frac{85\,000\times1.3}{7.75}-0.7\times2.65\times10^3}{\frac{1}{9.6}+\frac{(1.3-0.3)\times1.3}{7.75}}=45\,615(\text{kN})$$

当取 $\sigma_{lt}-\sigma_{pc}=0$ 时：

$$\frac{N_p}{A_n}+\frac{N_p e_{pn}}{I_n}y_n=\frac{S_{ld}}{I_n}y_n$$

$$N_p = \frac{S_{ld} y_n}{I_n\left(\frac{1}{A_n} + \frac{e_{pn} y_n}{I_n}\right)} = \frac{79\ 000 \times 1.3}{7.75 \times \left[\frac{1}{9.6} + \frac{(1.3 - 0.3) \times 1.3}{7.75}\right]} = 48\ 735(\text{kN})$$

取同时满足上述两式的永久有效预应力 $N_p = 48\ 735\text{kN}$。

5.【解】按持久状况计算该桥箱形主梁跨中截面在使用阶段的正截面混凝土下缘的法向应力时，预应力混凝土构件处于弹性阶段，对于后张法构件，当计算由荷载引起的应力时，预应力管道灌浆前采用净截面，预应力钢筋与混凝土黏结后采用换算截面，当计算由预应力引起的应力时，除指明者外采用净面积。

采用整体预制吊装施工，所以：

$$\sigma = \frac{N_p}{A_n} + \frac{N_p e_{pn}}{I_n} y_{xn} - \frac{M_{Gik1}}{I_n} y_{xn} - \frac{M_{Gik2}}{I_0} y_{x0} - \frac{M_{Qik1} + M_{Qik2}}{I_0} y_{x0}$$

$$= \frac{15\ 000}{4.9} + \frac{15\ 000 \times 1.0}{1.45} \times 1.12 - \frac{9\ 000}{1.45} \times 1.12 - \frac{2\ 000}{1.5} \times 1.15 - \frac{5\ 000 + 500}{1.5} \times 1.15$$

$$= 1\ 945.7(\text{kN/m}^2) = 1.95\text{MPa}$$

6.【解】取简支梁为基本结构(图 27)：

多跨连续梁中吻合索的条件方程应为：

$$\Delta_{iN} = \int \frac{M_0 \cdot \overline{M}_i}{EI} \text{d}x = 0 \quad (i = 1, \cdots, n)$$

即：

$$\frac{l_1}{6EI}(-N_g e_a + 2N_g e_b) - \frac{1}{EI}\ \frac{2}{3} l_1 N_g f_1\ \frac{1}{2} + \frac{1}{EI} N_g e_b l_2\ \frac{1}{2} - \frac{1}{EI}\ \frac{2}{3} l_2 N_g f_2\ \frac{1}{2} = 0$$

解得 $e_b = \frac{e_a l_1 + 2f_1 l_1 + 2f_2 l_2}{2l_1 + 3l_2}$。

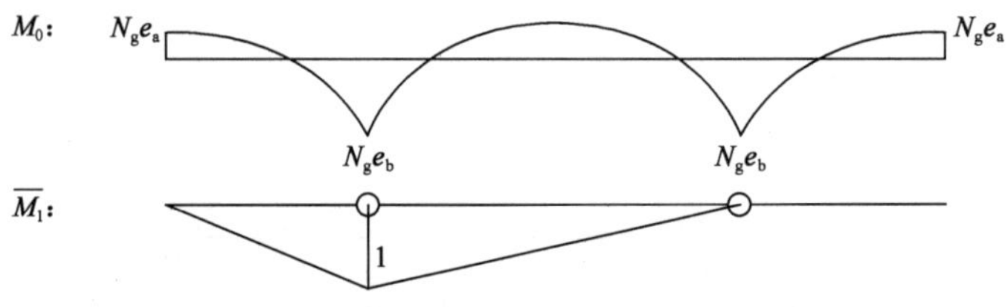

图 27 基本结构

7.【解】题目中预应力构件的等效荷载和预应力弯矩如图 28 所示。

8.【解】根据假设，箱形梁的抗扭刚度无限大，梁端为双支座布置，在考虑汽车车道荷载的偏心作用时可按照杠杆法确定支座的最大反力。

根据最不利布载，计算出各轮轴处的影响线竖标值(图 29)，求支座 1 的荷载横向分配系数为：

$$m_q = \frac{1}{2}\sum \eta_i = \frac{1}{2} \times (1.375 + 0.925 + 0.600 + 0.150) = 1.525$$

确定公路—Ⅰ级车道荷载大小，根据《公路工程技术标准》(JTG B01—2014)第 7.0.3 条规定：

$$q_k = 10.5\text{kN/m}; \quad P_k = 270 + \frac{(360 - 270) \times (40 - 5)}{50 - 5} = 340(\text{kN})$$

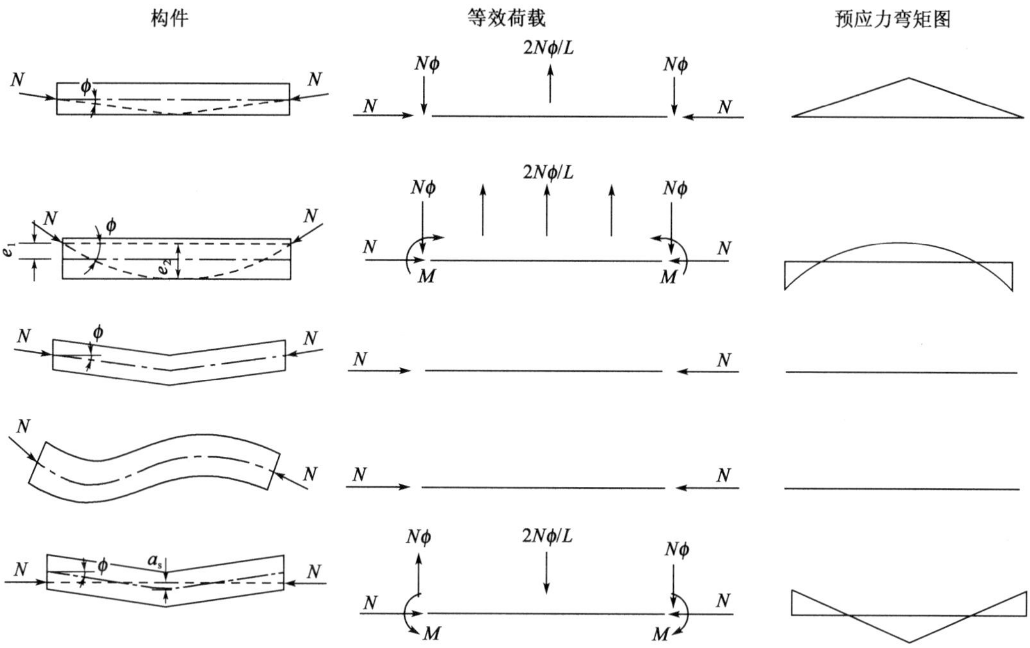

图 28　预应力构件等效荷载和预应力弯矩

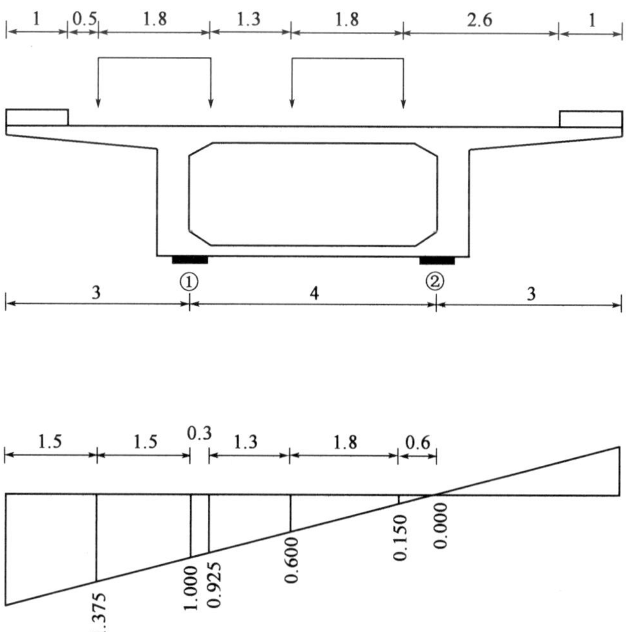

图 29　各轮轴处影响线竖标值(尺寸单位:m)

将汽车车道荷载沿桥梁纵向按最不利荷载位置布载(图 30),其支点反力为:

$$N_1 = (1+\mu)m_q\left(\frac{1}{2}q_k l + 1.2P_k\right)$$

$$=1.23\times1.525\times\left(\frac{1}{2}\times10.5\times40+1.2\times340\right)$$

$$=1\,159.21(\text{kN})$$

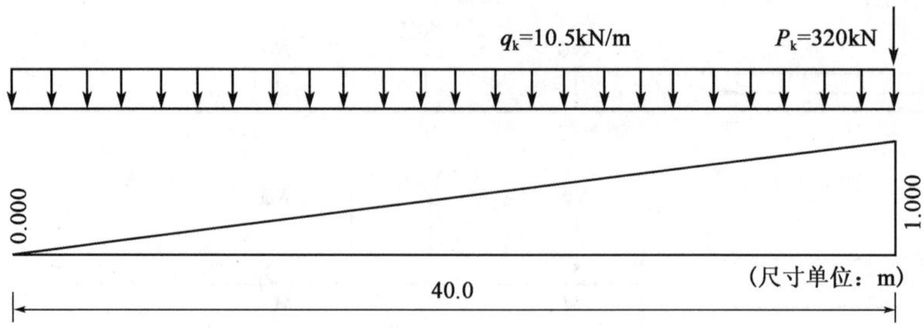

图 30　汽车车道荷载沿纵桥向最不利布载(尺寸单位:m)

9.【解】由于该箱梁采用整体现浇箱梁截面，结构的整体抗弯、抗扭刚度大，横向支撑采用两点支撑。因此可采用杠杆法求一侧单个板式橡胶支座的最大压力标准值。

(1)按《公路工程技术标准》(JTG B01—2014)第 7.0.3 条，计算跨径 19.5m，公路－Ⅰ级车道荷载的均布荷载为：$q_k = 10.5\text{kN/m}$；车道荷载的集中荷载为：$P_k = 299\text{kN}$。

根据《公路工程技术标准》(JTG B01—2014)第 7.0.3 条第 1 款，求支座反力时取：

$$P_k = 1.2 \times 299 = 358.8(\text{kN})$$

(2)支点横向分布影响线及人群荷载、汽车车辆的布置如图 31 所示。

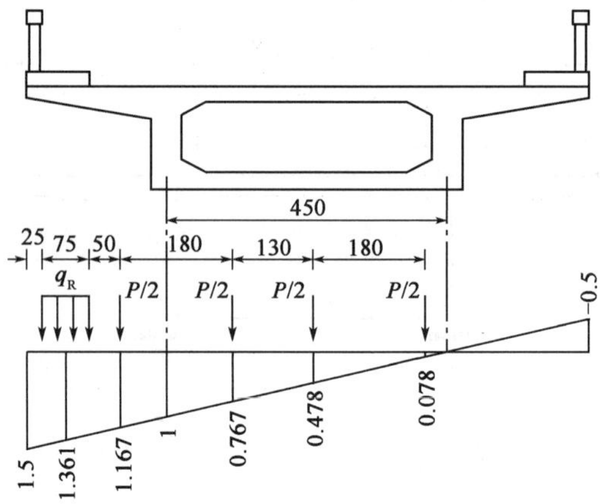

图 31　支点横向分布影响线及车辆布置图(尺寸单位:cm)

车道荷载的横向分布系数为：

$$m_{cq} = \frac{1}{2} \times (1.167 + 0.767 + 0.478 + 0.078) = 1.245$$

人群荷载的横向分布系数为：

$$m_r = 1.361$$

(3)根据《公路工程技术标准》(JTG B01—2014)第 7.0.6 条表 7.0.6-2，两车道的横向车道布载系数为 1.0。

(4)支点反力的纵向分布影响线如图 32 所示。《公路工程技术标准》(JTG B01—2014)第 7.0.3 条规定，均布荷载 q_k 及 q_R 应满布于梁全跨，集中荷载 P_k 只作用于处于影响线峰值的支点处。

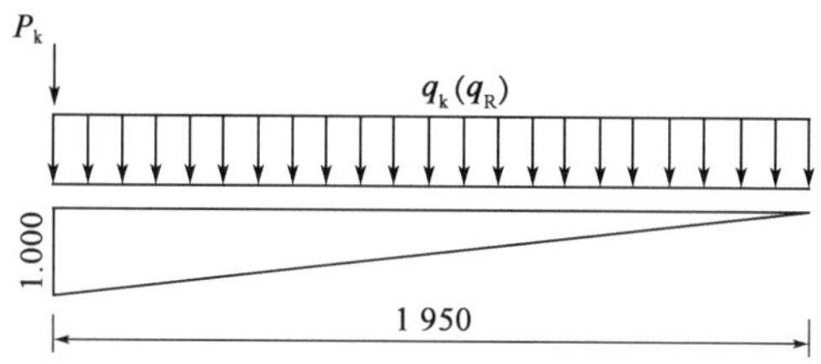

图 32　汽车荷载及人群荷载支点反力的纵向分布影响线(尺寸单位:cm)

因此,左侧支座在汽车荷载作用下的最大压力标准值为:

$$R_{ck}=\xi(1+\mu)m_{cq}\times\left(1.0\times P_k+\frac{1}{2}\times19.5\times1.0\times q_k\right)+\xi m_R\left(\frac{1}{2}\times19.5\times0.75\times q_R\right)$$

$$=1.0\times1.285\times1.245\times\left(1.0\times358.8+\frac{1}{2}\times19.5\times1.0\times10.5\right)+$$

$$1.0\times1.361\times\left(\frac{1}{2}\times19.5\times0.75\times3\right)$$

$$=767.66(kN)$$

10.【解】(1)确定支座平面尺寸

选定橡胶支座平面尺寸为:$a\times b=18\times18=324(cm^2)$;中间层橡胶片厚度为:$t=0.5cm$。

支座平面形状系数:

$$s=\frac{ab}{2t(a+b)}=\frac{18\times18}{2\times0.5\times(18+18)}=9>8$$

所以,橡胶支座的平均允许压应力取为:$[\sigma]=10MPa$。

橡胶支座弹性模量:

$$E_c=(530s-418)\times0.1=(530\times9-418)\times0.1=435.2(MPa)$$

橡胶支座承压强度:

$$\sigma_c=\frac{N}{a\times b}=\frac{157+132.6}{0.18\times0.18}=8\,938(kPa)=8.938MPa<[\sigma]=10MPa$$

(2)确定支座厚度

主梁的计算温差为 $\Delta T=36℃$,温度变形由两端的支座均摊,每一支座承受的水平位移为:

$$\Delta_D=\frac{1}{2}\alpha\Delta Tl=\frac{1}{2}\times10^{-5}\times36\times19.5\times10^2=0.35(cm)$$

为了计算活荷载制动力引起的水平位移 ΔL,首先要确定作用在每一支座上的制动力 H_T。

公路—Ⅱ级荷载车道荷载的均布荷载标准值为:

$$q_k=10.5\times0.75=7.875(kN/m)$$

车道荷载的集中力标准值为:

$$P_k=0.75\times\left[270+\frac{(360-270)\times(19.5-5)}{50-5}\right]=224.25(kN)$$

车道荷载在一个设计车道上的总重力为:

$$q_k\cdot l+P_k=7.875\times19.5+224.25=377.81(kN)$$

所以，每一个支座上的制动水平力为：

$$\frac{377.81\times10\%}{10}=3.78(\text{kN})$$

根据《公路桥涵设计通用规范》(JTG D60—2004)第 4.3.6 条规定，制动力标准值不得小于 90kN，则活荷载制动力分配到每一个支座上的水平力为：$H_T=\frac{90}{10}=9(\text{kN})$。

因此，橡胶片总厚度应满足：

$$\sum t\geqslant2\Delta_D=2\times0.35=0.70(\text{cm})$$

以及：

$$\sum t\geqslant\frac{\Delta_D}{0.7-\dfrac{H_T}{2Gab}}=\frac{0.35}{0.7-\dfrac{9\,000}{2\times11\times0.18\times0.18\times10^5}}=0.611(\text{cm})$$

再由：$\sum t\leqslant0.2a=0.2\times18=3.6(\text{cm})$。

支座选用三层钢板和四层橡胶片，上下层橡胶片厚 0.25cm，中间层厚 0.5cm，薄钢板厚 0.2cm，则橡胶片总厚度为：

$\sum t=2\times0.5+2\times0.25=1.5(\text{cm})$ （大于 0.7cm 并小于 3.6cm，合格）

支座总厚度：

$$h=\sum t+3\times0.2=1.5+0.6=2.1(\text{cm})$$

(3)验算支座偏转情况

支座的平均压缩变形为：

$$\Delta s=\frac{N\sum t}{abE}=\frac{(157+132.6)\times0.015}{0.18\times0.18\times435\,200}=0.000\,308(\text{m})=0.030\,8(\text{cm})$$

尚应满足：

$$\Delta s\leqslant0.05\sum t$$

即：

$$0.030\,8\text{cm}\leqslant0.05\times1.5=0.075(\text{cm})\quad（合格）$$

计算梁端转角 θ：由关系式 $f=\frac{5gl^4}{384EI}$ 和 $\theta=\frac{gl^3}{24EI}$ 可得：

$$\theta=\left(\frac{5l}{16}\times\frac{gl^3}{24EI}\right)\frac{16}{5l}=\frac{16f}{5l}=\frac{16\times1.72}{5\times1\,950}=0.002\,82(\text{rad})$$

$$\frac{a\theta}{2}=\frac{18\times0.002\,82}{2}=0.025\,4(\text{cm})<\Delta s=0.030\,8\text{cm}\quad（合格，支座不脱空）$$

(4)验算支座的抗滑稳定性

已知恒载支点反力为 $N_G=157\text{kN}$，确定与计算制动力相对应的汽车活载最小支座反力，因计算制动力时按桥上满载考虑，相应的公路—Ⅱ级最小支座反力由相关结构力学原理计算：

$$\begin{aligned}N_{pmin}&=(1+\mu)\cdot m_c(q_k\Omega+1.2P_ky_k)\\&=1.191\times0.456\times\left(7.875\times\frac{1}{2}\times19.5\times1.0+1.2\times224.25\times0.0\right)\\&=41.70(\text{kN})\end{aligned}$$

$$\mu(N_{D}+N_{pmin})=0.3\times(157+41.70)=59.61(kN)$$

$$1.4H_{t}+H_{T}=1.4GA\frac{\Delta_{D}}{\sum t}+H_{T}=\left(1.4\times 11\times 0.18\times 0.18\times\frac{0.35}{0.015}+9.0\right)$$

$$=20.64(kN)<59.61kN\quad(合格)$$

$$\mu N_{D}=0.3\times 157=47.1(kN)>1.4H_{t}=11.64kN\quad(合格)$$

计算结果表明，支座不会发生相对滑动。

11.【解】基本组合：

$$\begin{aligned}\gamma_0 S_{ud}&=\gamma_0(\sum_{i=1}^{m}\gamma_{Gi}S_{Gik}+\gamma_{Q1}S_{Q1k}+\psi_{c}\sum_{j=2}^{n}\gamma_{Qj}S_{Qjk})\\&=1.0\times(1.2\times 157+1.4\times 139+0.8\times 1.4\times 16)\\&=400.92(kN)\end{aligned}$$

短期效应组合：

$$S_{sd}=\sum_{i=1}^{m}S_{Gik}+\sum_{j=1}^{n}\psi_{1j}S_{Qjk}=157+0.7\times 139+1.0\times 16=270.3(kN)$$

长期效应组合：

$$S_{ld}=\sum_{i=1}^{m}S_{Gik}+\sum_{j=1}^{n}\psi_{2j}S_{Qjk}=157+0.4\times 139+0.4\times 16=219(kN)$$

12.【解】根据《公路钢筋混凝土及预应力混凝土桥涵设计规范》(JTG D62—2004)第 8.4.2 条规定，板式橡胶支座的计算有：

$$A_{e}=400\times b=\frac{R_{ck}}{\sigma_{c}}=\frac{2\,000\times 10^{3}}{10}$$

则：

$$b=500mm$$

所以，板式橡胶支座的平面尺寸为 400mm×500mm。

13.【解】(1)根据《公路钢筋混凝土及预应力混凝土桥涵设计规范》(JTG D62—2004)第 4.2.4 条规定，折减后的弯矩不得小于未经折减弯矩的 0.9 倍。

(2)连续梁中间支承处的折减弯矩计算。

梁支点反力在梁重心处的荷载强度：

$$q=\frac{R}{a}=\frac{2\,000}{0.4+2\times 0.8}=1\,000(kN/m)$$

连续梁中间支承处的折减弯矩：

$$M'=\frac{1}{8}qa^{2}=\frac{1}{8}\times 1\,000\times 0.4^{2}=20(kN\cdot m)$$

(3)支座本身的强度验算。

$$\sigma=\frac{R_{ck}}{A_{e}}=\frac{2\,000\times 1\,000/1.3}{400\times 500}=7.69(MPa)<\sigma_{c}=10MPa\quad(符合)$$

14.【解】根据《公路桥涵设计通用规范》(JTG D60—2004)第 1.0.9 条规定，该桥的设计安全等级为二级，取 $\gamma_0=1.0$。

根据《公路钢筋混凝土及预应力混凝土桥涵设计规范》(JTG D62—2004)第 5.2.9 条规定，T 形截面的受弯构件，其抗剪截面应满足：

$$\gamma_0 V_{d}\leqslant 0.51\times 10^{-3}\sqrt{f_{cu,k}}bh_{0}$$

将 $V_d=800\text{kN}$、$f_{cu,k}=40\text{MPa}$ 和 $h_0=1\,150\text{mm}$ 代入上式可得：

$$1.0\times800\leqslant0.51\times10^{-3}\times\sqrt{40}\times b\times1\,150$$

从而得：$b\geqslant215.7\text{mm}$，故腹板的最小宽度应为 215.7mm。

四、拱桥

1.【解】取半边结构，如图 33 所示，由对任意截面和对拱脚 A 截面的弯矩为零有：

$$H_g y_1=\frac{1}{2}qx^2 \text{ 及 } H_g f=\frac{1}{2}q\left(\frac{l}{2}\right)^2$$

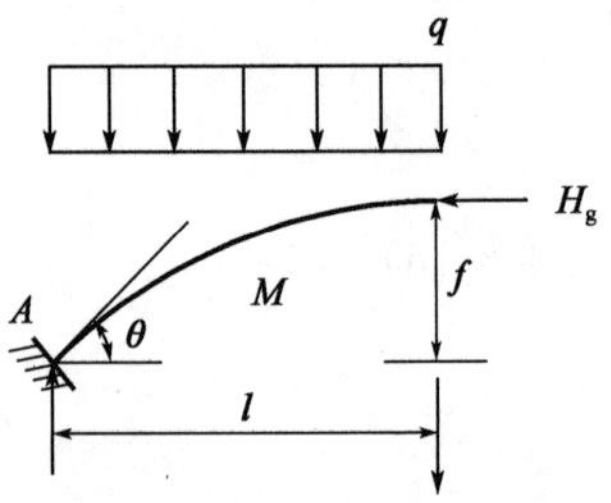

图 33 取半边结构(利用对称性)

由 $H_g f=\frac{1}{2}q\left(\frac{l}{2}\right)^2$ 推导出：$H_g=\frac{ql^2}{8f}$。

将 $H_g=\frac{ql^2}{8f}$代入 $H_g y_1'=\frac{1}{2}qx^2$ 中，得合理拱轴线方程为：

$$y_1=\frac{2x^2}{125}$$

恒载水平推力为：

$$H_g=\frac{ql^2}{8f}=6\,250\text{kN}$$

2.【解】拱脚切线的水平夹角为：

$$\tan\theta=y_1'\big|_{x=\frac{l}{2}}=\frac{4x}{125}=\frac{\frac{4\times50}{2}}{125}=0.8$$

得：

$$\cos\theta=0.781$$

由 $N\cos\theta=H_g$ 并考虑合理拱轴线时截面没有弯矩和剪力，得到：

拱顶截面($\cos\theta=1.0$)

$$弯矩\ M=0，轴力\ N_d=\frac{ql^2}{8f}=6\,250\text{kN}，剪力\ V=0$$

拱脚截面($\cos\theta=0.781$)

$$弯矩\ M=0，轴力\ N_j=\frac{N_d}{\cos\theta}=\frac{6\,250}{0.781}=8\,003(\text{kN})，剪力\ V=0$$

3.【解】各截面的内力可通过内外力平衡的关系得到。

由于弹性压缩产生的拱顶截面内力：

弯矩

$$M=-\Delta H\cdot y=\Delta H_g y_s$$

剪力

$$V=\pm\Delta H\cdot\sin\varphi_d=0$$

轴力

$$N=-\Delta H\cdot\cos\varphi_d=\Delta H_g$$

由于弹性压缩产生的拱脚截面内力：

弯矩

$$M=\Delta H\cdot y=\Delta H_g(y_s-f)$$

剪力

$$V=\pm\Delta H\cdot\sin\varphi_j=\Delta H_g\sin\varphi_j$$

轴力

$$N=-\Delta H\cdot\cos\varphi_j=-\Delta H_g\cos\varphi_j$$

五、桥梁墩台与桥梁施工

1.【解】由于单侧支座的最大反力设计值为 900kN，因此中间桥墩盖梁与墩柱垂直交界面上的活载弯矩设计值为：$M=2\times900\times1.0=1\,800(\text{kN}\cdot\text{m})$。

2.【解】(1)抗滑动稳定验算：$K_c=\dfrac{Nf}{P}=\dfrac{12\,700\times0.35}{3\,140}=1.42>1.3$，满足要求。

(2)抗倾覆稳定性验算：$K_0=\dfrac{Ny}{M}=\dfrac{12\,700\times\dfrac{2.30}{2}}{3\,815}=3.83>1.5$，满足要求。

3.【解】(1)抗滑动稳定验算：$K_c=\dfrac{Nf}{P}=\dfrac{2\,500\times0.33}{650}=1.15<1.3$，不满足要求。

(2)抗倾覆稳定性验算：$K_0=\dfrac{Ny}{M}=\dfrac{2\,500\times1.5}{1\,950}=1.923>1.5$，满足要求。

4.【解】在偏心荷载作用下墩身截面的最大和最小应力分别为：

$$\sigma_{max}=\frac{N}{A}+\frac{M}{W}=\frac{2\,600\times10^3}{4\times1.5}+\frac{2\,600\times10^3\times1.0}{\frac{1}{6}\times1.5\times4^2}=1.083(\text{MPa})$$

$$\sigma_{min}=\frac{N}{A}-\frac{M}{W}=\frac{2\,600\times10^3}{4\times1.5}-\frac{2\,600\times10^3\times1.0}{\frac{1}{6}\times1.5\times4^2}=-0.217(\text{MPa})$$

由于出现拉应力，需要进行截面的应力重分布计算：

$$\lambda=\frac{2}{3}\left(\frac{1}{\frac{1}{2}-\frac{e}{d}}\right)=\frac{2}{3}\times\frac{1}{\frac{1}{2}-\frac{1.0}{4}}=2.667$$

$$\sigma_{max}=\lambda\frac{N}{A}=2.667\times\frac{2\,600\times10^3}{4\times1.5}=1.156(\text{MPa})$$

在如图 6-22 所示偏心荷载作用下墩身最大应力为 1.156MPa。

5.【解】桩间净距 $l=6.8-1.6=5.2(\text{m})$ 大于桩基直径 $D=1.6\text{m}$，按照《公路桥涵设计通用规范》(JTG D60—2004)第 4.2.3 条 5 款 2，作用在单桩上的土压力计算宽度可按下式计算：

$$b=\frac{n(D+1)-1}{n}=\frac{2\times(1.6+1)-1}{2}=2.1(\text{m})$$

6.【解】(1)台背与填土间的摩擦角可取 $\delta=\varphi/2=30°/2=15°$，根据《公路桥涵设计通用规范》(JTG D60—2004)第 4.2.3 条 2 款 3，有：

$$\omega=\alpha+\delta+\varphi=18.4°+30°+15°=63.4°$$

$$\begin{aligned}\tan\theta &= -\tan\omega + \sqrt{(\cot\varphi + \tan\omega)(\tan\omega - \tan\alpha)} \\ &= -\tan 63.4° + \sqrt{(\cot 30° + \tan 63.4°) \times (\tan 63.4° - \tan 18.4°)} \\ &= 0.494\end{aligned}$$

破坏棱体长度 $l_0 = H\tan\theta = 7 \times 0.494 = 3.458(\text{m})$

(2)桥台宽度为 5m,则该桥设计车道为单车道,单向行驶,破坏棱体长度 $l_0 = 3.458\text{m}$ 范围内可布置 2 个 140kN 的后轴,则布置在破坏棱体范围内的车轮总重力为:

$$\sum G = 2 \times 140 = 280(\text{kN})$$

台后汽车荷载的等代均布土层厚度为:

$$h = \frac{\sum G}{Bl_0\gamma} = \frac{280}{5 \times 3.458 \times 18} = 0.90(\text{m})$$

7.【解】(1)顺桥向正截面抗弯承载力验算

承台顺桥向最外排桩中心距墩身边缘 6.0m,大于承台高度 4.5m,按照《公路钢筋混凝土及预应力混凝土桥涵设计规范》(JTG D62—2004)第 8.5.2 条规定,正截面抗弯承载力可作为悬臂梁按照梁式体系进行计算。

承台截面计算宽度取承台全宽:$b_s = 18\,700\text{mm}$。

计算截面选择墩身边缘,承台计算截面弯矩设计值为:

$$M_d = 14\,633.6 \times 4 \times 6 + 12\,992.0 \times 4 \times 1 = 403\,174.4(\text{kN})$$

根据 $f_{sd}A_s = f_{cd}bx + f'_{sd}A'_s$,有:

$$x = \frac{f_{sd}A_s - f'_{sd}A'_s}{f_{cd}b} = \frac{280 \times 296\,749.8 - 98\,916.6}{16.1 \times 18\,700} = 184(\text{mm})$$

$$x = 184\text{mm} > 2 \times 90 = 180(\text{mm})$$

且 $$x = 184\text{mm} < 0.56 \times (4\,500 - 350) = 1\,301.4(\text{mm})$$

正截面抗弯承载力:

$$\begin{aligned}M_u &= f_{cd}bx(h_0 - x/2) + f'_{sd}A'_s(h_0 - a'_s) \\ &= [16.1 \times 18\,700 \times 184 \times (4\,150 - 184/2) + 280 \times 98\,916.6 \times (4\,150 - 90)]\text{N} \\ &= 337\,248\,929.9(\text{kN})\end{aligned}$$

$$M_u = 337\,248\,929.9\text{kN} \gg 1.1 \times 403\,174.4 = 443\,491.84(\text{kN})$$

正截面受拉一侧钢筋配筋百分率为:

$$\frac{100 \times 296\,749.8}{18\,700 \times 4\,150} = 0.382 > 45f_{td}/f_{sd} = \frac{45 \times 1.52}{280} = 0.244 \text{ 和 } 0.20$$

满足受弯构件最小配筋率要求。

(2)横桥向正截面抗弯承载力验算

承台横桥向最外排桩中心距墩身边缘 4.5m,等于承台高度 4.5m,按照《公路钢筋混凝土及预应力混凝土桥涵设计规范》(JTG D62—2004)第 8.5.3 条规定,承台短悬臂可按"撑杆—系杆体系"计算撑杆的抗压承载力和系杆的抗拉承载力。

系杆钢筋直径 $d = 32\text{mm}$,系杆钢筋的顶层钢筋中心至承台底的距离 $s = 500\text{mm}$,撑杆压力线与系杆拉力线的夹角 $\theta_i=\theta_1=\theta_2=39°$，桩的支撑宽度 $b=0.8\times2\,000=1\,600$(mm)，撑杆计算宽度 $b_s=23\,700$mm，撑杆计算宽度 b_s 范围内系杆钢筋截面面积 $A_s=378\,778.2\text{mm}^2$。

撑杆压力设计值：

$$D_{id}=\frac{14\,633.6\times5}{\sin39°}=116\,265.1(\text{kN})$$

系杆拉力设计值：

$$T_{id}=\frac{14\,633.6\times5}{\tan39°}=90\,355(\text{kN})$$

撑杆计算高度：

$$t=1\,600\times\sin39°+(500+6\times32)\times\cos39°=1\,544.7(\text{mm})$$

$\varepsilon_1=\left(\frac{90\,355\times1\,000}{378\,778.2\times200\,000}+0.002\right)\times\cot^2 39°=0.004\,87$，撑杆混凝土轴心抗压强度设计值：

$$f_{cd,s}=\frac{35}{1.43+304\times0.004\,87}=12.0(\text{MPa})<0.48\times35=16.8(\text{MPa})$$

$$tb_s f_{cd,s}=\frac{1\,544.7\times23\,700\times12.0}{1\,000}=439\,312.7(\text{kN})$$

$$>\gamma_0 D_{id}=1.1\times16\,265.1=127\,891.6(\text{kN})$$

撑杆抗压承载力满足要求。

$$f_{sd}A_s=\frac{280\times378\,778.2}{1\,000}=106\,057.9(\text{kN})>\gamma_0 T_{id}=1.1\times90\,355=99\,390.5(\text{kN})$$

系杆抗拉承载力满足要求。

正截面受拉一侧钢筋配筋百分率为：

$$\frac{100\times378\,778.2}{23\,700\times4\,150}=0.385>45f_{td}/f_{sd}=\frac{45\times1.52}{280}=0.244\text{ 和 }0.20$$

满足受弯构件最小配筋率要求。

8.【解】根据《公路工程技术标准》(JTG B01—2014)第7.0.3条，车道荷载标准值在加载长度上计算的总重力的10%为：

$$T=\left[10.5\times40+270+\frac{(360-270)\times(19.5-5)}{50-5}\right]\times10\%=71.9(\text{kN})$$

要求公路—Ⅰ级汽车荷载的制动力标准值不得小于165kN，故取汽车荷载产生的制动力标准值为 $T=165$kN。

桥台所分配的汽车荷载的制动力标准值为：

$$T_t=\frac{k_t}{\sum k}T=\frac{7\,000}{15\,000+2\times7\,000}\times165=39.8(\text{kN})$$

桥墩所分配的汽车荷载的制动力标准值为：

$$T_d=\frac{k_d}{\sum k}T=\frac{15\,000}{15\,000+2\times7\,000}\times165=85.3(\text{kN})$$

9.【解】圆柱换算为方桩：$b=0.8d=0.8\times1.0=0.8$(m)。

盖梁支承中心之间的距离 $l_c=8.0$m，盖梁的净跨径 $l_n=8.0-0.8=7.2$(m)。

$1.15l_n=1.15\times7.2=8.28$(m)，故取盖梁的计算跨径为 $l=l_c=8.0$m，则：

盖梁的线刚度

$$K_b=\frac{EI_b}{l}=\frac{E\cdot\left(\frac{1}{12}\times1.2\times1.6^3\right)}{8}=0.0512E$$

柱的线刚度

$$K_c=\frac{EI_c}{H}=\frac{E\cdot\left(\frac{\pi}{64}\times1.0^4\right)}{8}=0.00614E$$

盖梁与柱的线刚度之比

$$\frac{K_b}{K_c}=\frac{0.0512}{0.00614}=8.339$$

10.【解】作用在盖梁上的汽车荷载支反力，对每行车队来说，是通过左右两排轮压作用在梁上的，每排轮压为：$P/2=219.8$kN。

(1)求盖梁在 1-1 截面上的支座反力 R_1。

图 34 列出 R_1 的影响线和最大、最小反力的荷载布置。该影响线和一般影响线相同。

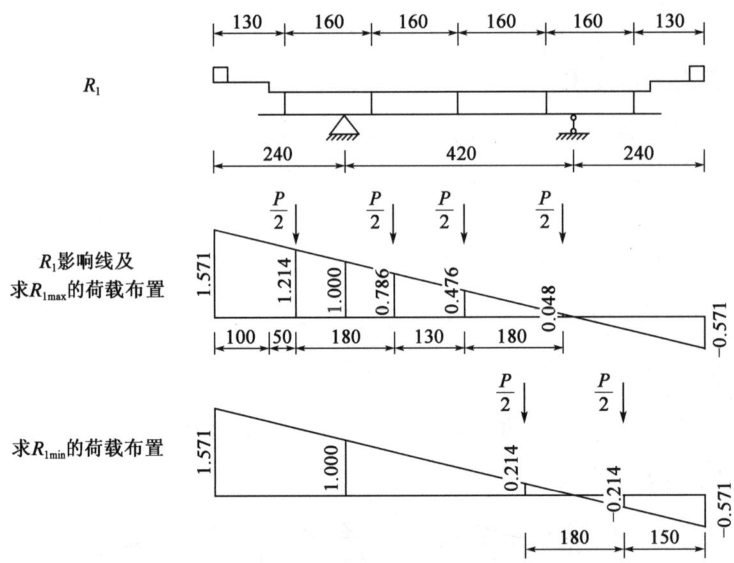

图 34 R_1 的影响线和最大、最小反力的荷载布置(尺寸单位：cm)

$$R_{1max}=219.8\times(1.214+0.786+0.476+0.048)=554.8(\text{kN})$$

$$R_{1min}=219.8\times(0.214-0.214)=0$$

(2)求盖梁在 2-2 截面上的跨中弯矩 M_2。

图 35 列出 M_2 的影响线和最大最小弯矩的荷载布置。该影响线和一般影响线相同。

$$M_{2max}=219.8\times(0.6+0.6)=263.8(\text{kN}\cdot\text{m})$$

$$M_{2min}=219.8\times2\times(0.45-0.45)=0$$

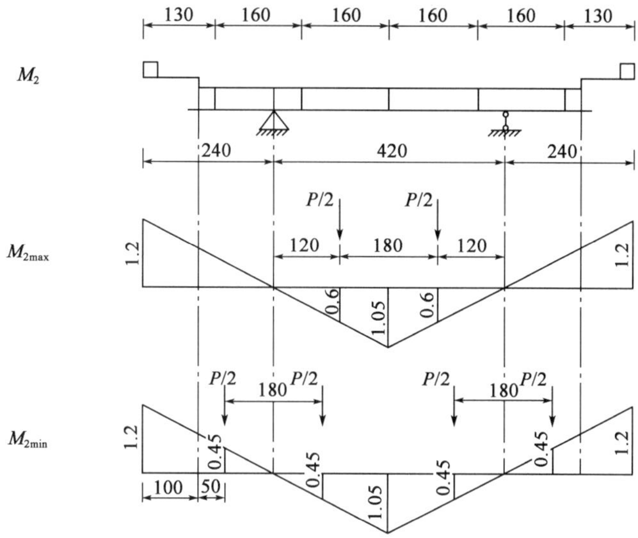

图 35 M_2 的影响线和最大、最小弯矩的荷载布置(尺寸单位:cm)

11.【解】i 号墩的抗侧刚度为 $k_i=\dfrac{3EI_i}{h_i^3}$

假设 α 是结构膨胀收缩系数，t 为温度变化差值，$\sum l_i$ 为按照支座布置情况所应承担温度效应的桥跨长度，则在 i 号墩产生的温度变形为 $\Delta_i=\alpha t\sum l_i$。

温度效应影响下 i 号墩承受的墩顶水平力为：$H_{it}=k_i\Delta_i=\dfrac{3EI_i\alpha t\sum l_i}{h_i^3}$。

12.【解】5 个步骤下的弯矩图及最终弯矩图见图 36。

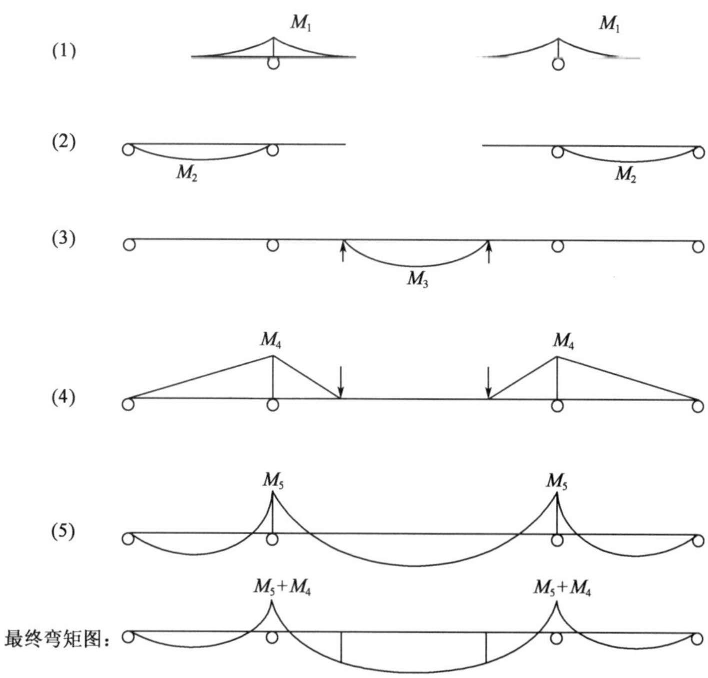

图 36 5 个步骤下的弯矩图及最终弯矩图

参 考 文 献

[1] 中华人民共和国行业标准. JTG B01—2014 公路工程技术标准[S]. 北京:人民交通出版社,2014.

[2] 中华人民共和国行业标准. JTG D60—2004 公路桥涵设计通用规范[S]. 北京:人民交通出版社,2004.

[3] 中华人民共和国行业标准. JTG D62—2004 公路钢筋混凝土及预应力混凝土桥涵设计规范[S]. 北京:人民交通出版社,2004.

[4] 中华人民共和国行业标准. JTG D61—2005 公路圬工桥涵设计规范[S]. 北京:人民交通出版社,2005.

[5] 中华人民共和国行业标准. JTG/T F50—2011 公路桥涵施工技术规范[S]. 北京:人民交通出版社,2011.

[6] 范立础. 桥梁工程(上册)[M]. 北京:人民交通出版社,2012.

[7] 顾安邦,向中富. 桥梁工程(下册)[M]. 北京:人民交通出版社,2011.

[8] 汪莲,任伟新. 桥梁工程[M]. 2 版. 合肥:合肥工业大学出版社,2012.

[9] 邵旭东,胡建华. 桥梁设计百问[M]. 北京:人民交通出版社,2005.

[10] 项海帆,等. 高等桥梁结构理论[M]. 2 版. 北京:人民交通出版社,2013.

[11] 袁伦一,鲍卫刚.《公路钢筋混凝土及预应力混凝土桥涵设计规范》(JTG D62—2004)条文应用算例[M]. 北京:人民交通出版社,2005.

[12] 袁伦一,鲍卫刚,李杨海.《公路圬工桥涵设计规范》(JTG D61—2005)应用算例[M]. 北京:人民交通出版社,2005.

[13] 徐光辉,胡明义. 公路桥涵设计手册(梁桥上册)[M]. 北京:人民交通出版社,1998.

[14] 刘效尧,赵立成. 公路桥涵设计手册(梁桥下册)[M]. 北京:人民交通出版社,2000.

[15] 顾清,石绍甫. 公路桥涵设计手册(拱桥上册)[M]. 北京:人民交通出版社,1996.

[16] 顾安邦,孙国柱. 公路桥涵设计手册(拱桥下册)[M]. 北京:人民交通出版社,2000.

[17] 江祖铭,王崇礼. 公路桥涵设计手册(墩台与基础)[M]. 北京:人民交通出版社,2000.

[18] 刘效尧,徐岳. 公路桥涵设计手册(梁桥)[M]. 2 版. 北京:人民交通出版社,2011.

[19] 廖朝华. 公路桥涵设计手册(墩台与基础)[M]. 2 版. 北京:人民交通出版社,2013.